学校教育の心理学

[補訂版]

無藤　隆 編著
市川伸一

学文社

執筆者紹介

＊市川　伸一	東京大学教授	〔第1章〕
秋田喜代美	東京大学教授	〔第2章〕
藤村　宣之	東京大学准教授	〔第3章〕
青木多寿子	広島大学准教授	〔第4章〕
鹿毛　雅治	慶應義塾大学教授	〔第5章〕
馬場　久志	埼玉大学教授	〔第6章〕
上淵　　寿	東京学芸大学准教授	〔第7章〕
本山　方子	奈良女子大学助教授	〔第8章〕
伊藤亜矢子	お茶の水女子大学准教授	〔第9章〕
伊藤美奈子	慶應義塾大学教授	〔第10章〕
奈須　正裕	上智大学教授	〔第11章〕
＊無藤　　隆	白梅学園大学教授	〔第12章〕

(執筆順　＊印＝編者)

はしがき

　本書は，教職課程のための教育心理学のテキストである。特に，学校の授業を念頭に置いて，その実践のために必要な教育心理学的な知見を整理した。できる限り授業実践に関連するようにと，どの章においても現場の学校や授業のあり方に触れつつ，心理学的な研究を紹介するようにした。また，扱う内容としても，基礎的な理論や研究成果とともに，教科学習や学級運営，生徒指導や教育相談など幅広く含めている。

　このテキストを執筆した著者たちは，いろいろな組み合わせで日頃から，授業をめぐる研究会で何かと接触し，また共同研究を行ったりしている間柄である。その点で，類書とは異なり，多数が執筆するなかで互いの視点の共鳴や連動が見られるのではないかと思う。

　こういった目論見が成功しているかどうかについては，読者のご意見を待つしかない。お聞かせいただければ幸いである。また，こういったテキストが大学での教職養成に多少とも役立つことをわれわれはめざしているし，現今の教育改革に基礎を提供する一助にもしたいと思う。その意味でも幅広い読者に恵まれればと願っている。

　終わりに，企画と執筆の過程で終始ご援助いただいた，学文社編集部三原多津夫さんに感謝申し上げる。また，日頃ともに活動している学生・院生また現場の先生方にも著者を代表して感謝したい。

　　1998年2月

　　　　　　　　　　　　　　　　　　　　　　　　　　　編　者

目　次

序に代えて

第1章　学校教育と心理学のかかわり ── 8
　第1節　学校教育の役割を考える　8
　第2節　学校教育の心理学は何をするのか　11
　第3節　行動理論と認知理論から見た学習・教育　13
　第4節　社会的構成主義と学校での学び　16

認知発達と教育

第2章　読み書きの発達と教育 ── 22
　第1節　文章理解の過程と読みの授業づくり　22
　第2節　文章産出の過程と表現を生み出す授業づくり　34

第3章　数量の発達と教育 ── 41
　第1節　数量概念の発達　41
　第2節　数量概念の理解促進　48
　第3節　数量概念の教育　52

第4章　科学概念の獲得と教育 ── 60
　第1節　科学的概念の獲得　62
　第2節　科学の理論と日常の理論　67
　第3節　素朴理論から科学理論へ　70

自己学習力の育成

第5章　学習を支える動機づけ ―――――― 82
　第1節　子どもの学びを支える意欲　82
　第2節　「成功する見込み」とやる気　83
　第3節　3種類の学習意欲　87
　第4節　学習意欲の構造とその統合的発達　92
　第5節　学習意欲を育む教育実践　94

第6章　メタ認知の成立と援助 ―――――― 101
　第1節　メタ認知とは何か　101
　第2節　メタ認知の獲得と教授　106
　第3節　人格発達におけるメタ認知　112

第7章　自己制御と自己評価の教育 ―――――― 118
　第1節　自己評価と自己制御学習の定義　118
　第2節　自己制御学習へのアプローチ　120
　第3節　自己制御学習を促す介入研究と教育実践　130
　第4節　今後の課題　132

学校における他者とのかかわり

第8章　学習を支える状況 ―――――― 136
　第1節　問題解決の状況依存　136
　第2節　相互作用の社会文化性　141
　第3節　実践をみる視座　148

第9章　学習を支える人間関係 ―――――― 156
　第1節　教師と生徒の関係　156
　第2節　生徒同士の関係　161
　第3節　教師－生徒関係，生徒同士の関係の発達的な変化　165
　第4節　学校風土・学級風土　169

第10章　学校における心の悩みへの対処 ―――――175
　　第1節　子どもの問題行動をどうとらえるか　175
　　第2節　教育とカウンセリング　179
　　第3節　学校現場でカウンセリングするということ　181
　　第4節　教師が相談活動に取り組むにあたって　187

これからの学校は何を目指すか

第11章　個性を伸ばす教育 ―――――192
　　第1節　個に応じた教育の原理　192
　　第2節　指導の個別化の実際　198
　　第3節　学習の個性化の実際　201
　　第4節　　学習パッケージ　206

第12章　授業と学校における子どもの成長 ―――――211
　　第1節　ある実践例　211
　　第2節　教育心理学の理論的アプローチの種類　215
　　第3節　授業をとらえる理論的なアプローチ　218
　　第4節　原理から授業を分析する　222
　　第5節　授業における子どもの成長の姿　223

引用文献 ―――――229

用語解説 ―――――243

索　引 ―――――247

序に代えて

第1章　学校教育と心理学のかかわり

　現代の教育は，多くの問題をかかえている。いじめ，登校拒否，学業不振，受験戦争，……と枚挙にいとまがない。これらのすべてがいわゆる「学校教育」の問題とはいえないが，少なくとも学校が教育の中で大きな役割と責任を担っており，社会をあげて学校教育の改革を考えようとしているのは事実である。学校に問題があるからといって，「学校をなくしてしまおう」という極論が出てくることはあまりない。もし，今学校をなくせば，もっと大きな社会的問題が生じてしまうと考えられるからである。それでは，いったい学校は何のためにあるのか，どのような役割を期待され，そして果たしているのかについて，あらためて考えてみる必要がある。さらに，その中で，教育心理学が教育実践とどのようなかかわりをもつことになるのかを考えてみよう。

第1節　学校教育の役割を考える

　まず，社会から見ると**学校**はどのような場所だろうか。私たち人間は，他の動物とは比べようのないほど，高い学習能力をもっている。つまり，生得的な本能よりも，生まれてからの経験によって，適応的な能力を身につけることができる。ただし，個々の人間が個人的な生活経験から学ぶだけでは，それほど高度な知識を得ることは期待できない。人間は，対人的なコミュニケーションを通じて他者の経験を知識として得ることができる。さらに，文字や映像によって知識を蓄積し，遠く離れたところに住む人たちや後世の人々にもそれらを伝えることができる。大人たちは，こうして形成された文化を子どもたちに伝え，さらに発展させてほしいと願っている。これが，教育という営みとして現

れる。

　はるか以前には，教育は家族生活や狩猟や農耕などの場面で，子どもが一人前に働けるようになるために，必要な知識や技能を伝えるものとして始まったと考えられる。しかし，社会の発展の中でしだいに高度な職業的知識を身につ

学校なんていらない？──イリッチの脱学校論

　イヴァン・イリッチ（Illich, 1971）の『脱学校の社会』は，「なぜ学校を廃止しなければならないのか」という刺激的なタイトルの章から始まっている。この本は，1971年に書かれたものでありながら，学歴社会が進行し，学校現場でさまざまな歪みが顕在化してきた現在の日本において，非常にリアリティがある問題を指摘している。
　彼は，統一化された価値観に基づいて学習を統制しようとする学校制度を正面から否定する。しかし，ただ学校をなくせばよいということではない。むしろある種の知識・技能を学べる機関としての学校には肯定的である。批判の対象となるのは，むしろ，「学校化された社会」であり，学校はその端的な現れなのである。つまり，人々が自らの主体的な意志によってではなく，権威や制度に縛られて行動せざるをえなくなっている現代社会であると説く。
　彼が描く「教育的ユートピア」とは，学習者が年齢にかかわらず必要に応じて教材を利用でき，だれとかかわりながら学習するかを選ぶことができ，自分の主張や問題提起をだれに対しても訴える機会を保証された社会である。彼の言う「学習のネットワーク」は，制度や地域の制約を離れて，自由に情報と仲間を得られる場をさしているが，現在のインターネット・ブームを予見しているようで興味深い。彼は，「ネットワーク」というよりも「学習のための網状組織（learning webs）」と呼びたいと言っているが，インターネットのWWW (World Wide Web)という命名は，ここから取ったのではないかとさえ思えるほどである。
　将来，学習の手段がさらに豊富になると，学校という制度や組織が崩壊するのかどうか，またそのときに果たしてイリッチの描くようなユートピアになるのかどうかは難しい問題である。イリッチ自身も，社会全体が脱学校化されない限り，学校を廃止しても子どもは不適応に陥ってしまうだけであると考えているようだ。では，社会の脱学校化とはどのように行われるのか。イリッチもその過程は論じていない。

けなければならなくなったり，さらには，民主主義社会の中で市民として行動するためにさまざまな社会的知識が必要とされるようになるにつれて，組織的な教育の機関や制度が求められるようになってきた。それが学校である。学校の修業年限は，時代が進むにつれてどんどん長くなってきている。これは，私たちの社会がより高度で複雑化し，社会で生きていくための準備が多く必要になってきたことに対応しているのである。

　それでは，子どもたちから見ると，学校というのはどのようなものとしてうつるであろうか。まだ幼い子どもたちにとっては，学校で学ぶことの意義を意識的に感じ取っているとは考えにくい。「将来への準備のため」という意識よりは，友達や教師と仲良く楽しい活動をしたいと思っているだろう。友達や先生との人間関係，活動の楽しさ，知的好奇心の満足などが，学校への適応の重要な要因となる。それらが保障されていれば，学校は子どもにとって意味のある場所として機能する。

　思春期以降になると，「自分は何のために学ぶのか」，「今学んでいることは，自分にとってどういう意味があるのか」ということを真剣に考え始める。この時期はまた，他者と自分との比較に注意が向かいやすい時期でもある。低学年の子どもで重要であった学校での人間関係や知的好奇心の満足が大切なことはもちろんであるが，学習内容に意義が感じられなかったり，友人との比較で自分の学力が低いことを感じさせられるようなことが多いと，生徒にとって，学校とは「意味のないことを頭につめこむ競争をさせられる場」としてうつってしまう。

　こうして見てくると，大人と子どもでは，学校というものの意味が微妙にずれていることがわかる。大人としては，子どもたちが将来ひとり立ちして生きていくためには，さまざまの知識や能力が必要であり，それを直接・間接に学校で身につけてほしいと考えるだろう。そのために，どのような学習内容にするべきかを，たとえば文部省の「学習指導要領」のような形で制度的に定め，

それに基づいて学校教育を行おうとする。一方で子どもたちは，今学んでいる知識や技能が将来どのように生かされるかはあまり考えなかったり，仮に考えたとしても，まだ社会的場面で実際の活動にたずさわった経験がない以上，よくわからないことが多い。ましてや，学校での活動を通じて間接的にどのような力が育まれているかということは，ほとんど意識されていないだろう。このようなギャップの中に，学校におけるさまざまな問題が潜んでいる。それでは，心理学は，どのような知見や理論を提供して，学校教育に生かすことができるかを考えてみよう。

第2節　学校教育の心理学は何をするのか

　本書は，従来，教育心理学，学習心理学，認知心理学，社会心理学，臨床心理学などと呼ばれている分野の中で，学校教育に特にかかわるテーマをとりあげて，できるだけ教育実践に関連づけながら解説したものである。「学校教育の心理学」という領域や名称がすでにあるわけではない。「学校心理学」という分野はあるが，学校現場で生じる生徒の適応上の問題に関する心理学という，比較的限られた意味合いで使われることもあり，まだ定着した用語ではない。本書ではもっと広く，学習のしくみ，授業の成り立ち，教育方法などにかかわるテーマも扱っていきたい。

　すでに述べたような，教育という営み，そして，そこに生じる問題点に関して，心理学がどのようにかかわっているのだろうか。まず，教育が子どもたちの将来へ向けての知識や能力を育むものだとするならば，その内容をどのようなものにしたらよいかが問われなければならない。発達のどの時期に，どのような活動を行うと，どのような効果が見られるのかということを調べるのは，心理学の重要な役割の一つである。たとえば，近年は，いわゆる**早期教育**が一部で盛んになっている。幼児や小学校低学年の児童に対して，文字や数の

指導を行えば，確かに驚くべき速さで習得する。ただし，それがどのような長期的効果や問題点を生むのかについて実態を調査し，適切なものかどうかの議論のための資料を提供するのは，心理学の役割である。生活科の設置，情報教育，総合学習などについても同様に，教育内容やカリキュラム構成について，心理学の立場からの提言や実証的研究が求められている。

　内容と不可分の関係にあるのが，教育の方法である。いくら大人が大切な内容と判断したことであっても，子どもの関心や興味に沿ったものでなくては単なる教え込みになってしまう。また，子どもの学習が成立するしくみに即した教え方でなくては，なかなか学習がすすまない。学校の教師は，学習指導の経

自己教育力はなぜ必要か

　自己教育力は，1980年の中央教育審議会答申の中で強調された用語であり，今も教育界のキーワードである。類似の意味を表す言葉として，**自己学習力**，**自己統制力**(self-regulation)なども使われている。こうした力を育てることはどの時代でも教育の目標だったはずである。しかし，今日特に強調されているのは，大きく見れば2つの理由によると考えられる。

　一つは，**生涯学習**の視点からである。現代のように学問や技術の変化の激しい時代には，学校で学んだ知識・技能だけで一生仕事をやっていくことはできない。一方，余暇の時間が増えて，学校を出ても新しいことを学びたいという欲求が高まっている。すると，教師にお膳立てをしてもらって追随的に学んでいくような学習者では，社会に出てから困るであろう。

　もう一つは，**教育の個性化**の視点からの必要性である。教育とは，同じ目標に向かって児童・生徒を駆り立てるのではなく，学習者の自己実現を促すようなものでなくてはならない。学習者はさまざまな価値観や目的をもって学習する。教師は，それらの多様な分野すべての専門家ではありえないのだから，基本的には学習者自らが自分の関心に沿って独立した学習をすすめられる力をもたなくてはならないのである。

　こうした自己教育力が強調される現在，自己の認知過程について理解を深め，学習をすすめるために適切な方略を自ら探っていけることが，学校教育でも重要なテーマの一つとなっている。

験を通じて，子どもの関心や学び方を知り，それを生かしていく。心理学は，ベテランの教師の知識や技能を研究したり，生徒の学習のあり方を調査したり，心理学の基礎理論から示唆される教育方法を提案したりしながら，教育方法とその効果を検討していく。とりわけ，近年は，自己教育力の育成が教育界では強調されている。これは，第7章で詳述されるように，自ら課題を設定し，自己評価しながら学習をすすめていく力のことである。こうなると，「どのように学ぶか，教えるか」ということが，単に教師の知っておくべき知識としてばかりではなく，学習者自身が身につけて実践するべき知識であるということになる。

とりわけ，教師にとっての心理学の役割を一言でいうならば，それは学習者を理解して援助するための一助とするということであろう。教師は，子どもたちとのやりとりの中で，自らも学び成長していくわけであるが，心理学はより一般的な視点からの理論や，教師の個人的経験を越えた実証的知見を提供することを目指している。そのような知識を教師が主体的に取り入れることによって，仮に「明日の授業に使えそうなアイディアを提供する」というものでなくても，考えが整理されたり，新しい教育実践を生むためのヒントとなったりすることもあるだろう。少なくとも，そうした期待をもって，教育心理学は大学での教員養成のカリキュラムの中に取り入れられているのである。本書の読者も，ぜひそうしたことを念頭において，本書を読みすすんでほしい。

第3節　行動理論と認知理論から見た学習・教育

心理学における学習・教育研究には，もともと2つの大きな流れがあった[1]。これらは，直接・間接に学校教育にさまざまな影響を与えているので，まず概観しておきたい。一つは，行動主義的学習理論(略して，**行動理論**と呼ばれる)であり，学習とは経験によって行動が変化することととらえる。特に，「行動」

を強調するのは、心理学が科学として認められるために、主観的な「意識」とか「こころ」ではなく、外から客観的に観察される行動をその対象とし、どのような条件のもとでどのような行動の変化が起きたのかを法則化していくことが、心理学の役割であると考えられたためである。これは、19世紀末から20世紀初頭にかけての大きな動きであった。

行動理論は、進化論の影響を大きく受けており、人間も動物である以上、動物としての一般的な行動の原理に基づいて学習するとする。その原理の中で、最も重要なものは、**反復**(繰り返し練習すること)と、**強化**(結果のよしあしに応じて、賞罰のフィードバックを与えること)である。そこで、教育場面においては、教育目標を「○○ができるようになること」と具体的に設定し、そこに到達するための副目標をたてて、その達成を評価しながら教授・学習が進行していくことになる。次頁のコラムにあげたようなプログラム学習は、行動理論に基づく教授・学習の一形態である。

これに対して、学習を「知識構造の変化」と考えるのが**認知理論**である。この立場は、コンピュータの発達と呼応して、1950年代後半から**認知心理学**(cognitive psychology)という分野として大きな発展を遂げた。認知心理学では、人間を一種の情報処理システムとみなすという考え方が基本にある。行動主義ではブラックボックスとして扱われていた人間の内的な知的情報処理のしくみを、明らかにしようとするのが認知心理学といえる[2]。近年の教育心理学(とりわけ教授・学習の領域)は、認知心理学の影響を強く受けて、学習における内的過程をモデル化しようとするようになったことと、人間の日常的な学習を直接とりあげて研究の対象とするようになったことが大きな特徴である[6][7]。

認知心理学がとりわけ強調したのは、学習における**既有知識**の役割である。同じ教材を用いて同じ教え方をしたとしても、生徒一人ひとりによって、理解や記憶は異なってくる。これは、学習者がそれぞれ異なる既有知識をもっているからである。認知心理学では、日常的な事物に対してもっているひとまとま

りの知識(たとえば,「イヌとは何か」,「顔とはどのようなものか」など)を**スキーマ**(schema)と呼ぶ。私たちは,スキーマを使って,情報を理解し,自分の知識体系の中に能動的にとりいれていくのである。どのようなスキーマをもっているか,どのように新しいスキーマを形成するか,ということを考慮することなしに学習の支援は成立しない。行動理論に基づく教育は,ややもすると教育目標と内容に関心が集まり,目標に到達させるにはどのような教材の系列が最適であるかという研究になりがちであった。それに対して,認知心理学は,学習者の知識状態や学習方略という条件に目を向けるべきことを主張したことになる。本書では,特に第2～4章において,認知心理学的な学習・発達研究から得られた知見と,教育とのかかわりについて述べていくことになる。

プログラム学習とティーチングマシン

行動理論の発展に中心的な役割を果たしたスキナー(B. F. Skinner)は,動物の学習研究で得られた諸原理を人間の学習にも積極的に生かそうとした。その原理として,「スモールステップ」と「即時フィードバック」がある。つまり,あまり間違いが生じないよう学習事項を細かく分割し,答えの正誤をすぐに知らせるということである。スキナーは,自分の子どもの授業を見て,学校では子どもにいきなり難しい課題を与えすぎていることを痛感し,こうした方法を考案したと言われる。

プログラム学習の教材は,テキストやカードの中に小問が並び,学習者が解答してはすぐに正誤を確認することがしやすく工夫されている。さらに,問題と正解の提示を自動化するために,**ティーチングマシン**という簡単な機械も作られた(p.191参照)。その後コンピュータが発達すると,学習者の成績によってコースを分岐させることも容易にできるようになり,個人差に応じた学習プログラムが実現化されるようになる。こうしたコンピュータを用いた学習指導は,一般に**CAI**(computer-assisted instruction)と呼ばれるが,かなり多義的な用語であり,必ずしもスキナー流のプログラム学習の原理を用いたものばかりではなく,認知理論に沿ったものもある。

第4節　社会的構成主義と学校での学び

　行動理論と認知理論はそれぞれの側面から学習について理論化し，学校での教育方法にも示唆を与えてきた。しかし，現実の社会や学校での学習を考えてみると，重要な点が扱われてこなかった。それは，私たちの日常的な学習は，他者とのかかわりの中で行われることが多いということである。つまり，私たちは，何らかの目的や意図をもって，ある集団に所属し，そこで他のメンバーと活動をともにしながら影響し合って学んでいく。また，こうして学ばれたことは，それぞれの状況や文脈に密接に結びついた知識であり，「教育目標」として意図された明確で汎用性のある知識とは限らない。

　1980年代の後期から，認知研究の中では，**状況論的アプローチ**という新しい流れが起きてきた[1]。表1-1には，行動理論，認知理論と状況理論を対比させて，その特徴を要約してある。状況理論の立場では一般に，人間の知的行動を，個人の中で生じる知識処理と考えるのではなく，道具や他者とかかわりながら成立するものとしてとらえようとする。

　特に，レイヴとウェンガー[4]は，人間がある文化的共同体に実践的に参加し，新参者から古参者へと成長していく過程こそ学習であるとし，このような学習

表1-1　知的行動を研究する立場

	行動理論	認知理論	状況理論
学習とは	刺激・反応の連合	知識構造の構築	文化的実践への参加
キーワード	反復・強化／条件づけ	情報処理／表象	正統的周辺参加(LPP)
特徴的な方法論	統制された実験	情報処理モデル	民族誌的観察・記述
背景となる学問	進化論／神経生理学	人工知能／情報科学	社会学／文化人類学

出典：市川伸一　1995　学習と教育の心理学　現代心理学入門3　岩波書店

のありかたを**正統的周辺参加**(legitimate peripheral participation, LPP)と名づけた。「正統的」というのは，メンバーとしてのかかわりが認められた存在ということであり，そこで新参者ははじめ小さな役割を与えられ，いわば周辺的に参加している。しだいに，そこでの振る舞いかたを身につけ，古参者や親方として**十全的参加**(full participation)をするようになる (P.141参照)。

そこで，認知理論が主張した学習者の能動的な知識獲得という側面を踏まえながらも，そのような知識構成プロセスは社会的な相互作用を通じて進行することを重視する**社会的構成主義**という考え方が近年影響力をもちつつある。特に学校教育においては，学級という集団を通しての学びを追求することが中心となるので，こうした考え方が現実の教育場面に対しても大きな示唆を与えることになるだろう[5]。

> ### 学校知の問い直しと「生きる力」
>
> 学校で習う知識や技能が，やがて「剥落」してしまうということは，古くから指摘されてきた。それに対して，単に何回も反復したり，教師がわかりやすい教え方をすることによってなんとか定着させようというのではなく，もともと，それらの知識・技能が，いわば「学校用」のものにすぎなかったのではないかというのが，近年の学校知批判の基本にある。学校での教科の学習というのは，もともと，数学，物理学，生物学，……といった「親学問」というものがあり，その基礎知識を習得するものとなりがちである。それは，科学者の行っている探究活動からも，日常生活の実践からも切り離されてしまっているというのである。
>
> わが国の教育の将来構想を審議する「中央教育審議会」の1997年7月の答申でも，テスト学力を詰め込まれるような学校教育のあり方を是正することを強く打ち出している。そこでは，**生きる力**という表現が使われて，その後の教育界ではキーワードとなっている。「生きる力」とは，変化の激しい社会の中で，自ら課題を見つけて学んでいく力，他者と協調したり共感したりする人間性，たくましく生きるための健康や体力などをさす広い概念である。そして，学校はもとより，社会全体に「ゆとり」をもたせ，子どもたちの生活体験や自然体験，地域とのかかわりなどを重視するべきであることが，答申では主張されている。

さて、このような立場から見たとき、従来の学校教育のあり方そのものも批判されることとなる。すなわち、従来の学校での授業や受験勉強においては、教師や教科書からの知識を個々の学習者が受容し蓄積していくということになりがちであった。そして、そこで得られた知識や技能は、テストという形で測定され評価されることになる。これは、社会的な実践の中で行われている学習の過程とも評価のしかたとも異なるものであるという。

おりしも、わが国では近年、**学校知**に対する批判が起き、学校での学びが、子どもの関心や生活、さらには、将来とも結びつかないものとなっているのではないかと言われている(コラム参照)。こうした批判は、心理学の中における学習観の見直しとも呼応するところがある。教育心理学は、今や、一定の知識・技能をいかに効率よく獲得させるかという方法を理論づけたり実証的に検討したりするだけのものではなくなっている。社会や学校における学習のあり方、とりわけ、学ぶことを学習者がどのように意義づけているのかを探り、教育内容、カリキュラム編成、学習環境づくりなどにその知見を生かしていくことが期待されているのである。

【演習問題】
1 自分たちの経験をふり返り、学校が果たしている役割を整理してみよう。また、学校がもっと行うべきことや、逆に学校以外の場で行うべきことは何かを考えてみよう。
2 行動理論、認知理論、状況理論のそれぞれにつき、代表的な研究例を調べ、表1-1を具体化してみよう。

【参考文献】
・ブルーアー, J. T. 1993 松田文子・森敏明(監訳) 1997 授業が変わる ── 認知心理学と教育実践が手を結ぶとき 北大路書房
　　認知心理学を基礎に、学校で行われている教育がどのように理解され、改善されるかを具体的に示している。認知心理学の教科教育への応用に関するテキストとしては、最新のものの一つで、ていねいな用語解説もついている。
・新しい教育心理学者の会 1995 心理学者 教科教育を語る 北大路書房

20人の若手・中堅の教育心理学者が，国語，算数・数学，理科，社会，生活の5教科について，解説や提言を行っている。教育にかかわるスタンスや文体はさまざまだが，心理学と教育が深く結びつきつつあるようすがわかるだろう。
・佐伯 胖・藤田英典・佐藤学(編) 1995～96 シリーズ 学びと文化 東京大学出版会
　文化的視点から，学校の役割を根本的に考え直そうという全6巻のシリーズで，現場の教師，学問や芸術の専門家，教育研究者の対話が多く挿入されている。直接心理学にかかわる内容は多くないが，教育を考え直すには絶好の書がそろっている。
・市川伸一 1998 開かれた学びへの出発——21世紀の学校の役割 金子書房
　「なぜ学習するのか」という学習の動機・意義を心理学的にとらえなおす中から，自ら学習のかじをとる力と市民生活を営む力を基礎にしつつ，探究と創作の場を広げる学校の姿を，実践事例に触れながら展望している。

認知発達と教育

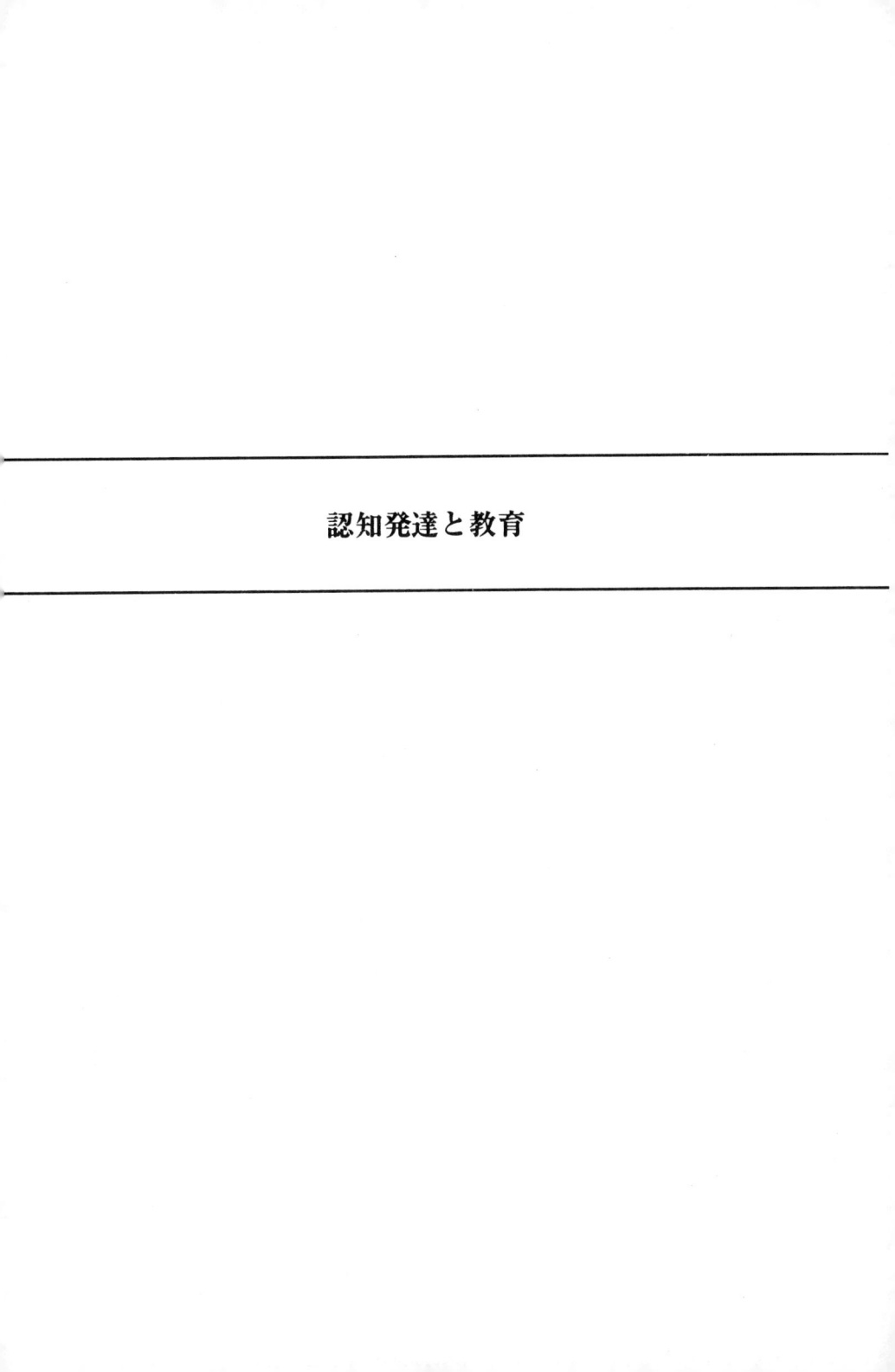

第2章　読み書きの発達と教育

　学校においては，文章を読むことや書くことが多い。書き言葉の世界を通して，生徒は社会や文化の知識を学び，多様な人びとの考えや出来事と出会い，自らの考えや感情を言葉で表すことができるようになっていく。だが一方で「読めない・書けない」生徒がいる。この時，「読むこと・書くこと」を妨げている要因として大きく2点が考えられる。1点は，文章を読む・書くために必要な知識や技能が足りない場合であり，もう1点は「読みたくない・書きたくない」という意欲の問題である。両者は密接に関連してはいるが，生徒への援助を考えるには，各々に即したかかわり方を考えることも必要である。本章では，読む・書く活動の認知過程を通して，この2つの問題への教育的かかわりを考えていきたい。

第1節　文章理解の過程と読みの授業づくり

単語の読みの熟達と語彙の習得

　文章が読めない生徒がいた時，多くの人が最初に考えるのは，読めない字やわからない単語があるということではないだろうか。そこでまず，この過程を考えてみよう。今日では大半の子どもが，幼児期から小学1年生の初めにかな文字の読みを覚えている。しかし，個々の文字が読めれば，それだけで文章の意味がわかるわけではない。文字の読みを習得しても一字ずつ読むことに注意を向けている拾い読みの段階では，文章内容を理解することはできない。一連の文字綴りを単語として迅速かつ自動的に読みとること，すなわち単語を読む処理速度の増加と意識せず処理する**自動化**が，文章の意味内容を理解すると

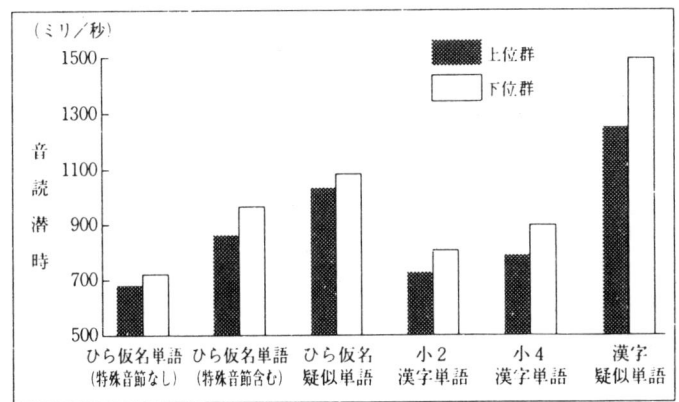

実験に使用された語は，例えば，ひら仮名単語（特殊音節無し）:「ゆきぐに」，ひら仮名単語（特殊音節含む）:「宗教」，平仮名疑似単語（単語として実在しないもの）:「へて　ざま」，小2漢字単語:「市長」，小4漢字単語:「希望」，漢字疑似単語:「受幸」のような単語である。

出典: Kuhara-Kojima, K., Hatano, G., Saito, H. & Haebara, T. 1996 Vocalization latencies of skilled and less skilled comprehenders for words written in hiragana and kanji. *Reading Research Quarterly.* **31**(2), 158-171.

図 2-1 読解力の上位群・下位群による音読潜時の相違

いう高次の認知処理に，限られた心的資源を向けるために必要な技能となる。

　図2-1は，小学5年生の読解能力テスト得点の上位群と下位群の生徒に対し，ひらがなで書かれた語と漢字で書かれた語をコンピュータ画面上に提示し，声を出してその語を読み始めるまでの時間（**音読潜時**）を測定した結果である[17]。上位群の方が下位群よりも，ひらがな・漢字いずれの課題でも語の読みとりの速さが速いこと，特にひらがなよりも漢字で書かれた単語で読解能力による処理の差が大きく，読解を支える一つの能力として，単語の読みとり技能があることがわかる。これは，幼児や児童にのみ当てはまることではない。日本人大学生の英語読解力を調べた研究[12]でも，英語読解力の高い者は，英単語の読みとりが速いことが示されている。各々の言語に関して，語の読みとりの速さが読解力に影響を与えているのである。そしてこの読みとりの速さは各々の言語を実際に読む経験の中で培われるのである。

また私たちは、文章中で未知の単語に出会うことがある。その際に、すでに知っている漢字熟語についての知識を用いたり、文章の文脈を手がかりにして語の意味を推測し、その語彙を習得していく。未知の文字や語を漢字の部首などの文字構成の知識や熟語の構成ルールの知識（**語スキーマ**）から類推し理解することもある。たとえば、牛乳は乳の種類であり、乳牛は牛の種類であるというように、1番目の漢字が性質や状態を示し、2番目の漢字が示すカテゴリーを修飾や限定するというルールがある(12)。既知単語からの類推が可能となるためには、文章の読解に焦点をあてるだけではなく、文字や語の構成ルールを知り、また基本的な語彙の増加と定着を図るように、語彙に焦点をあてた指導が必要である（図2-2）。このためには、文脈の中で語の意味を解釈できる推理の

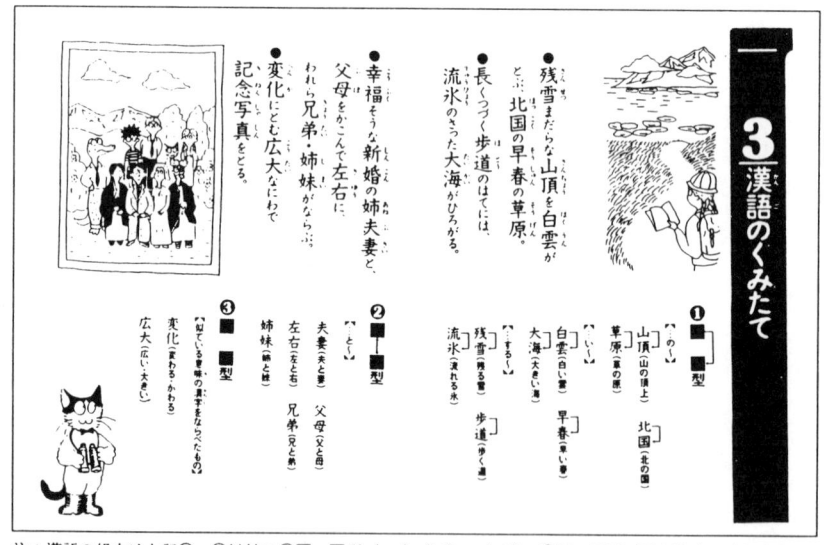

注：漢語の組立は上記①〜③以外に④■←■型（〜を（に）…する）、⑤■＝■型（同じ漢字のくりかえし）⑥×←■型（上に打ち消しの漢字がつくもの）として説明されている。

出典：宮下久夫他（編）　1994　漢字が楽しくなる本　第6巻　漢字の単語あそび　太郎次郎社

図2-2　漢語の組立ルールを示すワーク例

力を育てると同時に，辞書によって定義を確認し，また複合語や対義語，類義語など意味の関連する語彙を体系的に取り上げ比較や対比を行うこと，学んだ語彙を短文作り等を行い頻繁に使う機会を設けていくことが，語彙を豊かにしていく手だてとして考えられる[5]。逆引き辞典を始めさまざまな辞典類の活用が，語彙への興味関心を高める授業に用いられている[28]。

文章理解における既有知識の役割

しかし，単語の意味がわかれば，文章は理解できるとは必ずしもいえない。次の文章を読んでもらいたい[7]。

「手順は実に簡単である。まず，ものをいくつかの山に分ける。もちろん，量によっては一山でも十分である。次の段階に必要な設備がなければ，どこか他の場所へ移ることになる。そうでなければ，準備完了である。一度にたくさんやりすぎないことが大切である。たくさんやりすぎるよりは，少なすぎる方がましだ。このことはさほど重要にはみえないかもしれないが，すぐに面倒なことになりやすい。こうしないと，高くつくことにもなる。最初はこれらの手順は複雑に思えるかもしれない。でもすぐに生活の一部になってしまうだろう。近々この仕事がなくなるという見通しをたてるのはむずかしい。なくなると言える人は誰もいないだろう。手順を終えたら，またいくつかの山に分ける。それから，それぞれを適切な場所に置く。そしてそれらはもう一度使われ，またこの全サイクルが繰り返される。とにかく，これは生活の一部なのである。」

おそらくわからない漢字や単語は含まれていないにもかかわらず，よくわからないという印象を受けたに違いない。ところが，この文章の題が「洗濯」であると言われて改めて読んでみると，意味する内容が具体的に理解できるのではないだろうか。実際に，洗濯の開始から終わりまでの手順が具体的に洗濯機や衣類のイメージとともに頭の中に浮かんできたのではないだろうか。私たちは「洗濯」についてすでにもっている知識を使うことでこの文章を理解できたのである。

このように文章の理解には，書かれた個々の語の意味や各文の意味の理解だ

けではなく，文章内容について読み手がもっている知識を使って具体的に理解し，文章を通して一貫した意味表象を構成していくことが必要である。文章には事柄の全てが書かれているわけではない。そのために，読み手は既有の知識を用いて，文中には書かれていないが起こったであろう事象や出来事の**因果関係**を能動的に推論し意味を構成していく。物語ならば，文中に明示されていなくても，登場人物がなぜその行動を行ったのかという上位目標や行動に先行して何が行ったはずかと先行原因について読みながら同時に推論を行っている[10]。

読み手が行間に考えたこと・感じたことを書く「書き込み」が国語の授業で行われている(図2-3)。これは個々の生徒に積極的に推論を促し，また教師がそれを読みとり理解することによって，生徒の理解や興味に沿った授業ができるようになる一つのてだてと言えるだろう。

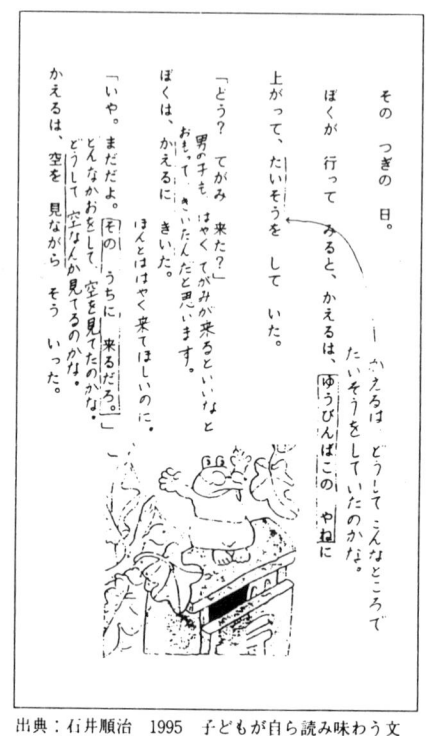

出典：石井順治 1995 子どもが自ら読み味わう文学の授業 明治図書

図2-3 書き込み指導の実例

テキストベースと状況モデル

では，既有知識は，理解の過程でいつどのように使用されるのだろうか。私たちは文章を読みながら，**逐語的表象**，**テキストベース**，**状況モデル**と呼ばれ

2章 読み書きの発達と教育　27

る3水準の表象を順に頭の中に構成していくと考えられている(16)。第1の「逐語的表象」とは，文や句の文法構造を分析しそのまま鏡に映し出したように頭の中に写された水準での**表象**である。この表象はすぐに減衰し，次の第2の水準に移る。この第2の水準では，「テキストベース」が構成される。「テキストベース」とは，隣り合う文の内容を**命題**と呼ばれる概念単位に分析し，その単位を順に統合し，書かれた文章全体の内容について構成した要点構造である。読み手は接続詞や繰り返し使われる語に注目し，この要点構造を構成している。そしてさらにテキストベースから，文章が指示しているのは具体的にどのような状況（文脈）であるのかという表象を既有知識に基づき構成する。これが「状

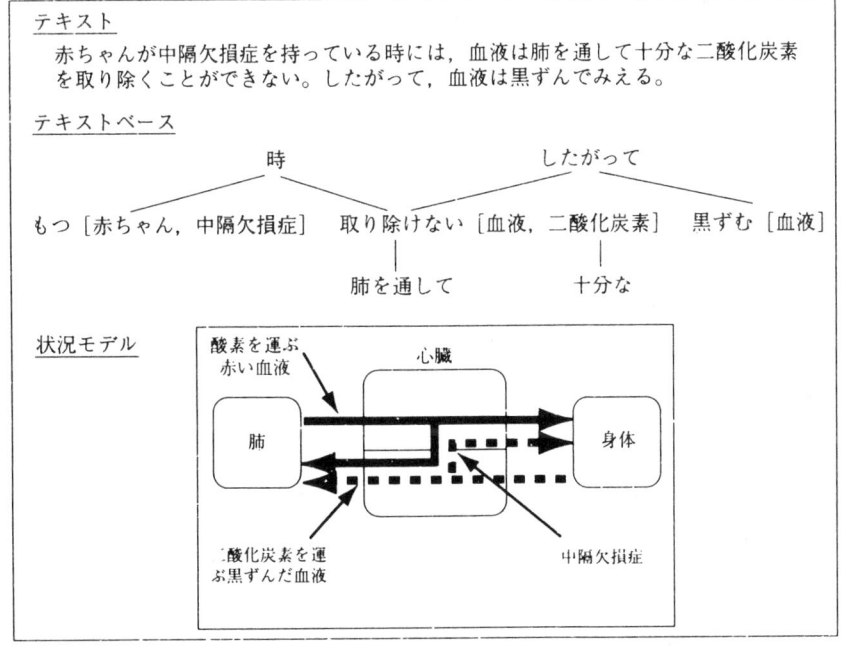

出典：Kintsch,W. 1994 Text comprehension, memory, and learning. *American Psychologist.* 49, 243-303.

図2-4　2文から成るテキストとそのテキストベースおよび状況モデル

況モデル」である。書かれた内容について既有知識は状況モデルを構成するために不可欠である。

　例として図2-4をもとに，テキストベースと状況モデルの違いを考えてみよう。テキストベースは書かれた語が示す概念間の関連のみを取り出し示したものである。一方，状況モデルでは，書かれた文だけではなく，血液循環についての知識を用いて中隔欠損症の赤ちゃんの体内の血液循環について作られたイメージが図示されている。この状況モデルが構成できていなくても，「二酸化炭素を取り除けないから血液が黒ずんでいる」という文の内容をそのまま覚え正確に思い出すことはできる。しかし，たとえば「なぜ二酸化炭素を取り除けないのか」という問いには，心臓と肺，身体間の血液循環の状況モデルが構成されていなければ答えることはできない。つまり，テキストベースの構成だけでは，文字どおりの再生はできても，自分の言葉で文章の示している内容を説明することはできず，得た知識を利用できないのである。「文章を学ぶ」だけではなく，他の場面でも使える知識を「文章から学ぶ」には，読み手が状況モデルを形成していること，すなわち内容の示す具体的状況を表象できることが必要となる。読解力の高い群と低い群を比べると，両群ともテキストベースは構成できていても，高い群の方が既存知識を用いた推論を行い，状況モデルを構成していることが実証されている[19]。授業の中で，登場人物や作者の視点からその場の状況の見えを考え，絵や図を書いてみる表現活動や，テキストの**挿し絵**や写真を丁寧に読みとり本文とつなげていく活動が行われているが，これらは状況モデルの構成を促しているといえよう。

理解のモニタリング

　しかし，文章を読んでいる途中でわからなくなることがある。たとえば，次の文章を読んでみてほしい[11]。

「①このところ，H新聞は売り上げを伸ばしているが，それは特集があたったためだと言われている。②次の特集のテーマでは社長の**ひしょ**をとりあげる予定だ。③この一連の特集では，財界の話題を軽い読み物にまとめて好評を得ている。④サラリーマンが出勤前に目を通すのに丁度よい記事だということだろう。⑤このテーマでは夏の間涼しい別荘で構想を練る社長に焦点をあわせようというのだ。」

多くの人は②文の「ひしょ」を「秘書」と解釈するため，⑤の文に出会った時点でおかしいと気づき，「避暑」として意味を解釈し直すに違いない。文章理解の過程では，理解していくと同時に，理解できているかどうかを評価し，理解できていないと判断した際には，現在の理解過程を統制し修復しようとする行動をとる。この理解の評価と制御は，**モニタリング**と呼ばれる。モニタリング能力は，読みの熟達とともに高まること，つまり読解能力の高い者の方がモニタリングを行うことが多いことがわかっている。ただしモニタリングにも，表2-1のように様々な水準がある[4]。語彙や文法については行われやすいが，論理的一貫性のモニタリングは難しく，また**読解目的**によっても，その水準は異なっている。

表2-1 文章理解における評価の基準

Ⅰ 語彙の水準；綴りの誤りや難しい語，おかしな語はないかを評価。
Ⅱ 統語の水準；文法的に正しいかを評価。
Ⅲ 意味の水準
  ① 隣接する命題間のつながり；代名詞や指示詞，接続詞を手がかりに意味が関連し合っているかを評価。
  ② 構造的つながり；文章のテーマ，話題と命題の内容があっているかを評価。
  ③ 外的一貫性；書かれている内容が既有知識と一貫性があるかを評価。
  ④ 内的一貫性；文章中に書かれている内容同士が，論理的に一貫しているかを評価。
  ⑤ 情報の明確さと完全性；読んで知りたい情報が明確にかつすべて書かれているかを評価。

出典：Baker, L. 1985 How do we know when we don't understand? : Standards for evaluating text comprehension. In L. Forrest-Pressley, E. Markman, & G. Waller (Eds.) ***Metacognition, cognition and human performance***. Academic Press.

またつまずきを感じた時にとる方略も,読解能力の高い者は,前を読み返す,読みの速度を落として時間をかけて読む,他者に質問するなど多様な方略を使うことができる[24]。わからないという状態を否定的に評価するのではなく,わからないことの自覚が理解を深める契機として重要である。この時にとるべき方略を,読解能力の低い生徒には助言しモデルを示していくことで,モニタリング能力を育てることができる。

だが,わからないという感じとは反対に,ある程度内容知識があるために部分をよく読まず読み飛ばして,わかったつもりになってしまうことから理解に失敗したり誤解することが現実では多い。先生からみると正しく読めていないのに,生徒本人は読んでわかったつもりになっているという状況である。この状況を変えるには,全体を取り上げ論じるだけではなく,もう一度本文に返って,ある特定部分のみを言葉に即して読むことや,他の人の解釈を紹介し,なぜ異なる解釈が出てきたのかという原因を授業の中でたどっていくことが必要である[22]。

理解を促す活動と互いの理解を認め合う場づくり

文章からの学習を促すためには,一人ひとりが既有知識を用いて能動的に文章とかかわることができる活動を組み入れることが必要である。それにはまず,既有知識がない時には,事前に生徒自身がその内容に関する情報を調べたり,枠組的な知識や関連知識を教師が提供する必要がある。言葉で説明するだけではなく,実物や図,写真等の視覚情報を用いたり,また五感を用いた**体験**をすることが状況モデルを構成する上でも読む意欲を高める上でも有効である。また読む前だけではなく,繰り返し読んでいく途中で,興味をもったことについて関連する知識を得ていく**探究活動**も,**文章からの学習**を深める効果を持つ。**総合学習**において本などを使って自ら情報収集をする**調べ学習**は,この例と言えるだろう。

すでにある程度の知識をもっている時には，生徒がその知識を十分に用いて状況モデルを形成できるよう促す働きかけをすることになる。繰り返し文章を読むだけでなく，「それはなぜなの？」と理由を問う**質問**をしたり[27]，また生徒自身が問いを作ってみることによって，知識が利用され文章の理解を促すことができる。図2-5は，「文章を理解できたかどうかを確かめる質問を自分で作ってみる群」「他者が作った質問に答える群」「繰り返し読むだけの群」の3群に言語能力が均質になるように中学1年生の生徒を割り当て，説明文の理解に対する活動の効果を調べた結果である[1]。同質の質問でも自ら作成することが，特に言語能力が中・下位の者では効果があることがわかる。理解を促す活動として他にも，**要約**を書く，続きを予測する，読んだことのない人に説明する文を書く，見出しや題をつけてみるなどが，実際に授業中行われているが，これらは能動的な読みを促す上で有効である[24]。生徒の読解力や状況に応じて，1年間の見通しをもって，授業にとりいれる活動を体系的に考え，その実施時期を判断していかねばならない。

教室には多くの生徒がおり，さまざまな知識や経験をもった者が集まってきている。したがって，同じテキストベースが構成されたとしても，そこからは一人ひとり異なる状況モデルが構成される可能性がある。読むという行動は

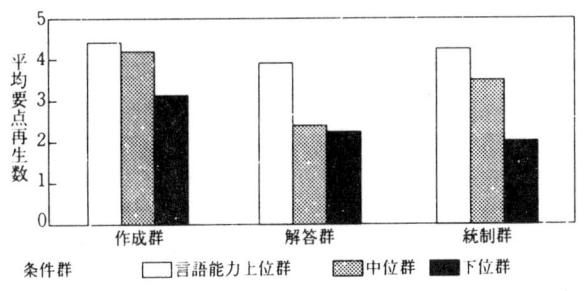

出典：秋田喜代美 1988 質問作りが説明文の理解に及ぼす効果 教育心理学研究 *36*, 17-25.

図2-5 質問作成群・解答群・統制群の要点再生数の比較

個々の生活経験が映し出される営みである。文学作品や詩の理解，鑑賞においては，むしろその相違を理解し認め合うことが，授業として重要である。教師の一義的な解釈へと誘導するのではなく，生徒間の解釈の微妙な差異に注意を向けることによって，その文章への新たな理解が相互に生まれることになる。文章を読む過程は，読み手と文章との相互作用であるが，読みの授業においては，読み手として生徒同士が，文章を通してさらに対話し交わり合うことにも楽しさ，おもしろさがあると言えよう。そのためには，生徒が自分の考えを自由に発言できる**学級雰囲気**と，発言の力だけではなく友人の発言を聴く力を育てることが不可欠である。

読む意欲を高めるための環境づくり

中学・高校では本を読めない生徒の問題よりも，本を読まない生徒の問題，読むことへの意欲の喚起が重要な問題となっている。読みたいという意欲を喚

教室において自らの「声」をとりもどす試み
―― 読み聞かせや群読を取り入れた授業

音読と**黙読**の効果に関しては，過去の多くの心理学研究からは，小学校低・中学年までは黙読に比べ音読が文章の記憶の再生において有効であるが，中・高学年頃以降は音読よりも黙読の方が有効であるとする知見が得られてきている[25]。音読の位置づけや評価は，日本の国語教育の中でも時期によって異なってきている。今日では，小中学校でも読み聞かせや群読，響き読みなどの実践が積極的に行われるようになってきている。文章を声に出して読むという身体的な行為を行うことは，言葉のもつ響きに注意を向けることによって，具体的なイメージを喚起し，場所と時間を互いに共有しているという絆の感覚を生み出し，読む楽しさを感じる契機となる。声に出すことで互いの解釈の差異に気づくこともある。授業において，解釈に関する議論が抽象的になったり，行きづまった時に，もう一度テキストの言葉にもどり音読によって言葉にふれることから，新たな気づきがうまれることも多い。書き言葉を読む授業においても，教室に声や身体を取り戻す実践が必要ではないだろうか。

表2-2 自由読書プログラムを実施した生徒と従来の指導を受けた生徒との読解力テストの結果の比較

自由読書プログラムの実施期間	読解力テストの成績* (数字は研究事例の件数)		
	上昇した	差なし	低下した
7か月未満	5	13	3
7か月から1年	3	8	0
1年以上	8	1	0

出典：クラッシェン, S.(著) 1996 読書はパワー 金の星社

起することは，長期的な視点からみて，読解能力を育てることにつながる。学校の授業外での読書量がその後の読解力を予測する[3]。日本の読解教育では，教科書あるいは教師から与えられる比較的少ない教材を一緒に精読することに重点が置かれている。この点はワーク形式を中心として多読に重点が置かれているアメリカの読みの教育とは異なっている。読みたいという意欲の喚起のためには，本の選択を基本的に本人に任せ，読み方を強制せず自由に集中して読む時間を設けるという場づくりが必要である。表2-2は，アメリカで**自由読書プログラム**を実施した生徒と**読解技能**を重視した読みの指導を行った生徒との41の比較研究の結果をまとめたものである。

日本では**読書指導**と読解指導は分けて扱われることも多い。だが，読みたいと生徒が思った本を読める時間や読みたいと思える本と出会う場の設定という読みの**環境づくり**が，これからの読みの教育の重要な鍵の一つとなるだろう。読み聞かせやブックトーク，読書郵便，読書新聞，仲間同士での図書紹介など多様な形で，読みたいと思える本との出会いをつくり，また調べ学習など読むことが役立つという実感を育てる活動が読む意欲を高めるために実際に行われてきている[2]。また本だけでなく，生活の中での読む活動に根ざして，新聞や雑誌，写真集など多様な資料を学習材として取り上げていく工夫も，読む意欲を喚起する手だてとして有効である[20]。

第2節　文章産出の過程と表現を生み出す授業づくり

口頭作文から文字作文へ

　かな文字を覚え始めると，まず最初に多くの幼児は，自分の名前という，自らの存在を示す言葉を文字によって表しはじめる。また，自分の思いや願いを特定の他者に対し伝えるコミュニケーションを，「手紙」を書くという形式で始めるようになる。小学校1年生で最初に行われる作文も，「先生，あのね」と教師への語りかけで始まる話し言葉体の文字作文である。しかし，学校教育を受ける中で，小1の9月頃からは，書字の習得に伴って文章体へと文体も変化していく。文章を書くには，子どもは文字という道具を習得するだけではなく，説明文ならば説明文固有の語り口，物語であれば物語固有の語り口というように，ジャンル固有の文章構造の形式や修辞法を含む**語り口**の知識を習得し，その語り口で自らの思考を組立て，文字で表現することが求められる。

　この**口頭作文**から**文字作文**への移行過程においては，4段階の変化がみられる。第1段階は，次に書く文字(言葉)を言ってからその文字を書く，書きながらも音声に出して言う段階，第2段階はささやき声，あるいは唇の動きを伴わせながら一字ずつ書く段階，第3段階は特に難しい文字や言葉だけはささやき，後は黙ったまま書いていく段階，第4段階はささやき声，あるいは唇の動きを伴わせながら，比較的すらすらと文字を書いていくが，停滞は言葉の途中でも生じる段階，第5段階は黙ったまますらすら書き続け，停滞は文や句などの意味の切れ目で生じる段階である。小1の9月には約75％が第5段階に達する[26]。最初は声という身体的行為を用いながら書くことが行われるが，次第に音声の助けなしで認知過程を自ら統制できるようになっていくのである。

文章を書く認知過程

　まとまった文章を書くには，図2-6のように，書こうとする話題内容についての知識や，文章の構造や構成についての知識，誰に向けて書くのかという読み手に関する知識が必要である[8]。また文章を書く過程は，構成の計画段階，実際に文字に書き表す段階，推敲段階の3つの段階を各々1段階ずつ完結してから次の段階に進行するのではない。書きながら，計画を局所的に変更したり，また書きながら読み返し推敲し，また新たに計画し書き加えるというように，この3段階の過程を再帰的に繰り返していく。文章を書く際に次のようなスタイルがある。「A型：全体の構想をきちんとたてて，その構想に従って書き進める，B型：テーマを決めると，後はテーマに照らして状況依存的に書き進める，C型：特にテーマを意識することなく，次に何を書くかを決めながら書き進める，D型：連想的に思いついた順に文字化していく」の4スタイルである。このスタイルの割合を小学2年生から5年生までの作文過程を観察し面接することによって検討した研究によると，高学年になるほどB型の割合が高くなる

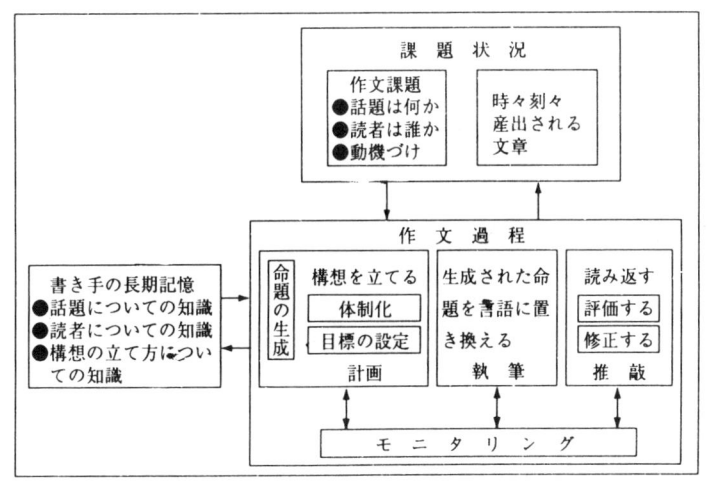

出典：内田伸子　1990　子どもの文章：書くこと・考えること　東京大学出版会

図2-6 作文産出過程のモデル

ことが示されている(26)。状況にあわせて,書きながら考え,考えながらまた書くことができるようになるのである。

　この計画の過程では,書く内容を考える「内容の生成」だけではなく,誰に向けて何のために書くのかという「目標の設定」,また書こうとした内容をどのように組み立てるかという「内容の構造化」が行われる。文章執筆を職業とする熟練した書き手と未熟な書き手を比べると,未熟な書き手は書く内容について知っていることを思いつくままに述べていく知識駆動型の**知識陳述方略**を使用するのに対し,熟練者は,内容だけではなく,目的や読者を意識し,どのように読み手の注意を引きつけるかというように修辞学の知識を使いながら計画する。書き手が知っていることを羅列するのではなく,読み手が知っていることと読んでもらう文章の間に架け橋をかけるよう構成的な計画を行う**知識変換方略**を使用している。**学校作文**の文脈では知識陳述方略で流暢に書けることでよしとされることが多いが,知識変換方略を育てる授業実践がこれからの教育では求められている(8)。このため,カナダのオンタリオ教育研究所では,図2-7のような黒板を利用しながら,「読者は誰ですか。その例はあなたの考えた読者にとってよい例ですか」というような質問を教師や友人が行い対話を

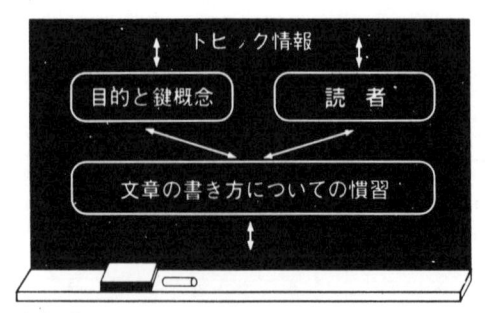

出典:Flower, L. 1996 Collaborative planning and community literacy: A window on the logic of learners. In Schauble, L. & Glaser, R. (Eds.) *Innovations in learning new environments for education.* LEA.

図2-7　協同的プラニングを促すための黒板

する**協力的プランニング法**が試みられている[9]。読み手や文章構成を意識する作文指導である。

　書きながら，また書き終えた後で**推敲**が行われる。この過程では，意図と表現のずれを比べ，また曖昧な表現をより具体的に推敲することが必要になる。書くことに熟達するにつれて，誤字脱字などの表層的な面の修正のみではなく，論旨の一貫性や読者の目から考えた表現になっているかといった，内容により関連した推敲が可能になっていく。文章を書くことを職業とする人の推敲過程では，推敲は単なる語句の言い替え活動ではなく，新たな意味が発見される過程として認識されている[14]。書き手である自己の視点からだけではなく，読み手の視点に立って批判的に自分の文章をとらえ直し推敲していくことが，推敲の質を高めていくのである[13]。学校作文では，先生に向けた作文と読み手が必ずしも明確に設定されていない状況での作文がこれまで多かったが，最近では，意見が異なる相手や，内容を知らない他の学級や学校の友達に向けて書くというように読み手を明確に想定し，自分の考えを伝えるために書く機会が設けられ，インターネットを利用しての交流も図られている。生徒が文章を書く効力感を生み，また自分の文章を推敲する必然性を生み出す環境づくりといえるだろう。

書くことへの意欲を育てる

　生徒自らが表現したい，書きたいという意欲を持てるテーマの設定や学びの環境づくりが，文章表現活動においては最も重要である。中学3年生と大学生に，野球についての知識と野球への個人的な興味関心，および語彙や文章読解力という言語的知識についての調査を行った後，野球のスライドを示し，その話を考えて書く課題を行った研究がある[6]。中学生では個人的な興味が高いと，文法的完成度も高く，試合の勝敗に関連する内容を中心に，論理的で構造化された文章が書けることが示されている。文章技術面の指導のみではなく，生徒

の興味や感情に目を向けることが，書くことへの意欲と力を育てることになる。

　書いた枚数や表現技術のみを問題とするのではなく，自らを表現できたり自分を見つめ直す契機となるような状況やテーマ設定，書くことによって友達や他の人とつながりあえるという実感をもてる状況づくりが，学校における作文の授業において最も考えられなければならない点であろう。書く内容を教師が与えるのではなく，子ども自身が書きたいことを自己選択していける課題設定や，書くことの意義を感じられる状況づくりが作文指導においては求められるのである。またその一方で，教師が一緒にイメージをふくらませる手助けをする具体的なかかわりが表現を生み出す過程においては重要である。大村はま[23]は，書けない生徒に「書きなさい」をただ繰り返すのではなく，教師が書き出しを少し書いて見せて「その先を書いてごらん」と働きかけたり，つっかえている時に具体的に「それはどんなものでしたか」「そこで何を見たのですか」と助言することによって，書けるようになるとしている。また自らの言葉を生み出すには，ものやできごととじっと向き合う時間が必要である。書く行動へと急いで駆り立てたり，書いているという状況に安心するのではなく，表現が生まれる前の沈黙する時間を十分に保証し大切にすることも，忘れてはならないだろう。

自己との対話としての書くこと

　加齢と共に，子どもは文章の中にさまざまな形で心情を表現できるようになる。同一学級の6人の子どもの日記に表れた**感情表現**を小学2年生から6年生になるまで追跡的に調べ，どのような語彙がいつ頃から表れたかを調べた研究によれば，快感情よりも不快感情の方が語彙として書かれたものが多く，「うれしい」「悲しい」「嫌だ」といった一般的な感情語から次第に「胸がドキドキした」「足が震えた」等の自分自身の生理的変化に目を向けた表現が小3頃か

ら現れ始め,「寂しい」「憂鬱」などの具体的な感情表現を述べていた状況から,「悩み」「解放された気分」のように,より普遍化,抽象化した語を使用するようになるという[21]。感情を文章に表すことが,自己や状況をより客観的に捉え感情を調整するという新たな認識活動や行動の原動力となっているのである。

　文章を書くという活動は知的過程であると同時に,感情や自己のあり方と深くかかわっている。書くことによって,書く対象とした出来事や人と自己とのかかわり,自分の考えや感情を改めて見つめ,気づきを生む機会となる。文章による表現は理解に比べ,順調な発達過程よりも時には拒否や停滞,ゆらぎ,退行などがみられることもある。表現技術の巧稚性から評価し指導するのでなく,書こうとした意図や書かれた内容,あるいは書けない気持ちを理解受容し,そのことを契機に教師や仲間,自己と対話することが,子どもにとって書くことの意味を認識できる重要な機会となるであろう。長期的な視野に立つと同時に,書けるための具体的な関係づくりと環境づくりが授業に求められている。

【演習問題】

1　わかりやすい文章を書くためには,どのような点に注意したらよいだろうか。文章がわかりにくいと感じた経験などを基にし,読者の理解過程に沿って,整理してみよう。
2　文章を読みたい,書きたいという意欲を喚起するためには,どのような学習環境を準備し,授業づくりを行ったらよいだろうか。友人と話し合ってみよう。

【参考文献】

・秋田喜代美　2002　『読む心　書く心　文章の心理学入門』北大路書房
　　文章を読む過程,書く過程の認知過程について初めて体系的に知りたい人への入門書として薦められる。
・大村彰道（監修）秋田喜代美・久野雅樹（編）2001　『文章理解の心理学：認知,発達,教育の広がりの中で』　北大路書房
　　文章理解に関する心理学的研究の広がりを,認知,発達,教育の視点から論じた本であり,演習や卒業論文などで,文章を読む過程についての研究を行いたいという人が,自分の関心の有る章を読んだり,20世紀全般の文章理解研究全体としての広がりを知ることができる。

・佐藤公治 1996 認知心理学から見た読みの世界 北大路書房
　　国語の授業観察に基づいて，子どもたちが教室でどのように教材とかかわっているのかを示した本である。授業での読みを認知心理学ではどのようにとらえられるのかを理論と実践の両面から示している。

第3章 数量の発達と教育

本章では,まず数量概念の発達的側面について,数の足し算,十進法,速度や濃度といった概念を中心に明らかにする。次に発達と教育をつなぐ領域として,数量概念の理解促進に関する研究を紹介する。そして数量概念に関する一つの教育実践をとりあげ,その検討をもとに教育心理学研究の意義について考えよう。

第1節 数量概念の発達

本節では,小学校低学年までを対象とした数の加法に関する研究,低学年から中学年を対象とした十進法の理解に関する研究,中学年から高学年を主たる対象とした速度や濃度の理解に関する研究を紹介する。

数の加法 ── 子どもはどのように足し算を考えるか

6 + 9のような一桁の足し算を考えてみよう。就学前後の子どもはこの計算をどのように行うのだろうか。シーグラーは幼稚園児,小学校1年生,2年生に対してこのような足し算の問題を与え,その解法を子どもの行う説明と行動から分析した[10]。表3-1は,足し算に対するいくつかの方略が利用された割合を示している。**検索**(retrieval)とは,計算結果が長期記憶に保存されている場合にそれを答えとして引き出すことである。**最小**(min)とは,たとえば6 + 9を9 + 6と逆転させ,9から順に10, 11, 12, 13, 14, 15と6回数える効率的な方法である。**分解**(decomposition)とは,6 + 9を「6 + 10 = 16,9は10より1小さいので,16 − 1 = 15」とするように,計算を単純な過程に分ける方法

表3-1 各年齢で用いられた方略の割合

年齢	検索	最小(min)	方略 分解	1からの計数	推測や無答
幼稚園児	16	30	2	22	30
1年生	44	38	9	1	8
2年生	45	40	11	0	5
全体	35	36	7	8	14

出典:Siegler, R. S. 1987 The perils of averaging data over strategies: An example from children's addition. *Journal of Experimental Psychology: General. 116*, 250-264.

である。1からの**計数**(count all)とは,6+9を1,2,……,6,7,……,15とすべて数えて答えを出す方法である。そして推測とは当て推量に答えをいう場合を指す。表3-1からは,検索と分解が幼稚園児から2年生にかけて大きく増加する一方,1からの計数と推測・無答が急速に減少すること,最小(min)方略は徐々に増加することが読みとれる。また,注目すべきは,同一年齢内でもさまざまな方略が用いられていること(**方略の多様性**:variability of strategies)である。一人の子どもが,易しい問題には検索を,難しい問題では他の方略を用いるなど,問題の難易度に応じて方略を使い分けることも報告されている。このような適応的な過程は,**方略選択**(strategy choice)と呼ばれている[11]。

幼稚園児と1,2年生の方略の差異は,就学とともに多くの足し算の問題に取り組むことによるところが大きいと考えられるが,新たな方略がどのように獲得されるかを,就学前児の最小(min)方略の発見に限定して検討した研究も見られる。シーグラーとジェンキンスは,4,5歳児8名に対して1週間に3回,11週間にわたって足し算の課題を与え,毎回その解法を説明させることで,**方略発見**(strategy discovery)に至る過程を分析した[12]。このように方略の発見が予測される一定期間,集中的に課題を呈示し子どもの観察を行う方法は,**微視的発生的方法**(microgenetic method)と呼ばれている。分析の結果,最小(min)方略の発見は,1からの計数などの既存の方略で正答できている場合にも起こ

ること，最小方略が発見された後も，効率的でない他の方略が依然として用いられること，最小方略が意識化されるとその一般化が進むことなどが明らかになった。

数の構造 —— 十進法の理解はどのように進むか

整数は十進法によって構成され，加減法の繰り上がりや繰り下がりもそれに依拠して行われる。そのような数構造についての理解はどのように発達するのだろうか。

ケイスらは，数の理解の発達を，**中心的概念構造**(central conceptual structure)の変化として説明している[2]。中心的概念構造とは，数，空間，対人関係などの各領域において中心的な役割を果たす意味的構造を指す。数の領域では，中心的概念構造は次のように発達する。まず4歳頃までに，計数に関するスキーマと量の比較に関するスキーマが獲得されるが，両者は関連づけられていない。6歳頃になると，この2つのスキーマが統合されて1つの**心的数直線**(mental number line)が構成される。この内的な数直線を利用することで，「7と9ではどちらが大きいですか」のような，小さな整数の比較などの課題に正答できるようになる。このレベルの思考は**1次元的思考**(unidimensional thought)と特徴づけられる。8歳頃になると，1つの心的数直線の使用に熟達すると同時に，2つの心的数直線を関係づけはじめる。これによって，たとえば十進法における十の位と一の位の関係が理解できるようになり，「60の4つ前の数は何ですか」といった課題に答えることができる。また「8と3の違いはいくつですか」といった課題にも，数の位置を表す心的数直線と数の差を表す心的数直線とを関係づけることで正答できる。このレベルの特徴は**2次元的思考**(bidimensional thought)である。10歳頃には，2つの心的数直線をより明確に関係づけることが可能になり，その理解を，たとえば，十の位＝一の位×10，百の位＝十の位×10，千の位＝百の位×10のように一般化することにより，十進法の構造全

体を把握できる。このレベルの特徴は、**統合された2次元的思考**(integrated bidimensional thought) であり、「999の9つ後の数は何ですか」といった、多位の関連づけを要する課題や、「6と2の差と、8と5の差では、どちらが大きいですか」のような、差を表す2つの心的数直線を関連づけることが必要な課題への正答が可能になる。→巻末用語

このような数構造の理解の発達には、ケイスらも指摘しているように、算数教育も影響を及ぼすと考えられるが、桁数の多い加減算ができるようになる背景に心的構造の変化があるという指摘は、子どもの理解を診断するうえで重要であろう。

内包量 ── 子どもは濃さや速さをどのように理解しているのか

これまでに紹介したシーグラーやケイスらの研究が扱っていたのは、整数の構造や加減法に関する理解であった。量の観点から考えると、加減法は同種の量に関する演算である。たとえば、5個+2個=7個のように、足し合わされる2数もその答えも個数である。これに対して、乗除法やそれと同じ構造を持つ比例や内包量(単位あたり量)は、一般に異種の量にかかわる演算や概念である。たとえば、1袋6個×3袋=18個、50km／時×3時間=150kmのように、異なった2量が関係づけられて第3の量が導かれる。ここで**内包量**(intensive quantity)とは、速度、密度、濃度のように物の質を表す量で、速度=距離／時間のように2量の割り算で表現される。このように量の観点では、加減法と乗除法・比例・内包量とは異なった数学的構造を持ち、求められる理解の質も異なる。ここでは後者に関する子どもの理解について、内包量に焦点をあてて検討することにしよう。

ノエルティングは、内包量の一つである濃度の課題を用いて、**比**(ratio)の概念の発達段階を明らかにした[9]。ここで用いられたのは、たとえば「オレンジジュース2カップと水3カップを混ぜたジュースと、オレンジジュース4カッ

第3章 数量の発達と教育　45

表3-2　比の概念の発達段階

段階	段階の特質	典型的小問	年齢
0	ジュースの有無で判断	■　□ (1,0) vs. (0,1)	2 ; 0
ⅠA	ジュースの数を比較	■■■■□　■□□□□ (4,1) vs. (1,4)	3 ; 6
ⅠB	ジュースの数が同じ場合に，水の数を比較	■□□　■□□□□□ (1, 2) vs. (1,5)	6 ; 4
ⅠC	ジュースと水の関係が逆（ジュース＜水,ジュース＞水）	■■■□□□□　■■□ (3, 4) vs. (2, 1)	7 ; 0
ⅡA	1:1の等価類 (どちらも,水＝ジュース)	■□　■■□□ (1, 1) vs. (2, 2)	8 ; 1
ⅡB	任意の等価類 (水もジュースも倍)	■■□□□　■■■■□□□□□□ (2, 3) vs. (4, 6)	10 ; 5
ⅢA	水かジュースの一方の項が他項の倍数	■□□□　■■□□□□□ (1, 3) vs. (2, 5)	12 ; 2
ⅢB	任意の比	■■■□□□□□　■■■■■□□□□□□□□ (3, 5) vs. (5, 8)	15 ; 10

＊■は，オレンジジュースのカップを，□は，水のカップを表す。
＊年齢は，50％以上の者が正答した年齢を示す。なお，m；nは，m歳nか月を表す。
出典：Noelting, G. 1980 The development of proportional reasoning and the ratio concept: Part I differentiation of stages. *Educational Studies in Mathematics*, 11, 217-253. を改変。

プと水6カップを混ぜたジュースでは，どちらが濃くなるか，それとも濃さは同じか」について，図を用いて問う課題である。6歳から16歳までの321名を対象に，数値の組み合わせの異なる多くの小問が実施され，各小問の通過率（正解者の割合）を基準として，各小問の内容に特徴づけられる発達段階が示された（表3-2）。加減法に比べると数値の組み合わせが多様であり，水やジュースの一方の次元に依拠した推理は6歳頃から，倍数関係に依拠した推理は10歳頃から可能になる一方，任意の比に対する濃度の判断は小中学校の段階では

難しいことがわかる。

　濃度に限らず速度なども含めた，内包量一般の理解はどのように進むのだろうか。藤村は速度と濃度に関する同型の比較課題を，小学校4年生から中学校1年生に至る162名を対象に実施した[3]。図3-1はその課題例である。ノエルティングが示した段階が整理され，小問への正誤と理由づけから次の4つの段階が提起された。段階1では一方の量(例：距離)に着目して判断がなされる。段階2では一方の量(例：距離)が等しい場合に他方の量(例：時間)に着目して判断が行われる。段階3では2量が倍数関係にある場合(たとえば2kmを36分で歩く人と4kmを72分で歩く人の比較)に，倍数操作方略などを用いて「時間も距離も倍になっているので速さは同じ」といった適切な判断がなされる。段階4

＜速度比較課題の例＞

ひろし君とけんじ君ではどちらが速いですか？

……ひろし君・けんじ君・同じ

	ひろし君	けんじ君
かかった時間	72分	48分
歩いたきょり	4 km	3 km

そう考えた理由を，ことばか式か絵で，次にかいてください。
(そう考えた理由)

＜濃度比較課題の例＞

緑色の入れ物の食塩水と白い入れ物の食塩水では，どちらが濃いですか？

……緑色の入れ物・白い入れ物・同じ

	緑色の入れ物	白い入れ物
食塩水の量	42 g	54 g
食塩の量	2 g	3 g

そう考えた理由を，ことばか式か絵で，次にかいてください。
(そう考えた理由)

出典：藤村宣之　1990　児童期における内包量概念の形成過程について　教育心理学研究　*38*, 277-286.

図3-1　速度・濃度比較課題の例

表 3-3 速度・濃度比較課題における人数分布

<速度>	4年	5年	6年	中1	<濃度>	4年	5年	6年	中1
段階1	10	3	0	1	段階1	23	12	1	3
段階2	13	3	0	1	段階2	7	6	2	1
段階3	13	23	16	20	段階3	7	21	32	29
段階4	2	13	24	20	段階4	1	3	5	9
計	38	42	40	42	計	38	42	40	42

＊段階の特質　段階1:1量の符号化　段階3:倍数関係の理解
　　　　　　　段階2:2量の符号化　段階4:単位あたりの理解
出典:図3-1と同じ。

では2量がともに倍数関係にない場合(たとえば3kmを48分で歩く人と4kmを72分で歩く人の比較)も含めたすべての場合に,単位あたり方略などを用いて,「1km歩くのにかかる時間は16分と18分なので前者が速い」といった適切な判断がなされる。分析の結果,速度,濃度それぞれについての各学年の段階別人数は表3-3のようになった。4,5年生は「単位量あたりの大きさ」や「比例」など内包量に関係する単元をまだ学習していないが,速度・濃度ともに倍数関係にもとづく推理(段階3)が多くの子どもに可能であることがわかる。また,5年生の一部(31%)には,「1時間あたり」「1kmあたり」に着目した速さの判断(段階4)を行う者もみられた。これらは,子どもが内包量を学習する以前であっても,日常経験のなかで,内包量に関連する理解を発達させてきていることを示している。6年生以降では速度課題で半数程度が単位あたりを十分に理解するのに対し,濃度課題では,中学校1年生でも単位あたりを十分に理解する者は少数(21%)にとどまっている。ノエルティングの結果と同様,特に濃度では単位あたりの算出とその意味づけが必要な場合などに難しさが残るようである。

第2節　数量概念の理解促進

　第1節では加法に関する多様な方略適用，心的数直線を利用した十進法の理解，日常経験に基づく一定の内包量理解など，子どもの数量概念の発達の諸側面をとらえてきた。一方，任意の比の理解や濃度の単位あたり理解など，比例や内包量に関する内容の中には，子どもにとって難しいものもみられる。本節では，小中学生に具体物を操作させることなどにより，それらの概念理解を促進することが可能かどうかについてみてみよう。

内包量の理解を促進するには

　小学生の**内包量**に関する理解，とりわけ，濃度に関する理解を高めるにはどうすればよいのだろうか。内包量に関しては，たとえば，水と濃縮ジュースを混合してジュースを作る場面に2つのジュースではどちらのジュースが濃いかを考える，内包量比較の場合のほかに，水の量を変えて濃さが同じジュースを作るには濃縮ジュースをどれだけ入れるとよいかを考える，**比例的推理**(proportional reasoning)の場面が想定される。第1節でみたように濃度の比較は小学生にとって難しいが，一般に比例的推理は小学校中学年でも比較的容易である[14]。そこで藤村は，比例的推理の場面を具体物を用いて組織することにより，そこで引き出された理解を活用して，比較場面での濃度の理解を促進することを試みた[4]。

　内包量に関連する内容を学習する以前の小学校3, 4, 5年生160名に対して，濃度の比較課題が事前および事後テストとして個別に実施された。課題は，水と濃縮ジュース(オレンジカルピス)を混ぜたときの濃さの比較を求めるもので，たとえば，「ゆきお君とまさし君は，水とオレンジカルピスをまぜてジュースを作りました。ゆきお君は水2dl(デシリットル)にオレンジカルピス4カップ

をまぜてジュースを作り，まさし君は水3dlにオレンジカルピス6カップをまぜてジュースを作りました。ゆきお君のジュースとまさし君のジュースではどちらが濃いでしょうか。それとも濃さは同じでしょうか。どうしてそう思いましたか」のように問う課題が絵カードを用いて実施された。この例は単位あたり(水1dlあたりのオレンジカルピスのカップ数)を考えることで解決できる小問の一例である。他に倍数関係の理解によっても解決できる小問(たとえば，水2dlにカルピス6カップを混ぜるジュースと，水4dlにカルピス8カップを混ぜるジュースの比較)などが含まれていた。事前テストと事後テストの間には，比例的推理を求める予測課題が，実際の水と濃縮ジュースを材料として個別に実施された。たとえば「水1dlにオレンジカルピス2カップを入れるジュースと同じ濃さのジュースを水2dlを用いて作るには，オレンジカルピスを何カップ入れるとよいか。それはどうしてか」が尋ねられ，答えたカップ数だけ実際に混合させた後，誤っていた場合には再予測が求められた。事前テストから具体物を用いた予測(比例的推理)を経て事後テストに至る過程で，理解の段階がどのように変化したかを示したのが図3-2である。事前－事後テスト間で，倍数関係を理解する段階3や，単位あたりを理解する段階4へと段階を高次化するタイプが4，5年生に多くみられた。3年生では，具体物を用いた予測場面では倍数関係や単位あたりに気づくが，事後テストではそれを生かせずにもとの段階に戻るタイプがみられ，事前テストから事後テストにかけての変化は小さかった。

　このように，子どもの比例的推理を利用した**具体物の操作**は，特に4，5年生の内包量(濃度)理解を促進するのに有効であることが明らかになった。概念理解を促進するには，子どもの既有知識を引き出せるような形で具体物を操作させる方法が役立つことが示唆されるが，操作場面での理解を他の場面に一般化できるかどうかには年齢などの要因も関与するようである。

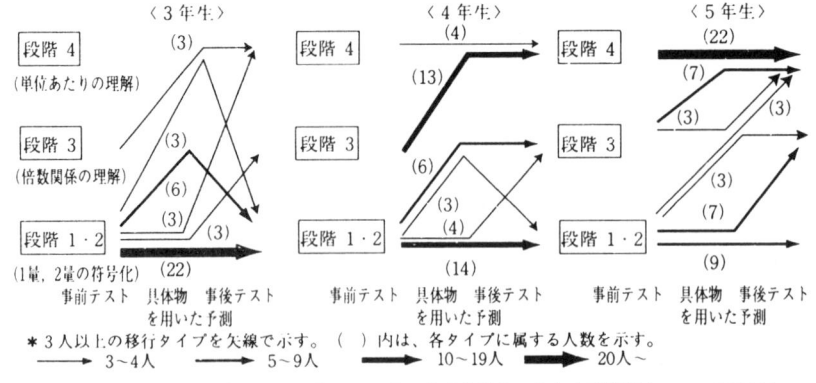

出典：藤村宣之 1992 児童の比例的推理に関する発達的研究 教育心理学研究 40, 276-286.

図3-2 各学年における内包量理解の段階の移行過程

比例の理解を促進するには

比例に関する推理は，変化が整数倍や1.5倍などの場合は小学生でも可能であるが，それ以外の場合になると中学生でも困難を感じることがある。比例に関して知られている典型的な誤方略に**加法方略**(addition strategy)がある。それは，たとえば「縦の長さが2，横の長さが3の長方形がある。これと同じ形で，横の長さが5の長方形を作るには，縦の長さはいくらにすればよいか」という相似拡大の問題に対して，長さの差に着目し，「5－3＝2，2＋2＝4なので，縦の長さは4」のように加減法を用いて答える方略である。この方略は比例の学習後の中学生でも用いられる。

ハートは，この誤方略を克服させて比例の適切な理解に導くためにいくつかの実験を行った[6]。第1の試みは，加法方略を用いた場合の結果が直観とは矛盾することを意識させることで，適切な方略に移行させることを目指していた。まず被験者として，13～15歳の中学生から事前テストで加法方略を用いた者35名が選び出された。彼らに対して個別インタビュー形式で1つの直角三角形が呈示され，それと同じ形で一辺がある長さの三角形を作るには，もう一辺がど

れだけの長さであればよいかが尋ねられた。この相似拡大の問題に対して、辺の長さを答えさせた後、その答え通りに実際に三角形を描かせ、三角形の形から自分の答えが間違っていたことに気づいた者には、新しい答えを考えることが求められた。その結果、ほとんどの生徒が、自分が加法方略による答えにもとづいて描いた三角形が最初に示された三角形に比べて歪んでいることに気づいたが、それを修正するための適切な方略を考案するには至らず、依然として加法方略を用いようとする者が多くみられた。そこでハートは方法を再考することにした。

加法方略を用いる者でも、たとえば相似比が整数倍や1.5倍などの易しい問題には整数のかけ算や「半分」を利用した方略などを用いて正答することができる。ハートは、第2の試みとして、彼らが既存の方略を用いて正答できる問題から導入し、相似拡大の意味を理解させたうえで、それらの方略では対処できない問題を与えることで、新たな方略の必要性に気づかせることにした。この試みでは、数学教育への適用という点から、約6時間分のワークシートを用いたクラス単位の教授実験が組織された。具体的な手続きとしては、まず2cmの辺が18cmに拡大されるといった相似比が整数倍の図形を描かせる、相似比が1.5倍の図形を描かせるなどの易しい問題を与え、整数倍や半分を足すといった生徒なりの方略で課題に成功させた。次に、3cmの辺が5cmに拡大されるという既存の方略で対処できない状況を導入し、新たな方略の必要性を感じさせた後に、小数倍や分数倍を用いる一般的な乗法方略が導入された[5]。中学校1・2年生の2クラス48名(13〜15歳)に対してこの教授実験が実施された結果、事前テストで平均して30％みられた加法方略は事後テストで2％に減少し、課題の正答率は事前テストの40％から事後テストでは85％に向上した。

この一連の研究は、誤方略を用いた結果が直観に矛盾することを示すだけでは適切な方略の獲得には至らないこと、既存の方略で成功を経験させ課題の意味を理解させたうえで、その方略では解決できない場面を導入して新しい方略

の必要性を感じさせることにより，適切な方略を利用するようになることを示している。

第3節　数量概念の教育

　数量概念に関しては，子どもの興味を喚起し，またその内容を日常生活に関連するものとして理解させるために，身近な具体的素材を用いた実践やゲームを取り入れた実践が算数・数学教育においてなされている。本節では，そのなかから**内包量**(単位あたり量)に関する一つの実践を紹介し，子どもの認知的側面からその検討を行うとともに，教育心理学研究の意義について考えることにしよう。

内包量の導入指導

　現在，小学校5年生算数の「単位量あたりの大きさ」という単元で内包量(単位あたり量)に関する教育が行われている。内包量は数学的には2量の商として表されるが，また日常生活のなかに存在する量であり，子どもたちは走る速さや電車の混み具合，ジュースの濃さなどについて直観的に理解している。そうした子どもの考えに立脚したうえで内包量の理解を高めるために，具体物やゲームを利用した実践が展開されてきている。

　内包量の導入指導に関する多くの実践は，2つの量の分離と操作が容易な**混み具合**を扱っている。素材としては，電車や公園の混み具合や，花壇のなかの球根の混み具合などが用いられている。子どもに混み具合を身体的な感覚として体験させることを重視した実践では，電車や部屋に見立てたマット上に子どもを乗せ，混み具合を体験させるもの[15]，さらにそれにゲームの要素を加えて混み具合の比較に子どもの注意を向けさせようとしたもの[11][13]などがある。ここではゲームのなかで混み具合を体験することを出発点に内包量の理解を深め

させることを目指した実践の一つとして，田中・岩村による教育実践[13]を紹介しよう。

実践の概要

　この実践は内包量（単位あたり量）に関する一連の指導の導入として混み具合を扱ったものである。田中・岩村らのグループはさらに導入以後の内包量指導の展開として，収穫度，濃さ，速さなどの実践を報告している（文献(7)など）。それらの一連の授業は「ものを使って，子どもの手足を使って，実験やゲームで得たデータを使って，教師と子ども双方が楽しく学べるという方針」（文献(13) p.101）のもとで構成され実施されている。

　さて，この混み具合に関する実践は3つの場面に分けられる。

1）混み具合のゲーム

　体育用マットを部屋に見立て，混み具合を体験するゲームである。このゲームは体育館で次のような手順で進められる。

　まず，子どものなかから3人のオニを決め，オニは相談して体育館の3箇所に家に見立てたマットをそれぞれ1～3枚敷く（図3-3参照）。オニ以外の子どもは好きな家に入り，オニが「引っ越し」の合図をすると別の家に移る。移動後，3軒の家の混み具合をよく見て，各自が自分の記録用紙の「一番こんでる」「まん中」「一番すいてる」の欄に家の名前を記入する（表3-4参照）。オニは，「一番こんでる」「まん中」「一番すいてる」が2面ずつ書かれた大きなサイコロを投げ，出たサイコロに該当する家の人は大当たりカードをもらう。以上を数回繰り返す。なお，3人のオニは移動の時点で家から出てきた人を1人ずつつかまえ，オニを交代する。

　子どもたちは「わあ，この家，チョー満員」「こっちは2人で2人部屋だ」などと言いながらこのゲームに進んで取り組み，各自，記録用紙に結果を記録していく。見ただけでは混み具合がよくわからない場面が現れると，「あっち

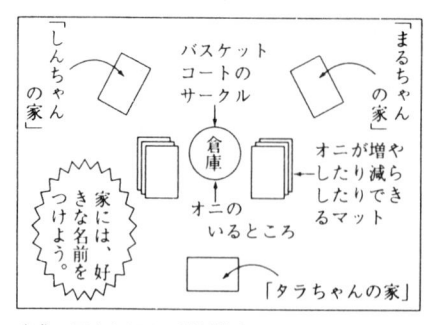

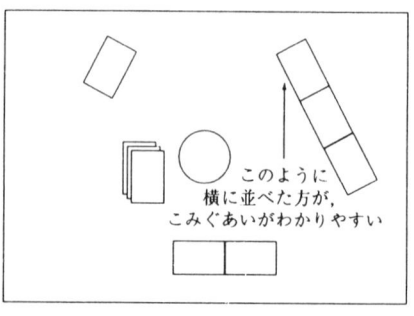

出典：田中かほる・岩村繁夫　1995　21世紀への新しい算数の授業〈第１回〉単位当たり量（内包量）：こみぐあい　教育科学算数教育　No.469

図3-3　混み具合のゲームの場面

表3-4　混み具合の記録用紙Ⅰ

	1番こんでる	まん中	1番すいてる
1回目	タラちゃん	しんちゃん	まるちゃん
2回目	しんちゃん	タラちゃん	まるちゃん

出典：図3-3と同じ。

「が一番だ」「こっちの方がこんでるぞ」と言い合い，そのなかから「そっち，何人？」「こっち，9人」「数えなくたっていいんだよ」「数えなくちゃわからないよ」といった人数に着目した発言がみられるようになった。人数だけでは正しい判断ができないが，教師はあえて指摘せずゲームを続けさせる。

　5回繰り返した後，教師は記録用紙を回収し，4回目の「一番こんでる」家の結果が子どもによって違うことを指摘した。「だから，ちゃんと数えなくちゃわかんないって言ったじゃん」という子どもの発言をうけて，教師は「今度は，間違わないように，人数を数えることにしようね」と促すと，子どもたちから「広い所と狭い所があるから，マットも数えた方がいい」「両方数えて，比べる」「わり算すればいいんだ」という声が出てきた。教師はわり算の意見に着目し，その発言をした子どもに，人数とマットの数を数えてわり算するこ

とを意味していたのかを確認した後，その方針に賛成かどうかを全員に尋ねたところ20人程度が挙手をした。なかには「かけ算じゃないの」という意見もあったが，他の子どもが「かけ算は全部の数を出すときに使うからダメ」と反論し，教師は「では，今度は，人数とマットの数でわり算して比べよう」とまとめてゲームを再開した。

2）混み具合の数値化

再開後1回目の結果（表3-5の「人数」と「部屋の数」の部分）を見ながら，教師はまず部屋数が同じ場合（「しんちゃんの家」と「まるちゃんの家」），人数が同じ場合（「しんちゃんの家」と「タラちゃんの家」）のそれぞれについて，どちらが混んでいるかを子どもに尋ね，部屋数が同じ場合は人数が多い方が混んでおり，人数が同じ場合は部屋数が少ない方が混んでいることを確認する。さらに教師が部屋数も人数も異なる場合（「まるちゃんの家」と「タラちゃんの家」）について尋ねると，子どもは自発的にわり算を行い，表に記入していった（表3-5の「計算の答え」と「こんでる順番」の部分）。その後，ゲームと結果の記入が数回繰り返された。

3）わり算の意味の確認

教室に戻って，教師は「なぜ，わり算をするとこんでいる順番がわかるのか」を子どもに尋ねる。すぐに手をあげた子は少なかったため，教師は5回目の記録と同じ場面を図3-4のように黒板に描いたところ，これを見て挙手する子どもがかなり増えた。教師が指名すると，「1あたり量。マット1枚分の人数が出る。それを比べるから」「1あたりを求める

表3-5 混み具合の記録用紙Ⅱ

		人数	部屋の数	計算の答え	こんでる順番
1回目	しんちゃん	11	2	5.5	1
	まるちゃん	9	2	4.5	2
	タラちゃん	11	3	3.6	3
2回目	しんちゃん	15	2	7.5	1
	まるちゃん	2	3	0.7	3
	タラちゃん	14	2	7	2

出典：図3-3と同じ。

〈5回目の記録〉

　　　しんちゃんの家　　　　　　まるちゃんの家　　　　　　タラちゃんの家

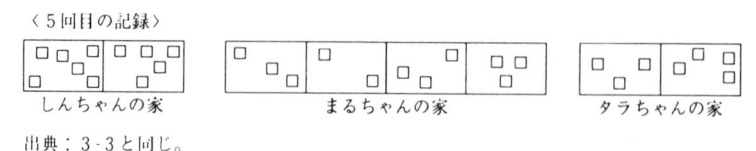

出典：3-3と同じ。

図3-4　教師による混み具合の図示

のがわり算だから。マット1枚分の人数がわかる」などの意見が出された。そこで教師は「(人数)÷(部屋の数)＝(こみぐあい)，11人÷2部屋＝5.5人／部屋」と板書し，1部屋当たりの人数を「人／部屋」のように表し，「5.5人パー(per)部屋」と読むことを教えた（人数の小数化は「平均」の単元で学習済みであった）。最後に教師は「5.5人／部屋は，こみぐあいの大きさを表しているんだね。こみぐあいはこのように，1あたり量を求めて比べればいいんだ」とまとめて授業を終えた。

実践の意義と課題

　この実践では，身近に存在する量としての混み具合をゲームを通じて十分に体験させ，「人数÷部屋の数」によって求められる混み具合が現実世界でもつ意味を明確にしている点に意義がある。特に，ゲームのなかで身体感覚として感じる混み具合に微妙な個人差があることに気づき，より客観的に混み具合を区別するための根拠として家の人数に着目していく過程では，子ども自身の発想がよく展開されている。対象年齢は異なるが，1枚の長方形の紙から容積が最大の直方体の箱を自分の手で作るという課題を通じて，積分の持つ現実的な意味と効用を高校生に理解させようとした実践[8]と同様に，身体感覚では限界のある微妙な差の識別や調整を行う手段として数的操作を導入するという自然な展開が見られる。

　一方で，人数や部屋数を数えるとよいという子ども自身の発想の段階から，「わり算すればいいんだ」という1人の子どもの発言を取りあげ，その発言へ

第3章　数量の発達と教育　57

の多数の賛成を得たことで,「今度は,人数とマットの数でわり算して比べよう」と方向づける過程には,子どもの認知面からすると論理的な飛躍が,教師の認知面からすると授業の目標である,2量のわり算による混み具合の比較への急速な接近がみられると考えられる。「人数÷部屋の数」で算出される数値としての混み具合は,自分と周囲の人との間の距離感などに基づく身体感覚としての混み具合から,直接導き出されるものではない。身体感覚の混み具合のみに依拠した推理は,1)の最初の子どもの発言にみられるように,せいぜい自分を取りまく人数か部屋数への着目にとどまる。教室に戻った教師が「なぜ,わり算をするとこんでいる順番がわかるのか」を尋ねた際に挙手した子どもが少なかったことも,身体感覚と数値という2種類の混み具合を直接結びつけることの難しさを表している。

　では,どのようにすれば両者は結びつくのだろうか。そのためには,まず混み具合を身体で感じていた主体的な「自分」を,周囲の他者と対等な一人の客体に置き直すことが必要であろう。そこで人が部屋に平面的に散らばるという状況を考えると,混み具合は一定面積の中のドットの粗密として視覚的にとらえられる。さらに,一定面積の単位を部屋とした場合,ドットの粗密としての混み具合は,「人数÷部屋数」というわり算を用いることで,一部屋あたりの人数として数的に表現される。このように,ドットの粗密という空間的な表象としての混み具合を媒介とすることで,身体感覚としての混み具合と,わり算で求めた数値としての混み具合が結びつくと考えられる。もっとも,子どもがわり算を行った後になって,教師はわり算の意味づけの必要性を感じ,3)の教室場面で図3-4を黒板に描くことで,空間的表象としての混み具合を介在させようと試みている。この試みにより,わり算が一部屋あたりの人数であることを表現する子どもが最終的には現れたが,1)の段階で「わり算すればいいんだ」と一人の子どもが発言した時点で「なぜわり算なのか」を問い,さらに子ども自身の発想を引き出す過程で空間的表象を喚起する図を導入すること

で，身体感覚→空間的表象(ドットの粗密)→数値の順に混み具合の理解を展開させることができるであろう。

　また，この実践で子どもの発想はどの程度引き出されているだろうか。1)の場面でみられた「(人数を)数えなくちゃわからないよ」「広い所と狭い所があるから，マットも数えた方がいい」「両方数えて，比べる」という発言までは，子どもの発想が授業の展開に生かされている。一方，それ以降の展開では，先に述べたように，「わり算すればいいんだ」という発言に対して，その発言の根拠を求めることなく授業の方向を「わり算」という一点に収束させている。また，「かけ算じゃないの」という意見に対しては，少なくとも実践記録として記述されている範囲では，どうしてかけ算と考えたのかを尋ねることなく，「かけ算は全部の数を出すときに使うからダメ」という別の子どもの意見を受けて取りあげていない。

　混み具合のような内包量を比較する課題は，子どもにとって容易ではないが，それでも量の大小や四則，倍といったさまざまな既有知識を用いて自分なりの方略を考案し，解答を考え出せるものである[3)(4)(9)]。クラスの子どもの多様な意見を引き出し，その根拠も時間をかけて説明させたうえで，最終的にわり算による解法に必然的な形で収束させていく方法を用いれば，それぞれの子どもがより自分自身の考えに関連づけて内包量を理解できるのではないだろうか。

　以上，特に子どもの認知的側面から検討した場合，具体的なゲームによる導入で，日常生活のなかの感覚と数学的な概念を結びつけ，その概念に注意を焦点化させている点にこの実践の一つの意義がある。一方で，身体感覚から空間的表象を経て数値化に至るという理解の展開や，子ども自身の多様な発想と結びつく形での授業の展開という点に関しては，若干の改善の余地があるのではないかと考えられる。

教育心理学研究の意義

最後に，第1，2節で紹介した数量概念に関する教育心理学研究と第3節で検討した教育実践を関連づけて，教育心理学研究の意義を考えることにしよう。

第1節では，加法や内包量・比例に関して子どもの既有の方略やその多様性について述べた。それらの方略や既有知識に関する研究は，教育実践では単元を導入する際の内容を決定し，また子どもの多様な発想を予測することに役立つであろう。

第2節では，子どもの既有の方略や知識を利用することを重視した具体物の操作や教授介入が，概念理解を促進することについて述べた。どのような介入や操作が概念理解の促進に有効かを解明することは，教育実践における単元の指導法の開発に直接的な示唆を与えるであろう。特に，一人ひとりの子どもの持つ知識や方略を詳細に分析し，ある介入や操作がどのような方略や知識を持った子どもに有効であり，それを通じて方略や知識がどのようなプロセスを経て変化したかを明らかにする視点は，教育心理学の特質を反映したものとして重要であろう。

【演習問題】
1 算数や数学の単元導入時に，子どものどのような認知的側面に着目すればよいだろうか。
2 数量概念の理解促進に関する研究は，算数・数学の指導法にどのような示唆を与えるだろうか。また，指導法の考案に役立つ心理学研究にはどのようなものが考えられるだろうか。

【参考文献】
・吉田甫・多鹿秀継(編著) 1995 認知心理学からみた数の理解 北大路書房
　数に関する子どもの理解について，認知心理学や発達心理学のアプローチによる研究の成果がまとめられている。本章で取りあげた概念のほか，文章題解決，分数・小数の理解，概算，確率概念などの研究についても詳しく知ることができる。

第4章　科学概念の獲得と教育

まず次の3つの問題を解き，その後解説を読んで欲しい(図4-1)。

いくつ正解できただろうか。これらの問題の問題2,3からは，科学の問題を解決するには単に公式をあてはめれば良いものでもないし，日常経験からのみ類推すればよいものでもないことがわかる。加えて，科学を教える側にとって，科学を教える際の2種類の難しさが存在していることが伺える。ひとつは，問題2,3に見られるように日常的な感覚と科学が一致していないことによる難しさ，もう一つは問題1が示すように，科学的な概念や考え方が単調増加的に発達するとは限らない難しさである。本章では2種類の難しさについて考察した後，その教育方法について提言する。

問題1　矢印の位置から管の中にボールをある程度の力で投げいれると，出口から出たあとの軌道はどうなるか[8]。

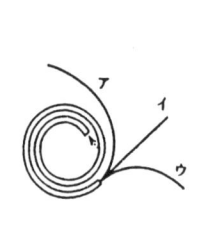

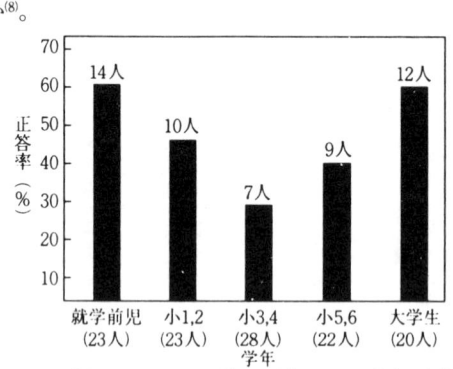

曲がったチューブ問題での学年による正答率の変化

第4章　科学概念の獲得と教育　61

問題2　コインがaの位置にあるときとbの位置にあるとき，それぞれこのコインに働いている力を矢印を使って書き表すとどうなるか。次の中から選びなさい[3]。

　　　　　(ア)　　　　(イ)　　　　(ウ)

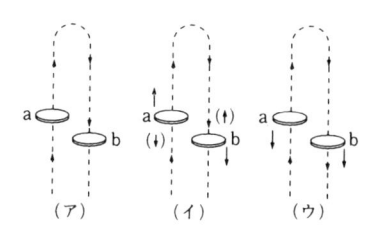

問題3　大粒の雨と小粒の雨ではどちらが速く落ちるか。次の中から選びなさい[6]。
　ア．大粒の雨の方が速い。
　イ．小粒の雨の方が速い。
　ウ．雨粒の大小によらず，ほぼ同じ。
　エ．その時どきによってちがう。

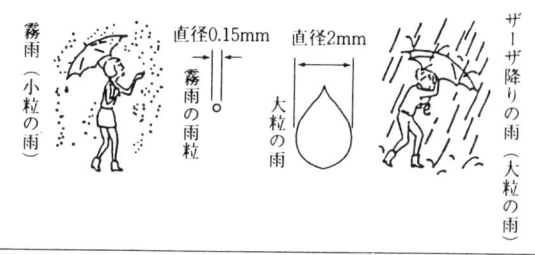

＜解答と解説＞
(1)番：（イ）が正解。しかし（ア）を選ぶ人が多く見られる。しかも，正答率のグラフに示したように，その正答率は大学生で6割しか答えられないだけでなく，幼児から大学生までの正答率を比較するときれいなU字型曲線となる。
(2)番：（ウ）が正解。コインの空中での高さに関係なく常に一定の下向きの重力が働く。しかし，アメリカでも日本でも，多くの大学生がこの問題を解決するとき，上空に浮かんでいるときは，コインの重力の矢印よりも長い上向きの矢印をかき，上空に高く登るにつれてコインの上下の矢印の差を少なくし，止まるところで等しくする（イ）。しかし，力学的には確かにコインを跳ね上げるときには，手での力で加速度を与えるが後は何の力も与えない。与えられている力は重力だけなのである。
(3)番：この問題に対して「ものの落ちる速さは重さによらない。ガリレオがピサの斜塔で実験した有名な話がある」と答える。しかしこの問題の場合，ア)「大粒の雨の方が速く落ちる」が正解である。物理学の落下の法則は，真空の場合を考えている。しかし実際の日常生活では真空中では雨は降らない。

図4-1　過去の研究で使われた科学的基本問題

第1節　科学的概念の獲得

ピアジェの発達理論

　乳児から青年までの科学的概念の獲得を研究したものとして，ピアジェの理論があげられる。ピアジェは，発達を主体と環境の相互作用としてとらえている。つまり，人間は乳児のときからそれなりの自分の枠組み(シェマ)を持ち，→巻末用語
その枠組みのなかに，新しい情報や経験を組み込んで理解しようとする。そして，自分がいま持っているシェマでは外界の情報が理解できず，自分の枠組みに取り込めないとき，自分の持っている既有のシェマの枠組み自体を変えて取り込むことになる。この取り込みを**同化**，取り込めないときに自分の枠組みを変化させることを**調節**と呼ぶ。こうして，知らないものに遭遇したとき自分のシェマに同化したり，シェマを調節したりして，不安定に感じていたものを安定化させることを**均衡化**と呼ぶ。子どもの知的な成長は，この「同化」「調節」「均衡化」の働きで，認識の構造であるシェマが低次元から高次へ，より一層複雑なシェマへと変化してゆくことだとしている。

　このピアジェの発達観の大きな特徴は，生まれながらに知的な能力を持ち，大人とは違ってはいるけれども，乳児は乳児なりに，幼児は幼児なりに，小学生は小学生なりに自分の感覚を通して，環境から情報を取り入れ，動作で反応し，それなりにシェマを高次なものへと変化させていることを明らかにしたことである。大人だけでなく子どもも，その知識は教えられるまで白紙なのではなく，既有の知識や枠組みを持ち，それと新しい知識を積極的に照合しながら，知識を構築してゆく存在なのである。

子どものもつ理論

　物理学概念　抽象的な思考が必要な物理学的な現象は，実際に目に見えない

ものが多い。目に見えない、抽象的なことについて子どもは子どもなりにどのような理論を持っているのであろうか。

ヴォスニアードらは、「地球は丸いという科学的な事実と、自分たちの住む「大地は平ら」であるという日常経験的な感覚の矛盾を子どもたちがどう理解しているのかを、小学校1年、3年、5年生を対象に検討した[17]。その結果、子どもたちは2つの知識を組み合わせたような概念を持つことがわかった(図4-2)。つまり、これらを融合した概念を持っていたり、同時に2つの概念を持っていたりするような科学的な**誤概念**を持っているのである。

クーンらは、子どもたちの科学的な思考を、**調整**(ピアジェのいう調節と同意)の観点から考察している[9]。科学者は思考をする際、それを理解するための基礎的モデルを構成し、新しい証拠が引き出された時には、自分のモデルを改める。たとえば地球の概念の場合、自分の経験から「地球は平ら」だという理論を持っていても、「地球は丸い」というデータがあれば自分の理論を訂正する。このように、科学的思考は、理論を立てるというよりも、理論について考えることが必要で、単にそれを考えるというよりも、証拠を考える必要があり、したがって自分自身の理論と証拠の調整が重要になる。そしてクーンは、この科学的思考力が大人と子ども、そして科学者では異なるという。

クーンらは、風邪と食事の関係の調査と称して小学生の児童たちの意見を聞き、科学的な証拠を子どもたちに示す実験を行った。その結果、子どもたちは与えられたデータが自分の「理論」と一致している時はデータに基づいた答えをしたが、データが理論と一致しない時はデータの解釈を歪めることが多かった。たとえば、クーンは、シリアル(コーンフレークの一種)もコーラも風邪ひきとは因果関係が認められないデータを提示した。しかしシリアルは「因果関係がある」と考えた子どもに関しては、データから因果関係を認識できない児童が多かった。つまり、自分の理論をデータに基づいて修正しなかったのである。

球体

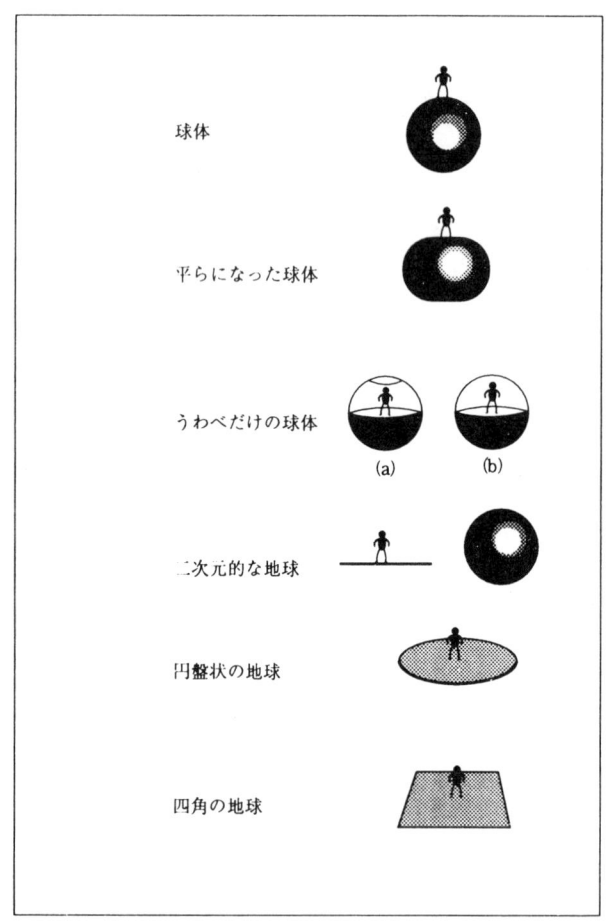

平らになった球体

うわべだけの球体
(a) (b)

二次元的な地球

円盤状の地球

四角の地球

一番上が正しい概念。下から2番目は、「丸い」という言葉から円盤状の平らの地球を考えているもの。次は2つのものを同時に持っており、「地球」という言葉が出てくると「丸い」と言うもの。次は地球の丸さと地面を統合しようとしているが、その統合はうわべで終わっており、人が立っているのは空洞の中の平面である。その次は地球の丸さと大地の平坦さをなんとか統合しようと、少しつぶれて立っているところが平坦になった地球概念を持っている例である。

図4-2 ヴォスニアードらの研究の結果

子どもたちの理論の根強さに関し，戸塚は小学校4年生での実践を紹介している[16]。戸塚は生徒たちに月を観察する宿題を出した。ところが，子どもたちの観察結果はてんでバラバラであった。しかし子どもたちの理論によれば「違うのは当たり前」なのである。なぜなら，月を見ている場所が違うから。だから日本で見える月と外国で見える月は違っていると主張する。そこでパソコン通信を使って，外国の情報を取り寄せた。すると，アメリカ・サンディエゴでも，イスラエルでも，同じような月が見えることがわかった。つまり，地球上のどこでも，満月は満月に見える，という結果だった。しかしみんな異口同音にこう答えた。「そんなの絶対信じられない」。「何かの間違いに違いない」。結局子どもたちは自分の理論を崩すことはなかった。

　科学的に正しい理論やデータを提示しても，多くの児童・生徒はなかなか自分の枠組みを変えようとしない。この結果は「子どもは教師が提示する通りに考える」と暗黙の内に考えてきた教育現場に反省を促す結果と言える。

　生物学概念　私たちは生まれたときから，家族をはじめ，犬，猫，鳥，虫などさまざまな生物に囲まれてくらしている。このことを考えると，抽象的な物理学的な事象とは異なり，生物については，幼い子どもでも学校で教えられなくても自分なりの考えを持っていることが予測できる。

　ケアリーは子どもの生物学概念について，たとえば年少時の用いる「生物」という言葉には植物が含まれていないが，大人が用いる時には，動物も植物も含まれており，大人と子どもは同じ言葉を用いていても内容が違っている。つまり，世界の分け方が根本的に違うとしている[1]。

　ケアリーは，就学前児が人間という生物の行動を理解する枠組みは，主体である人間の気持ちを述べるような直感心理学であり，人間の意図との因果関係に基づいて理解していることを示した。たとえば，「私たちはどうして毎日ごはんを食べるの？」という質問には，「おいしい食べ物を食べたいから」と人間の意図に関連して答える。ここでは食物の働き，成長との関連はまったく考

えない。しかしながら，10歳になると，子どもたちはそうした人間の行動すべてを統合するような，身体内の各部分の統合的な働き，という観点を持つようになる。たとえば上記の例の場合，「食べ物を胃や腸で変型し，体の中に取り込んで栄養にするため」というような，身体をあたかも生命を維持する機械だと見立てるようなモデルを持つようになる。ケアリーはこの概念化によって，

エキスパートと素人の問題解決の違い

物理学的な課題について，エキスパートと素人で解決の仕方が違うことが報告されている。

チらは素人とエキスパートでは，所有している知識の質と量と構造が違うことに注目した。そこで，24個の初等物理学の問題を主観的な類似性に基づいて分類し，各カテゴリーに名前をつけてもらった。すると，素人は問題文に含まれる基本的用語（摩擦，力，など），物体（おもり，滑車，ばね）などで分類したが，エキスパートはそれぞれの問題で最も基本になる物理学の原理（ニュートンの第2法則など）で分類した。さらにエキスパートの分類のカテゴリー名のランキングの3位までは物理学的な法則で占め，物理の原理に従って体系的に分類していたが，素人は13位にやっと法則が出てきた。しかも，素人は表面的な特徴にバラバラに細かく分類していた。この結果は，素人とエキスパートでは，知識の構成のされ方が違うことを示唆している。

ラーキンらは，問題を解くときの知識の使い方を**素人とエキスパート**で比較してみた[10]。そこでは考えている過程を声に出して発話してもらい，簡単な初等物理学の問題を解く過程を分析した。その結果，素人はまず，問題文の中に最終的に求めるべき未知量を見出し，次にそれを求めるために適当な物理学の関係式を記憶から検索し，必要となる他の変数を拾い出す，という解決をすることがわかった。これはまずゴールを先に設定して，それからゴールの下位目標を考えながらスタート地点へ遡って行くような解決の仕方である（後ろ向きの推理）。それに対してエキスパートは，必要最小限の公式を直感的に選び出し，与えられた数値を用いて未知の変数の値を求める。そして未知量についての情報を増やしながらゴールに向かって解決してゆくのである（前向きの推理）。しかし，エキスパートでも，難しい問題に直面すると，適時，推理を後ろ向きに切り替える。エキスパートは，問題の難易度に応じて方略を柔軟に変更できるのである。

あらゆる動物は似たようなものであり、植物も動物と同じようなものだと想像でき、植物も生物だという理解が可能になるとしている。

これに関連し、稲垣・波多野は、幼児の生物学は、関連器官をあたかも生きた人間のように扱う擬人化に基づいて因果的に説明する「生気論的生物学」→巻末用語として特徴づけられるとしている(5)。生気論では、上記の例の場合「胃は食べ物から力を取っているから」と、関連器官の意図が現象を引き起こすような答え方をする。しかし、生気論を好むからと言って、いつも生気論を選ぶわけではなく、生物学的な質問には生気論、心理的な質問には意図説明を選ぶ。これに比べると大人はメカニズム論を好む。大人と子どもの説明の枠組みが異なることは、大人の枠組みで説明しても、その説明は子どもの世界には届いていないかもしれないことが伺える。

第2節　科学の理論と日常の理論

子どもたちは必ずしも大人と同じとはかぎらない独自の経験的な考えを持ち、その理屈をなかなか変更しようとしないことがわかった。では、日常世界の論理(心理学では**素朴理論**と呼ぶ)と科学の世界の論理(素朴理論に対して**科学理論**と呼ぶ)では何が違うのであろうか。この点について考えてみることにする。

ウェルマンは、科学理論と素朴理論の違いについて次のように述べている(19)。まず、科学理論は一貫性を持っており、個々の仮説で構成され、理論のかけらもまた理論である。しかし、日常の素朴理論の方は、仮説で構成されているのでなく、経験的な特殊な個別例を発達させたものだから科学理論ほど一貫性がない。このため、たとえ経験を積むことで、個々人についてものの見方考え方が変わったとしても、そのことから理論全体の枠組みが変わることはまれである。これに反し、科学理論の方は、理論のかけらも理論で、全体が一貫している。そのため、1つ変化すると、その全体が変化することになる(コラム「常識

の変化と科学理論」参照)。

　ライフとラーキンは、**科学**と**日常**の違いを示して、科学を学習する際の困難さを説明している[15]。彼らによると、日常的なものであれ、科学的なものであれ、解決のために必要な知識は同じである。ただ、解決の際のゴールと解決の際の認知的な要因が異なっている(表4-1、解説参照)。そして人はこの両者の違いがわからないから、科学領域のゴールや手段を日常にあてはめたり、日常

常識の変化と科学理論

　19世紀の初め、骨折を含め外科的な手術をするものの6割は死亡していた。手術は完全に成功しても敗血症を起こすのである。リスターはこの傷口を腐らす原因について悩んでいた頃、当時学会で狂人あつかいされていたパスツールの論文を読んだ。その頃、ウジは人間の体の中から自然にわき、傷口が腐るのは体の一部が自然に崩れ落ちると考えられていた。肉眼では見えないハエの卵、さらに小さい細菌などがウジや傷口の腐敗の原因であるなど信じられるはずもなかった。それに対してパスツールは「空気中にある生きた細菌が落ち込んで腐らせる」と提唱していた。この考えを押し進めると空気中や使う道具についた細菌が傷口を腐らすことになる。リスターは人間の体に無害で細菌だけ殺す薬を探しはじめ、石灰酸で清潔を保つことを試みた。

　リスターは手術の前に手を洗い、傷の中やまわりを丁寧に消毒し、外からこれ以上細菌が飛び込まないように新しい煮沸した布や石灰酸に浸した布を包帯にしてしばった。また、血や膿のこびりついた手術衣をきるのをやめて清潔なものを着た。傷口を縫う針と糸も消毒した。噴霧器で手術室や病室に石灰酸をまいて空気を消毒する方法を考え出した。それまでの医学では手は手術後に洗うものであり、包帯にはボロ布を使うのが常識だった。リスターの方法はそれらを覆す画期的なものであり、その効果はすばらしく、死亡率は15パーセントに激減し、すぐ仲間の医者たちに利用されるようになった。しかし、今では常識である細菌の存在とその腐敗のメカニズムはリスターの成功の後もなかなか認められなかった。

　科学的な理論は論理の一貫性があるので1つが変われば全体が変わる。それに対して日常経験的な知識はなかなか変化しない。しかし、常識と科学は無縁ではなく、科学の進歩で常識も変化して行くのである[4]。

表4-1 日常の科学の違い

	日常生活の領域	科学の領域
ゴールの領域		
主要なゴール		
中心的ゴール	幸福な生活を送る	最適な予測と説明
サブゴール	適当な予測と説明	
必要なもの	適当な一般化，適当な効率，適当な正確さ，適当な一貫性	最高の一般化，最大の効率，最高の正確さ，最高の一貫性
作業ゴール		
理解	わずかな推論 多種多様で容認可能な前提	多くの推論 十分に特殊化された前提
妥当性の評価	それなりの大切さ 多種多様で容認可能な前提 もっともらしい推論のルール	中核的な重要さ 観察に基づいた前提 十分に特殊化された推論のルール
認知の領域		
知識構造		
概念の特性	暗黙的でシェマに基づく	明確でルールに基づく
知識の体制化	部分的に一貫性がある 連合的な体制化	全体的な一貫性 論理的な体制化
方法		
問題解決	豊かに蓄積された知識に基づく短い推論	極端に倹約した知識に基づいた長い推論
方法のタイプ質に関するもの	形式なし	相補的な形式と形式なし
質の理解	形式なし	厳密で明確
能率	日常的な課題のための自然な能率	複雑な課題での能率のために計画された能率

解説：日常生活での問題解決のメインの目標は「幸せな生活を送ること」であり，予測，説明，効率，正確さ，一貫性などは「適切」「適当」なものでよい。ところが，科学では，最大の目標は「最適な予測と説明」をすることであり，予測，説明，効率，正確さ，一貫性などは「最適」なものでなくてはならない。日常生活では，知識の構造は部分的に一貫性のある，連合的な体制化で構成されており，豊かに蓄積された経験的知識に基づく短い推論で，自然な効率で解決がなされる。しかし，科学では，明確でルールに基づいた概念で知識が構成され，全体的に一貫性，論理性で貫かれている。問題解決の際は，極端に効率化した，長い考察と推論をし，それは計算された高率を示すのである。

領域のゴールや手段を不適切に科学の領域にあてはめたりすることになる。そして，学校教育で教える科学的知識は，本当の科学とも，日常生活とも異なるもので，この両方の形を持ったものである。その結果，本当の科学のゴールが歪められ，効率的な科学的な思考方法が適切に教えられないので，これらがゴチャ混ぜになり，学生は科学を学習するのに困難を感じるのだとしている。

科学を教える際には，科学的な思考と日常的な思考の違いを考慮し，その特性を育成する必要があると思われる。

第3節　素朴理論から科学理論へ

学校教育では，子どもの持つ理屈を科学的なものに導いてやる必要がある。では，前述のような難しさを考慮した上で，どのような教育の方法があるのかを例示する。

科学観の転換

森本は学校教育での科学観の転換の必要性を述べている[12]。

森本によると，科学という学問の基本的な性質を一言で述べるならば，それは矛盾のない理論体系の構築である。そのためには，数々の要因を無視したり，誤差として扱ったりして理想状態を作り出し，理論の一貫性を構築する。極端な場合，天体の運動を説明するためには巨大な惑星の大きささえも無視する。つまり，自然科学とは，実験や観察という操作を武器とすることによって「ありのままの自然をありのままに認識することではなくて，人為的な条件のもとではどのように働きかければどのように振る舞うか」を目指してきたと言える。そして「科学は客観的な認識ではなく，主観的な働きかけ」による自然界の説明を意味している。

ガリレオは「物体の落下の法則」を「発見」したと巷間伝えられている。し

かし，彼はこの法則をいろいろな物体を落下させて，そのデータを集め，これを一般化して法則として導いたのではない。事情はむしろ逆で，法則導出の契機は，上記の彼の信念にも似た思考の枠組み(仮説)の検証であった。このように，科学というものは，科学者個人の意志とは無関係に，科学的なプロセスを経て検証されるというよりも，科学者個人において，あるいは相互において温められてきた理念の発露であり，その検証の結果として生まれてきたものと言える。

子どもたちは，教師から科学体系を教授されるまで「白紙」であるのではなく，自然現象に対し興味を持ち，関心を持ち，疑問を持っている。このような子どもたち自身の主体的な「感覚」が無視され，ある特定の「主観的な」働きかけによる自然界の説明(科学)だけを教えると，子どもたちの中には，2つの科学が共存することになる。そして，他者の主観的説明(科学)の世界には，自分で積極的に世界に意味を付与する態度を失ってしまうことになる。

小学校低学年に取り入れられている**生活科**は，子どもたち自身の活動，体験，感覚を重視するものである。2つの世界の溝を埋めるものとして期待できよう。

他者とのディスカッション

従来の理科の授業は，教師が生徒に一方的に知識を伝達するもので，生徒同士で議論することは希であった。これに関連し，岡田とサイモンは，**共同による問題解決**のプロセスを個人の場合と比較している[14]。課題は遺伝子の働くメカニズムを発見する課題で，実際にノーベル賞を与えられた画期的なアイディアである。被験者は，仲の良い友人をペアにした群と，1人で問題を解決する群とに分け，コンピュータ上で自由に実験してもらい，探索プロセスを分析した。すると，ペアの方がシングルの場合より多く科学的発見をした。そこで，そのプロセスを分析してみると，ペアとシングルでは，1つの課題に費やす時

間は同じであるにもかかわらず、ペアの方が自分のアイディアを説明する活動が多く見られ、仮説を考え、判断についてより活発に説明していた。説明するという活動は、意識化や再考を必要とするので、それから新しい探索が始まるのではないかと考えられる。

共同の問題解決の利点について、三宅は次のように述べている[11]。2人が場を共有していても、1人ひとりの問題はそれぞれ別個であり、問題を解いて行く過程そのものも別個であり、到達する解決もそれぞれの問題にしたがって別個である。しかし、1人で問題を解決しようとすると、あるレベルの解が出た時、その解の妥当性の吟味が難しい。「わかった」と感じられることは、その

体験すること

各地に体験型「科学センター」が作られるようになった。そこには、学校では行えない科学技術の原理、実験を展示し、見学者自身が実際に触れ、実験できるようになっている。

著者は学生に、体験型科学センターを訪問し、「体験する学習と、見たり聞いたり読んだりする学習とで『学び』がどう違うか考察しなさい」というレポートを書いてもらった。以下、学生自身の表現を用いて、学生の書いた体験する学習の特徴をまとめてみる。

文科系の学生も多いにもかかわらず、ほぼ全員の学生がまず何よりも「楽しいことが違う」と書いていた。しかも「わくわくどきどきして、子どもに帰ったような気になって時間も忘れて楽しんできた」という。「『体験する』とは積極的に自分で動かないことには何も始まらないし、体験するとは活動の主体が『自分』であり、自分が主人公である」から楽しいと言う。また「『遊んだ』『楽しんだ』というのは、受け身の発言ではない。この発言をする人は、積極的に自分から関わっていった人」との意見もあった。単に見ることでも「模型を見るのと映像を見るのは根本的に違う。映像はどんなすばらしいものでも他者の視点から見せられている。しかし、模型は自分の視点で見ているのである。当然、映像を見るのとは違った観察ができるし、違った理解と感想が生まれてくる」。

ある女子大生はアルキメデスのポンプについて次のように書いていた。「この

ポンプはどこかで見たことがあった。しかし実際に装置の大きさを感じ，自分で体を使って動かし，大量の水が勢いよく上に登っていくのを体感すると本当に驚いてしまった。何か，今までに知らなかったことのような感じで，これは一体どうして起こるものだったのかを知りたくなって，その装置のまわりをウロウロして悩んでしまった。それに，自分の小さな力で大きな装置が動いているところを見れるので，楽しくてもっと回していたくなった」。このように「直接体験の素晴らしさは面白さにある。面白さはやがて興味を呼び起こし，『なぜだろう』という疑問が生じやすく，それについて『もっと知りたい』という感情がわく。ポンプを押すという「実際の感覚は，いきいきした感性や好奇心，想像力，創造力と結びつき，触れてみた感じ，力を加えてみた感じなど，直接体験でしか得られないものが，私たちに真に近いものとして何かを訴えかける力」を持っており，それは「他からの話題提起では生じない，共感できなければ起こらない欲求」だと言う。さらに「直接体験から得られる無邪気な感動とか，知的好奇心とかはメディアを通すと薄らいでしまい，他者がやっているのを見ても『でも，自分がやったら』と疑いの余地を残してしまう。しかし自分でやってみた結果は，もう，疑いようのない受け入れるしかない事実」となる。

　ある学生は「実物大のワットの蒸気機関車を見たとき『故障したとき修理するのがたいへんだったろうな』」と最初に感じ，他の学生はアルキメデスのポンプを押してみて，力が要るのに水が少ししか出ないので「昔の人はたいへんだったろうなあ」と感じた。この『他者の苦労を思いやる気持ち』も活字でポンプの原理を学んでも出てこない感想であるとしていた。

　直接体験の別の効用を述べている意見もあった。人は「ミスをしたときにこそ，いろいろ対処法を考えるし，その時に自分は学んでいると実感し，それが知識になっている。体験にはミスがあるが，映像や活字にはこのミスがない」と言う。さらに「直接体験では，その過程において，たとえ結果は満足なものでなくても，私たちの中に大きな満足を残すことは多くある」と言う。さらに「このような場所には1人でいかないことが普通である。他者が存在することによって疑問を言葉にして発する。このことで，自分の認識も深まるし，自分と同等，もしくは多くの知識を持つ人間から知識を借りることもできる。また，遠足気分ということもあり，心的余裕によって，学習がスムーズにいく」と報告していた。

　体験する学習には，学習・教育心理学が，なかなか核心に迫れなかった**内発的動機づけ**，**学習の転移**，その他の積み上げられた問題への解決の糸口を含んでいるように思える。

先に当然ある未だ解決されていない部分を見えにくくする。しかし、そこに場を共有しても、視点を共有していない他者が存在し、1人の解決がもう1人の解決に直接つながらないことを指摘すると、当の本人のより深い吟味を触発する。共同による問題解決の利点は、2人が視点を共有するところから生まれるのではなく、むしろ、完全に共有しないところから生まれる可能性が高い。

　日常的な経験から体得した知識は、自らの活動を通して獲得したものであるため、リアリティがある。しかし、個人の限られた体験内で生じた制約と制限を持った理論であることも事実である。そんな時、自分とは違うけれど場を共有している「他者」が存在することで、視点が多様化し、自分では気づかない個人内の暗黙の素朴理論の「矛盾」に気づき、少しずつ論理性が増すことが期待できる(コラム「フィールド・ワークによる理科の授業」参照)。

　生徒による議論・討論を積極的に組み込んだものに、板倉が創始した**仮説実験授業**[6]がある。ここでは教材と発問を周到に用意し、科学者の発見の歴史をたどる授業を行う。その際、子どもたちにしっかり「仮説」を持たせてそれに

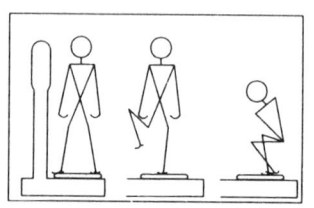

【問題】身体検査で体重をはかるとき、はかりの上に両足で立つのと、片足で立つのと、しゃがんでふんばったときとでは、重さはどうなるのでしょう。

予想
ア．両足で立っているときが一番重くなる。
イ．片足で立っているときが一番重くなる。
ウ．しゃがんでふんばったときが一番重い。
エ．どれもみな同じでかわらない。

出典：板倉聖宣　1979　科学と教育のために　季節社

図 4-3　仮説実験授業の授業書例（ものとその重さ）

フィールド・ワークによる理科の授業

山岡は，自分が覚えている理科の知識は，学校で学んだ論理構造をもったものではなく，自然との遊びにつながるような個人的な経験であったことに気づき，高校の理科Ⅱの授業に野外観察，野外実習を取り入れるようになっていった[18]。

まず「道を歩く」というテーマのもと教師の解説で道を歩く。次の授業では，フィールドワークで観察したものを黒板に書きだし，自然と自然でないものとに分けてもらう。すると生徒は，生物とそうでないもの，つづいて生物を野生のものと野生でないものに分ける。こうするうちにフィールドワークの時の解説を基に議論が起こる。保存樹木のムクやケヤキは人間が植えたものだ。とすると，この分類では自然でないものになる。ポットのチューリップ，サクラ，家庭菜園の大根は自然でないことになる。植えたとか植えていないというのは自然の基準にはならないのではないか，という意見が出てくる。この提案がさらに問題を生む。千羽鶴は生きてはいないが，もとをただせば紙でできており，紙は植物の繊維を加工したものだから自然といって良いことになる。こうなると，ジュースの空き缶はアルミニウムで出来ているので自然のものとなる。鳥居ももとをただせば花崗岩で自然のものだ。

次に山岡は自然でないものはなにか考えてもらう。すると，幽霊，河童，天女，天使，神様，天国，地獄，精神，思考，哲学などがでてくる。非自然との対比によって自然の姿が少しずつ見えてくる。人間が想像するのを止めても消えてしまわないのが自然だ。人間が意識しようがしまいが，厳としてあるものが自然なのだ。どんな姿をしていようと，自然には自然独自の決まりが貫いている。この決まりが自然の法則なのである。

1年間の授業を振り返ったレポートで，次のように書いた生徒がいる。

理科Ⅱの初歩である自然とは何かという質問で自分の考えの狭さ（硬さ）にショックを受けたことをよく覚えている。確かに辞書でこんな簡単な言葉をひいたことはなかった。その簡単な，というのがくせもので，実際には形ばかりの"人が根本的に手を加えているのが人工でそれ以外のものが自然"という答えしかうかばなかった。本当に視野が狭いというか，いつのまにか広く物事を考えられずにいたのである。この時，この1年間言葉的にではなく考える力がつけばそれだけで十分だと思っていたことが思い出される。

ついて議論する。自分の仮説を自分で確認して議論し，実際の実験を行って授業が進むのである。図4-3には，まず最初に教師が，たとえば「体重を測る時，体重計の上で，両足で立つのと，片足で立つのと，しゃがんで踏ん張った時とでは，重さはどうなるでしょう」という問い掛けの場合の教材を示している。このような問い掛けの後，生徒に自分の意見と理由を考えさせ，仮説の定立，討論，実験，結果と考察，という科学的な活動を実際に行い，それに参加させて子どもたちに科学的態度を身につけることを目指している。

道具としてのコンピュータの利用

科学は本来，事実の塊ではなく，人間が直接体験したり，経験したり，身の回りに感じた疑問の中にある。そして，科学は自然の中での発見が疑問を生み，疑問が観察を生み，その観察から新たな発見をし，さらに次の疑問が生まれ，次の課題が生じる，というプロセスを経て発展してきた。従来の教育現場の制約のもとでは，そのようなプロセスを体験させることは難しい。しかし，**コンピュータ**を使えば，教師の援助で，自然現象，科学的な活動から切り離されてきた「学校の理科」を，再度，自然現象と結びつけることが可能になる部分がある。

たとえばコンピュータは**シミュレーション**による疑似体験が可能になる。現実に体験することが不可能，困難な事象をコンピュータの世界で疑似に経験させることができる。たとえば，物理学の運動量の概念は，学生が最も理解に困難を示す単元の一つである。この場合，現実の世界では「運動量0」の世界を作り出せないので教師も演示してみせることは難しい。加えて「運動」はたいへん日常的な概念なので，経験的に培った「運動」と科学的な「運動」概念を混同しやすく，「科学的な運動概念」はなかなか獲得しにくい。しかし，コンピュータ内に「摩擦0」の世界を作り，学生たちにボールを衝突させて遊ばせるマイクロ・ワールドを作って疑似体験させることができれば，その世界との

対話を通して科学的な概念の獲得が期待できる。

　天文学の理論は，人類が長年，夜空を見上げて観察し，記録したデータを基に天体の動きを推理して構築された理論である。しかし，これを学校教育の中で短時間で教えようとすると，いろんな無理が起こってくる。まず，学校の行

パソコン通信を使った遠隔共同研究

　永野は，全国13の小中学校共同で共通の道具とパソコン通信を使って行った酸性雨共同観測について報告している[13]。

　この共同研究を通じて通信トラブルの発生，各校でペースの調整，などパソコン通信を使った共同研究の問題点も明らかとなったが，教師たちは，子どもたちの態度の変容には，それまでの学習にはないものがあると感じたとしている。次に，各校の感想を一部抜粋する(筆者要約)。

　・実際に酸性雨が降ってくるのを観測し，ノートや資料から酸性雨の恐ろしさを知って，本当に酸性雨は植物に影響があるのか自分たちで調べたいという欲求が出てきました。もちろん通信で他校がさまざまな実験をしていることも刺激になりました。34人のクラスではなく，全国の友達と一緒に同じ問題を考えたということがどれほど広がりがあり，内容が深まったかはかりしれません。子どもたちの興味・関心は日に日に高くなって行きました。

　へき地の小規模校は，いじめや登校拒否などはないものの，都市の学校にない問題を抱えている。たとえば，幼稚園からクラス替えもないまま過ぎてしまうので，子どもたちは互いにクラスでの自分の立場がよくわかっていて，討論する経験があまりない。ある小学校では，5，6年生6人でこのプロジェクトに参加した。ある児童は，この実践について，次のような感想を書いている。

　　いざやってみると面白くて，他の学校の友達とコンピュータを通じて話がたくさんできました。また，酸性雨のことを各学校で調べて行き，その結果や思ったこと，わかったことを教えあって，どんどん不思議なことがでてきました。こんなことやっていると，面白くなって，時間が経つのも忘れてしまうほど，実験に取り組みました。そして，酸性雨のことがいろいろわかりました。まだ，いろんな疑問がたくさんあります。もうぼくは卒業で，こんなことがなくなってしまいます。まだ，ずっと続けたかったです。でも，この6年間で1番心に残った勉強でした。

われている昼間では天体の観測はできない。また，天体の単元を取り上げる時期が，観察に適した時期とは限らない。さらに仮に夜空を観察してデータを集めても，天体全体の動きを考察できるほどのデータが集まらない。こうして，実際は観測データの地道な積み重ねから，**ボトムアップ(帰納)**的に構築された科学的な理論が，「学校」という制約の下では，生徒に，自然現象とは切り離された形で，公式的な知識を**トップダウン(演繹)**的に「押しつける」ことになる。

　上越教育大学付属中学校では，「金星の見え方と動き」の授業でコンピュータ・シミュレーションを用い，金星の不思議な動きへの「生徒の疑問」を引き出すことを試みた[7]。そこで，金星の位置，大きさ，形を表示でき，5年間の動きを30分で再現できるシミュレーション・ソフトを用いた。

　こうして，生徒に1カ月ごとの金星を観察して，金星の動きの規則性を発見するように促した。そして5年分の観察記録を取らせた後に，各自で自由に規則を発見させた。自分で規則性を発見したとき，それぞれの生徒たちからは歓喜の声が上がったという。このときの生徒の主な発見は次のようなものであった。これらの思考の止まらない自発的な疑問は，従来の授業では引き出すことができなかったと報告している。

- 「西に見えるときと東に見えるときの2つのタイプがある」
- 「地平線から余り離れないで動いている」
- 「離角が最大でも47度くらいである」
- 「太陽に近い地平線付近にあるときの動きは早く，地平線から離れるほど遅い」
- 「金星の動きが早いのは，金星が大きいときである」
- 「金星の大きさが増すほど欠けている部分が大きくなる」
- 「西の空の金星は左側が欠けてだんだんと陰の部分が大きくなる。しかし，東の空の金星は右側が欠けて，その陰がだんだんと小さくなってゆく」

・「金星はほぼ10カ月で大きくなり，次の10カ月で小さくなる」
・「満金から満金まで約20カ月かかる」

今までの「知識偏重」の学力観にかわり「新しい学力観」が唱えられるようになった。この**新しい学力観**に基づく授業とは，自ら学ぶ意欲の育成，思考力，判断力，表現力の育成を重視する授業のことである。道具や方法，授業形態を工夫し，生徒の主体性を尊重し，保障してゆくことで，「学校の理科」ではなく，本来の科学的活動と日常の溝が小さくなることが期待できると言えよう。

【演習問題】
1 体験型科学センターを訪問し，体験する学びと活字や映像で見る学びと，学びがどのように違うか考えてみよう。また，一人で訪問するのと仲間と訪問するのでは，学びがどう変化するかもあわせて考えよう。
2 日常生活の中の素朴理論を探してみよう。また，どうすればその素朴さに気づいてもらえるか考えてみよう。

【参考文献】
・ポアンカレ，H. 1938 科学と仮説　河野伊三郎（訳）　岩波文庫(Poincaré, H. 1902 La science et l'hypothèse)
　　ポアンカレは数学・物理学・天文学などに通じ，多くの秀れた業績を残した科学者。この本は訳本なので文章が難しいが，読むと科学について，まさに「眼からうろこが落ちる」体験をさせてもらえる本である。
・板倉聖宣　1969　科学と方法 —— 科学的認識の成立条件　季節社
　　仮説実験授業を創始した板倉の専門は科学史で著書も多い。氏は多くの人にわかってもらえる配慮をして本を書いているので，どれも読みやすくてたいへん面白い。
・ファーンハム A. F. 1992 しろうと理論 —— 日常性の社会心理学　細江達郎監訳 (Furn-ham, A. F. 1988 *Lay theories; everyday understanding of problems in the social science*)　北大路書房
　　日常の理論は科学の理論とは違っている。しかし人の日常は素人理論の影響も大きい。本書は科学だけでなく，心理学，医学，経済学，教育，統計学，法律学などの素人理論も取り上げている。

自己学習力の育成

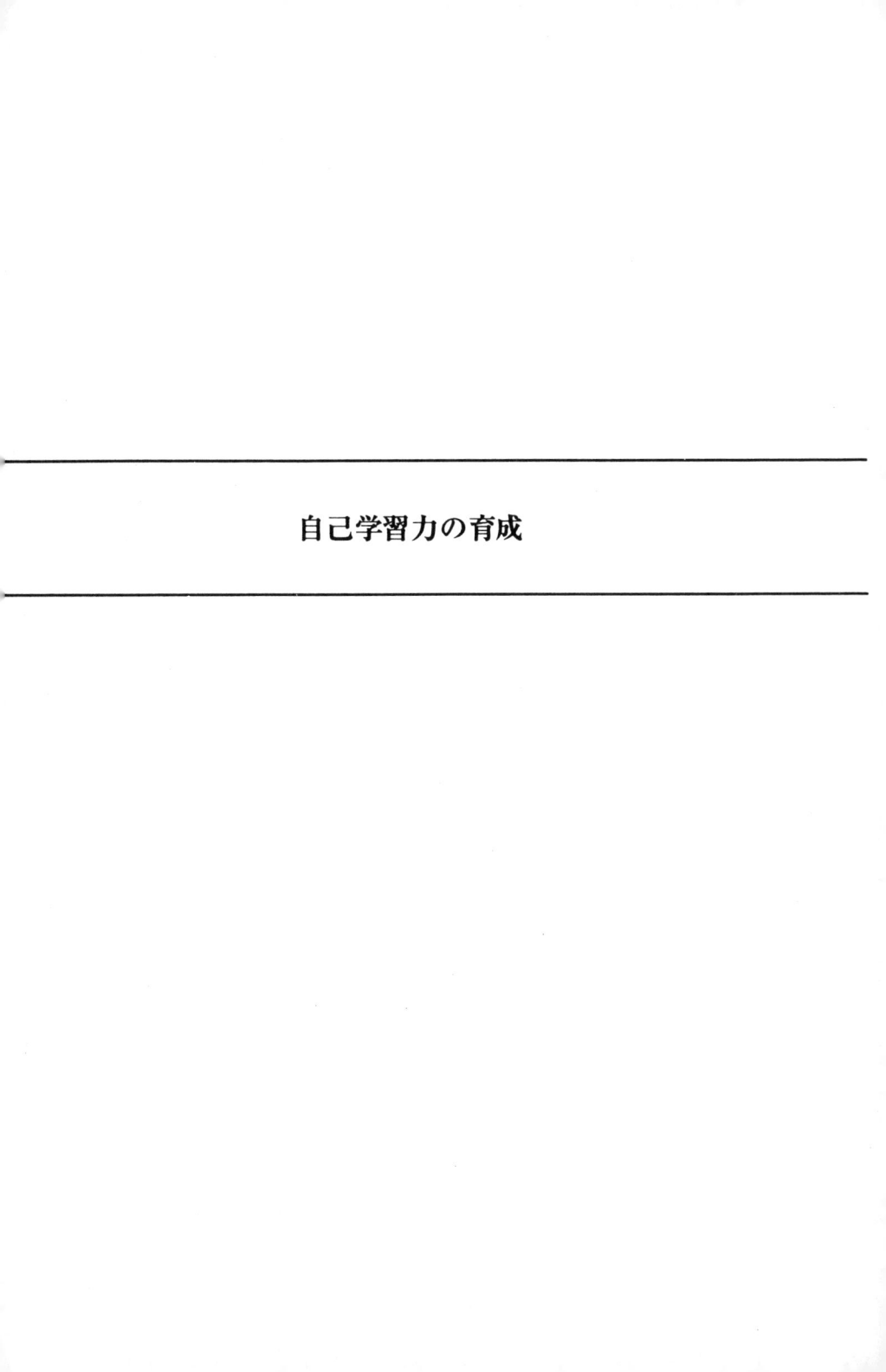

第5章　学習を支える動機づけ

　子どもが真剣になって学ぶ姿－教師はそれを願って教育実践を構想する。しかし，その姿をすべての子どもに実現するのは決して容易なことではない。時に子どもは，熱心に学びに集中する。しかし，いくら教師が手を尽くしてもいっこうに意欲を示さず，学習に目を向けてくれないこともある。子どもが真剣に学びに取り組む姿，それを支えるものは一体何だろうか。本章では，このような「主体的に学ぶ姿」を支える心理的エネルギーとその方向性，すなわち「学習意欲」について考えてみたい。

第1節　子どもの学びを支える意欲

意欲とは何か

　学習は**意欲**によって支えられ，深められる。意欲がなければ学ぼうとはしないだろうし，ましてや，自ら進んで学び続けようとは思わないだろう。この意欲とは一体何だろうか[17]。

　第1に，意欲は心理的な「エネルギー」である。学習が起こったり，持続したりするかどうかはこのエネルギーの大小によって影響を受ける。意欲の量的側面がエネルギーであるといえるだろう。

　第2に，意欲には，何を目指して取り組むのかという「方向性」がある。試験勉強に心理的エネルギーを同じだけ費やすにしても，テストで落第点を取らないように勉強する場合と，数学者になることを目指している場合とでは，全く異なった意欲であるに違いない。この方向性は意欲の質的側面であると言えるだろう。

第3に，意欲は人の学習や成長に対して特定の「働き」をする。一般的に表現するならば，意欲は人の行動を生起させ，それを維持するとともに，その行動の質を発展させていく働きをすると言えるだろう。しかも，その働きは意欲の方向性によって異なってくる。たとえば，テストで落第点を取らないように勉強する場合には，先生がテストに出すと強調した公式に関する問題ばかり練習するかもしれない。一方，数学者を目指している場合には，テストに出題されるかどうかとは無関係に自分がこだわる問題を納得がいくまで追究する可能性もある。このように意欲のあり方は学びの質に影響を及ぼすのである。

心理学では，この心理的エネルギーとその方向性，さらにはそれらの働きについて**動機づけ**と名付け研究を重ねてきた。以下では，まず，近年の代表的な動機づけ理論について概説し，次に子どもの学習意欲の発達を支える教育のあり方について考えてみたい。

第2節　「成功する見込み」とやる気

期待と価値

腕相撲する場面を想像してほしい。どのような対戦相手の時に「やる気」が出るだろうか。相手が見るからに強そうで，勝負しても勝ち目がないようであるなら，最初からやる気が出ないであろう。むしろ，ちょうど勝つか負けるかわからないような相手の場合，一丁やってやろうかという気持ちが湧き起こる。このようにやる気は，成功するか失敗するかに関する心理的な見積もり（主観的な成功確率）と密接に関係している。このような成功の可能性に関する認知を**期待**(expectancy)と呼ぶ。この期待が存在しなければ，やる気は起こらないのだ。

一方，逆に，相手が小さな子どもで，どう見ても自分が負けそうにない場合，これもやる気が出ないだろう。なぜなら，この勝負に真剣に挑んで勝つ**価値**

(value)が感じられないからである。この場合，期待，すなわち，成功する（勝つ）見込みは十分に高い。しかし，その活動をすること自体に当人が何らかの価値を感じていなければ，やる気は起こらないのである。むしろ，わざと負けることで子どもを喜ばせたいと思い，「負けること」に価値を感じ，いかにうまく負けるかということに「やる気」を見せるかもしれない。つまり，自分にとって価値が高く，かつ期待が持てる場合に，やる気は生じると言えるのである。逆に期待と価値のいずれかがゼロの場合にはやる気は生じない。このように，人の達成への動機づけが，期待と価値という2つの要因のかけ算によって決まってくるという考え方を**期待×価値理論**と呼ぶ。

学習性無力感

まず，「期待」について考えてみよう。これに関して有名な研究がある。セリグマンとマイヤーはイヌを3つのグループに分けて次のような（残酷な）動物実験を行った[19]。まず，イヌを縛りつけ，電気ショックを予告なしに与えるのだが，第1のグループはパネルを鼻で押すと電気ショックを止めることのできる「逃避可能群」で，第2のグループはそのパネルを押してもショックを回避できない「逃避不可能群」であった。第3のグループは，このような訓練を受けない「統制群」である。次に，柵を境にして2つの部屋に分けられている実験箱にこれらのイヌを入れ，再び電気ショックを与えるのだが，今度は前と異なり「信号」（ショックに先立って明かりが暗くなる）が与えられる。したがって，その信号を見て，柵を飛び越えれば，電気ショックが避けられるようになっていた。さて，この実験の結果であるが，逃れることのできない電気ショックをあらかじめ与えられていた「逃避不可能群」のイヌは，「逃避可能群」や「統制群」のイヌに比べ，信号を見ても逃げようとはせずに電気ショックにじっと耐えていたという。

逃避可能群のイヌには，パネルを押すという自分の行動によって電気ショッ

クを避けることができたという先行経験があり，自らの行動に依存して結果が生じるという期待が成立していた。このような期待は**随伴性認知**とも呼ばれる。「やればできる」というような信念はこの随伴性認知の一種である。一方，逃避不可能群のイヌはいくらパネルを押しても電気ショックから逃れられないという先行経験があり，いざ逃げることのできる状況になっても，柵を飛び越えてショックを回避しようとするやる気が起きなかった。これは，いくら自分が行動しても望む結果が得られないというような経験の積み重ねによって随伴性認知を持つことができず，「どうせ行動しても無駄だ」という無力感を身につけてしまうことを示している。このような心理的現象を**学習性無力感**という。

　われわれにも似たような経験はないだろうか。たとえば，いくら努力しても，テストで繰り返し悪い点ばかりとっていれば，努力しても無駄だという学習性無力感を身につけやる気を失ってしまうであろう。随伴性認知が形成されるには，達成に向けての努力に対して相応の成果が伴われる必要があるのである。

　セリグマンは，学習性無力感の考え方をさらに発展させている。彼によれば，ある出来事が起こった際にその原因を何だと考えるかという**説明スタイル**は，**楽観主義**と**悲観主義**の2つに大別され，楽観主義の人に比べ，悲観主義の人の方が無力感に陥りやすいという[18]。楽観主義と悲観主義の説明スタイルは，

表5-1　悪い出来事に対する説明スタイルの例

数学のテストで悪い成績をとった学生の場合			
		永続的	一時的
普遍的	内的	能力がない	疲労
	外的	試験は不公平	今日は13日の金曜日
特殊的	内的	数学の能力がない	数学の問題には飽き飽きしている
	外的	数学の試験は不公平	皆が持っているコピーのちょうど汚れている問題がでた

出典：鎌原雅彦　1995　随伴性認知　宮本美沙子・奈須正裕（編）　達成動機の理論と展開　金子書房（一部改編）。

永続性(時間的に安定している理由か否か),普遍性(特定の限定された理由か,全般的な理由か),内在性(個人に内在する理由か,外在する理由か)の3つの次元で異なっている。たとえば,悪い出来事について,悲観主義の人は,永続的で,普遍的で,内的な理由によって説明する傾向があるのに対し,楽観主義の人は一時的で,特殊的で,外的な理由で説明する傾向があるという(表5-1参照)。

自己効力

バンデュラは,期待を**結果期待**と**効力期待**とに区別し,効力期待の重要性を強調した(図5-1参照)[2]。結果期待とは,ある行動がある結果を生じさせるであろうという期待,すなわち,随伴性認知のことをさす。一方,ある状況において必要な行動を効果的に遂行できるという確信を効力期待(**自己効力**;セルフ・エフィカシー)と呼んだ。これは自分が特定の行動をすることができるかどうかという可能性に関する認知である。たとえば,毎日,ラジオの英会話番組を聴き続ければ,必ず英語力がつくことはわかっていても,毎日ラジオ番組を聴くなんて自分にはとうていできないと思っていれば,ラジオを聴くという行動は起こらない。結果期待(番組を聴き続ければ,英語力がつくという認知)はあっても,効力期待(毎日ラジオ番組を聴くことができるという認知)がなければ,行動は生じないのである。

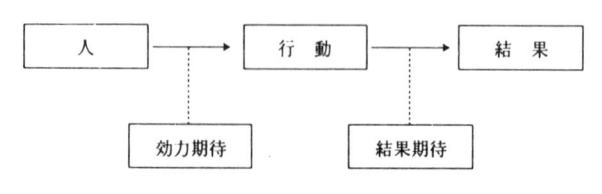

図5-1 効力期待と結果期待

第3節　3種類の学習意欲

学びに取り組む3つの理由

　今度は「価値」について考えてみよう。その人が何を目指してどのような理由で学ぶのか，さらにはその人が何を大切だと考えているのかなど，意欲の方向性(質的側面)の問題として「価値」を位置づけることができる。この観点からアプローチする考え方として**動機理論**と**目標理論**がある。

　動機理論では行動が特定の動機によって引き起こされると仮定する。たとえば，困難なことを成し遂げたいという**達成動機**によって達成的な行動が起こると説明するのである。これに対して，目標理論では目指される目標の種類に応じて適応的な行動が生じるという点を強調する。たとえば，テストでよい点を取ることが目標であれば，試験範囲を万遍なく勉強するのではなく，先生の強調していた点にヤマをカケるだろう。このように2つの理論では動機づけメカニズムに関する説明の仕方や力点の置き方が異なるが，いずれもやる気の方向性を問題にしているという点においては共通している。

　以下では，動機理論から内発的動機づけと外発的動機づけ，目標理論からラーニング目標とパフォーマンス目標を取り上げ，それぞれを学びに取り組む主観的な理由(学習動機)という観点から説明してみよう。この学習動機はおよそ3つに大別されることがわかっている[9]。

状況とのかかわりで生じる意欲

　第1は，本人を取り巻く社会的な状況に学ぶ理由が存在する場合である。これを**状況型学習動機**と呼ぼう。この種の意欲はさらに2つに区別することができる。

　一つは，「人間関係」を源泉とする学習動機(**人間関係型学習動機**)である。た

とえば,「先生に喜んでもらいたいので, 跳び箱の練習に精を出す」とか「友だちががんばっているので俺もがんばろう」という場合である。意欲は人とのかかわりの中から生じ, 支えられるという特徴を持っているのである。

もう一つは, 社会的, 制度的な「条件」を源泉とする学習動機(**条件型学習動機**)である。たとえば,「成績が上がれば自転車を買ってもらえるので試験勉強する」というように当人に示される条件が学習動機となることがある。あるいは,「大学での授業の単位を落とさないために徹夜でレポートを仕上げる」ということもあろう。このように「報酬(上の例で言えば「自転車」)を獲得するため, あるいは罰(上の例で言えば「単位を落とすこと」)を避けるために学ぶ」という場合が条件型学習動機の典型である。従来, この種の学習意欲は**外発的動機づけ**と呼ばれてきた。外発的動機づけとは, ある「目的」のための「手段」として行為するという心理現象を指す。ただし, その目的と手段的な行為との間には内容的な関連が全くないという点に注目する必要がある。上の例でいえば, 自転車(目的)と試験勉強(行為)は, 内容的に無関連である。両者は単に社会的に定められた条件(この場合は「親との約束」)によって関連しているにすぎない。このような目的(結果)と行為の関連を**外発的随伴性**と呼ぶ。

学習内容とのかかわりで生じる意欲

第2は, 学ぶ対象や内容に興味や関心があって学ぶ場合である。たとえば「恐竜のことが知りたくて図鑑で調べる」のように知的好奇心によって学ぶ場合や,「もっと速く泳ぎたくて, 時を忘れて練習する」というように特定の技能を高めたくて学ぶ場合などがこれに該当する。つまり「〜を学びたくて学ぶ」という場合の「〜」という部分が学習意欲の源泉となる場合を指す。これを**学習内容型学習動機**と呼ぼう。

従来, このような「もっと知りたい, もっと認識を深めたい, もっと上達したい」という学習意欲は外発的動機づけに対して**内発的動機づけ**と呼ばれてき

た。内発的動機づけとは，ある学習が自己目的的に生じるという心理現象を指す。つまり，価値が行為自体に内在している（たとえば「将棋を楽しむ」という場合，将棋をするという行為自体に価値が存在する）か，少なくとも，目的と手段的行為との間には内容的なつながりがある（たとえば「卓球の試合で勝つためにスマッシュの練習をする」という場合，「試合に勝つ」という目的とスマッシュ練習（行為）は内容的にかかわりあっている）。このような目的と行為の関連を外発的随伴性に対して**内容同質性**と呼ぶ。

　内発的動機づけによる学習には，人からやれと言われて学ぶのではなく，自ら進んで学ぶという**自律性**と，学習を深め，技能を高めていくという**熟達志向性**の2つの特徴がみられる(10)。したがってこの場合，学習の到達点が固定的に存在するというよりも，目指すものが学習の過程でより価値の高いものへと変わっていく。また，結果よりも学習のプロセスが重要な意味を持ち，それに価値が置かれることにもなる。たとえば，とりあえず50メートルを30秒以内で泳ぐことを目標としてそれを達成したなら，次は29秒を新たなゴールとして目指すかもしれない。そしてその上達するプロセスに充実感を感じるのである。

表5-2　フロー経験の特徴的次元

- **明確な目標と迅速なフィードバック**：何をすべきかが明確で，どの程度うまくやれているかを即座に知ることができる。
- **挑戦的な機会の希求と技能レベルとのマッチング**：自己の能力に応じた挑戦的状況（困難さなど）を求める。
- **行為と意識の融合**：行為者と行為の区別がなくなり，行為のための意識的な努力を必要としない。
- **課題への集中**：課題に無関係な刺激が意識から消え，心配や他の関心事を一時的に忘れる。
- **統制の感覚**；自分が環境や自身の行為を支配しているという感覚。
- **自己意識の喪失**：自我の境界の超越，成長感，何か偉大なものの一部になった感覚。
- **時間感覚のゆがみ**：通常，時間があっという間に過ぎ去る。
- **経験の自己目的化**：行為は自己目的的になり，その活動をすること自体に価値が存在する。

内発的動機づけによって学んでいる際,われわれは**フロー**(flow)という心理状態を経験することが多い。フローとは,時の経過や体の疲れなどを意識せず,全てを忘れてその活動に完全に没頭するという主観的な状態のことを指す[3]。たとえば,大好きな推理小説を徹夜で読んでしまったとか,将棋盤を挟んで何時間も格闘するなど,我を忘れて意識が活動に集中しているような経験である。このようなフロー経験を通してわれわれの意欲は深められていく。フロー経験の特徴的な要素を表5-2に示した。

自己概念とのかかわりで生じる意欲

第3は,自分の自己像へのこだわりが意欲の源泉になる場合である。われわれは,人からよく思われたいから,あるいは悪く思われたくないのでといった理由から行動を起こすことがある。これを**自己概念型学習動機**と呼ぼう。たとえば「先生に頭のいい子だと思われたいので,手を挙げて発言する」,「みんなに頭の悪い子だと思われたくないのでイヤイヤながら机に向かう」ということもあろう。また,「常に成績がトップの私」という自己像を維持するために試験勉強に励むというように,「みんな」にどう思われるかだけでなく,自分自身が自己像に満足するために学ぶ場合もあろう。これらは「肯定的な自己像を他者あるいは自己に示す」という目標をもって学んでいる姿であるととらえることができる。このように自尊心を高めたり,少なくともそれを維持することが学習の目的である場合を,目標理論では**パフォーマンス目標**と呼び,**ラーニング目標**と区別している[6]。一方のラーニング目標とは,能力を伸ばすことそれ自体が目標になっている場合であり,学習の過程に価値が置かれ,結果は努力することによって得られるという信念を基盤とする。エイムズとアーチャーは,これらの2つの達成目標は学級の風土として認知されるとし,両者を対比している(表5-3参照)[1]。

注目すべき点は,学習者がどちらの達成目標を持つかによって「努力」の意

表5-3 クラスの雰囲気と達成目標

雰囲気の次元	ラーニング目標*	パフォーマンス目標
何が成功と見なされるか	進歩・上達	よい成績・高い順位
何に価値が置かれているか	努力・学習	他者よりも高い能力
満足の理由は何か	熱心な取り組み・挑戦	他者よりも優れた結果を出す
教師の志向はどこにあるか	どのように生徒が学習しているか	どのような成果を生徒があげているか
誤りや失敗はどうとらえられるのか	学習の一部	不安を喚起させるもの
何に関心が向けられているのか	学習のプロセス	他者と比較した場合の自分の成績
努力する理由は何か	新しいことを身につける	良い成績・他者よりも優れた結果
評価の基準はどこにあるのか	絶対的基準・進歩	相対的基準

出典：Ames, C., & Archer, J. 1988 Achievement goals in the classroom Students' learning strategies and motivation processes. *Journal of Educational Psychology. 80*, 260-267.

＊Ames & Archer (1988)はラーニング目標のかわりにマスタリー目標という用語を用いている。

味が異なってくるということである。パフォーマンス目標を持っている場合，努力をしないで成功することは能力があることを暗示するため，最も望ましいことになる。逆に努力をして失敗すれば，能力の無さを露呈することになるため，そのような事態は避けなければならないことになる。したがって，自分の能力に自信のない場合，努力をしないことが得策となる。仮に失敗しても，「努力しなかったから」という言い訳ができ，自尊心が傷つけられることがないからである。それに対して，ラーニング目標を持っている場合，努力に依存して学習が深まり，技能が高まると考えるので，たとえ自分の能力に自信がない場合でも努力を惜しまないことになる。

第4節　学習意欲の構造とその統合的発達

学習意欲の個性的な構造

　内発的動機づけと外発的動機づけを二項対立的にとらえ，ある人の具体的な学習意欲をそのいずれかに分類することはできるだろうか。実際には，内発的動機づけだけ，あるいは外発的動機づけだけで行動する場合はまれであろう。たとえば，職業として何か技術を身につけようとする場合，金を稼ぐことを目的とする外発的動機づけと技術を高めたいという内発的動機づけが本人の中で統合されていることも多いだろう。その場合，本人はその学習に価値を感じ，納得して取り組んでいるのである。このような統合的な意欲は**必要性の動機づけ**とも呼ばれる[8]。

　前述の3つの学習動機(状況型学習動機，学習内容型学習動機，自己概念型学習動機)についても同様である。それらはあくまでも学習意欲を構成する要素にすぎず，それぞれの要素は個人の中で学習領域ごとに統合されていると考えるのが妥当であろう。たとえば，商社に勤めるスズキさんは，仕事の関係上，苦手な英語を勉強しなければならないとする。そのときの学習意欲は「仕事の都合」という状況型学習動機(特に，条件型学習動機)がその中核となっていて，「英語」そのものに対する学習内容型学習動機のウェートは軽い。しかし，それと同時にスズキさんは人一倍がんばるたちで，さらに負けず嫌いなので，英語を学ぶ上での自己概念型学習動機のウェートはとても高い。一方，スズキさんは，歴史が好きでその種の雑誌や歴史小説に時を忘れて没頭するという趣味を持っていたとする。その学習意欲は，「英語」への学習意欲とは異なり，「歴史」に対する学習内容型学習動機が中核になっている。

　このように学習意欲とは3つの学習動機を主な構成要素とする統合的で個性的な構造を成すものであり，しかも個人の中でも学習領域ごとに異なった構造

が形成されているのだといえよう。そして，その構造のあり方が学ぶエネルギーと方向性，そしてその機能を規定するのである。

学習意欲の統合的発達
　もう一つの重要な点は，このような学習意欲の構造は発達するということである。たとえば，動物好きなケンジくんについて考えてみよう。
　ケンジくんは小さいときから家で犬を飼っている。学校で飼っているうさぎも大好きで，毎日，自分から進んで世話をしている。この時点のケンジ君の動物に対する学習意欲は「動物に興味があって関わりたい」という学習内容型学習動機を中心に形成されている。次第に，動物についての学習を深め，認識が深まるにつれて，人間と動物がともに励まし合って生活することの意味や意義を感じ始める。このとき，ケンジくんは，動物について学ぶこと自体に価値を見出したといえる。さらに，動物への興味と自分の進路選択とを重ね合わせて考え，両親や教師からのアドバイスや励ましに支えられながら，将来，獣医になりたいと決心する。学習内容型学習動機から出発し，学ぶ対象に価値を感じ始め，ついには学習と自分の生き方が結びついていったのである。
　このように学習意欲の発達は**自分形成**のプロセスでもある。ある動機から出発し，さまざまな動機が相互に影響し合い統合的な構造を形成する中で，学習対象に価値を感じ，さらには，ある生き方をこころざすまでに至る[11]。学ぶ意味が自覚されることで学習意欲は統合され発達するのである。また，他者や社会，環境，文化とのかかわりの中でこそ，学習意欲の構造は豊かになっていく。学習意欲を長期的に育まれる人格的なものとして把握する必要があろう。
　マズローは，成長への動機，特に，**自己実現**の欲求をすべての人が持っていると主張している[15]。自己実現の欲求とは，自らが潜在的に持っているものを実現しようとする傾向性，すなわち，よりいっそう自分らしく，自分の可能性を実現しようという願望を指す。学習意欲の発達の背後には，この自己実現の

欲求が存在していると考えることができよう。

第5節　学習意欲を育む教育実践

学習意欲を育む3つの実感

では，どのような子どもの心理的体験が意欲に結びつくのだろうか。内発的動機づけ研究では，以下に挙げる3つの実感が学習意欲の発達を促すとされている。教師が配慮すべき点を付け加えながらまとめてみよう。

第1は「環境とかかわっているという実感」である。ホワイトは，この感覚を**効力感**(feeling of efficacy)と呼んだ[20]。彼は，人が環境と効果的に相互交渉する能力(**コンピテンス**)を持って生まれてくると主張し，環境と効果的にかかわりあう過程で生じる感覚を効力感と名付けた。そして，この効力感が満たされることによって，学習意欲が発達すると主張した。まず，この「環境とかかわっているという実感」を経験する場をいかに創造するかが教師にとっての課題となる。

第2は「成長しているという実感」である。ただ漫然と環境とかかわっているだけでなく，その結果として確かな「力」を身につけたということが子どもに実感されることが重要である。つまり，この学習によってこのような知識や技能が身についたというような具体的な感覚が子ども自身によって体験されることが大切である。その自己の成長に対する「気づき」の枠組みを提供することも教師の役割であろう。

第3は「自律的であるという実感」である。ド・シャームは**指し手感覚**(コラム参照)の重要性を強調し，ディシは「**自己決定**(自律性)の感覚」が学習意欲を統合させると主張している[4]。先生から「やりなさい」と強制されてイヤイヤ勉強するような他律的な態度から学習意欲が統合的に発達することはない。本来，人は興味を持っていることや意味や価値を感じていることに対しては，

やる気を育てる教室

ド・シャームは,自分の行動の原因を自分自身の中に感じている,すなわち,自分の運命を支配しているのが自分自身であると思っている心理状態を**オリジン**(指し手)と呼び,逆に,自分の外部に行動の原因があると感じている,すなわち,運命の糸は他者に握られており,自分は操り人形にすぎないと感じている心理状態を**ポーン**(コマ)と呼んだ。その上でこの「指し手」感覚こそが動機づけの根幹であると主張した[5]。

彼は,この理論を背景として「やる気を育てる教室」を創造する大規模なプロジェクト研究を行った。教師たちに指し手感覚を中心とした動機づけの考え方を体験的に学んでもらう一方で,小学校高学年から中学校の子どもたちを対象としたカリキュラムを教師とともに開発した。そのカリキュラムでは,自己概念,達成動機づけ,現実的な目標設定,指し手-コマの概念の4つの基本的な考え方が強調された。

「ほんとうの私」という単元では,「自己概念」に焦点を当て,自分のほんとうの姿や自分の抱えている悩みなどを理解することで,自分のやる気の重要性に気づかせることを目的としていた。具体的には,「わたしがいつも夢見ていること」,「がっかりしたとき,私がすること」のようなテーマについて毎週話し合った後,各自がノートに自分の意見をまとめていった。「達成動機づけ」に焦点を当てた「わたしの成功物語」という単元では,達成に関する物語づくりを行い,その作文コンテストを行った。「スペリング・ゲーム」という単元では,単語のスペル学習のチーム競争を行った。単語の難易度を各自選択できるようにし,正解した際に,易しい単語で1点,中程度で2点,難しいものは3点をそれぞれチームの得点とした。このゲームによって,自分に適した「現実的な目標設定」が重要なことを教えた。また,「指し手-コマの概念」を学習し,意欲的な態度を育てることを目的として「指し手のための手引き書」を開発した。これは25の課題が用意されている40ページほどの小冊子で,「わたしの一生の目標」「指し手であることはいいことか」「コマとしての経験」などといったテーマについて,毎日20分ほどを使って記入するものである。

4年間にわたる教育研究プロジェクトによって,このような教師教育とカリキュラムが子どもの指し手感覚を育て,現実的な目標設定を促すとともに,特に男子の達成動機を高めることが明らかになった。やる気とは他から与えられたりするものなのではなく,学びが自己の中に意味づけられてこそほんとうの意欲となることをこのプロジェクトの知見は教えてくれている。

自ら進んで自己決定的，自律的に学ぶものであるとされているが，はじめは興味がないとしても，学ぶ過程の中で学ぶ意味を自分なりに理解，納得することによって，自律的な学びは実現する。したがって，子どもが「自律的であるという実感」を経験するために，教師は，個々の子どもの興味に訴えるような働きかけをするとともに，学ぶ意味を子ども自身が理解，納得するように援助することが重要である。

以上に挙げた3つの実感を学習者が経験すること，それは一言でいうと「学ぶ充実感の体験」である。この充実感を実感する経験の積み重ねによって，学習意欲はより確かなものへと統合されていくのである。また，それを援助する教育環境を整えることが教師の仕事となる。

学習意欲を育む教育のあり方

では，教師は具体的にどのように教育環境を組織化したらよいのであろうか。

レッパーは，内発的動機づけには，統制，挑戦，好奇心，文脈化という4つの源泉があることを指摘するとともに，教育実践においてこれらを工夫することによって内発的動機づけを促進させることができると主張した。また，その原則について表5-4のように整理している[14]。

「好奇心」を促進する原理として**概念的葛藤**を生み出すように情報を提供することが有効であることはよく知られている。子どもの持つ既有知識や常識とズレた情報を提供することによって「あれ，なぜだろう？」という驚きや疑問が生じ，「その理由が知りたい」「もっと調べてみたい」というような探究意欲が高められるというのである。

また，教育場面での「報酬」の使用に関して，内発的に動機づけられている活動に対して外的報酬(ごほうび)が約束されると内発的動機づけが低下するという現象(**アンダーマイニング現象**[12])が報告されている。たとえば，もともと興

表 5 - 4 内発的動機づけを促進する教授活動を計画するための原理

統制：活動を通じて子どもの統制感を促進せよ。
◇活動に対する外的な制約を最小限にせよ。
・もし，活動がもともと興味深いものであるなら，余分な外発的随伴性を避け，外的なプレッシャーは最小限度にせよ。
◇外的な制約を徐々に減少させよ。
・もし，活動がもともと興味深いものでないなら，適切な外発的随伴性を用い，それらを徐々に撤回せよ。
◇外的な制約をあからさまにすることは避けよ。
・可能な限り，外的な制約を活動自身の中に埋め込め。

挑戦：チャレンジを感じるような活動を子どもに提供せよ。
◇達成できるかどうかがわからないような目標を提供し，成果に応じたフィードバックを与えよ。
・子どもにとって難しさが中程度の目標を与えよ。
・達成レベルの個人差に対応するため，多種多様な目標を設定し，複数の難易度のレベルを用意せよ。

好奇心：子どもの好奇心を喚起せよ。
◇子どもの知識のうちで，一貫していない部分，不完全な部分，洗練されてない部分を強調せよ。
◇子どもがもともと興味を持っている分野，人物，問題を含んでいるような活動を利用せよ。

文脈化：活動の機能的側面を強調せよ。
◇活動を自然な文脈の中に位置づけよ。
◇機能的なシミュレーションや空想的な文脈を活用せよ。

出典：Lepper, M. R. 1988 Motivational considerations in the study of instruction. *Cognition and Instruction.* 5, 289-309.

味に基づいて絵を描いていたところに「絵を描いたらごほうびをあげる」というような外発的随伴性が提示されると，その後の絵を描くことに対する内発的動機づけが低下してしまうという[13]。この現象に対する有力な説明の一つは，外発的随伴性の提示によって，絵を描くという活動の意味づけが認知的に変化するために生じるというものである。つまり，「絵を描くことそれ自体が目的である」と思っているところに突然「ごほうび」が約束されると，「ごほうび

をもらうための手段として絵を描くのだ」というように，活動を報酬獲得の手段として位置づける認識へとシフトしてしまい，いざその目的(ごほうびの獲得)を達成すると絵を描く活動がもはや魅力のないものになってしまうというのである。このように子どもをほめたり評価したりすることには意外な落とし穴があるのだ。

また，エプシュタインは，教師が学級での教育実践を構想するにあたって操作可能な6つの要素(課題：task, 権限：authority, 報酬：reward, グループ：

表5-5　TARGET構造と動機づけ方略

TARGET構造	方　　　略
課題構造 (どのように課題がデザインされているか)	・挑戦感が持て，活動的に取り組むことができるような多様な課題を個々に応じてデザインする。 ・現実的で短期的な目標を子どもが設定できるように援助する。
権限構造 (意思決定に参加する権限がどの程度子どもに許容されているか)	・子どもを意思決定にかかわらせ，彼らにリーダーシップの役割を与える。 ・子どもが自分自身を管理したり，自己をモニターするような技能を発達させるように援助する。
報酬構造 (子どもがいつ, どのような理由で認められ, ほめられるか)	・個別に進歩や改善を認める。 ・報酬に対する平等な機会を保障する。 ・個々の子どもの自己価値(self-worth)に焦点を当てる。
グループ構造 (子どもが他の子どもと関わることができるようにどのようにグルーピングするか)	・異質な者同士を柔軟にグルーピングする。 ・多種多様なグルーピングの仕方を考慮する。
評価構造 (どのように子どもを評価し，情報を与え，能力を改善していく機会を設定するか)	・個人内評価の立場に立って，進歩，改善，習熟度という基準を用いる。 ・子どもに自己評価させる。 ・評価を私的でかつ意味のあるものにする。
時間構造 (個人差に対応して学習時間をどのように保障するか)	・学習を改善するための機会と時間を提供する。 ・子どもがスケジュールを確立することを援助する。

出典：Raffini, J. P.　1993　*Winners without Losers*. Needham Heights MA. Allyn and Bacon.

group, 評価：evaluation, 時間：time)を特定し，それらの頭文字をとって**TARGET 構造**と総称している⁽⁷⁾。この観点から，学習意欲を高める具体的な方略についてまとめたものを表5-5に示した⁽¹⁶⁾。

最後に，学習意欲を育む教育について考えるに留意すべき点を指摘し，まとめとしたい。まず，学習意欲を高める正しい方法が一般的に存在するわけではないという点である。教育を固定的なシステムとしてのみとらえ，ある教育方法を行えば意欲が高まるはずだという考え方は短絡的すぎる。むしろ，日々の具体的で個別的な経験が学習意欲の発達に影響を与えると考えるべきである。また，一人ひとりの学習意欲は，環境や文化に刺激され，人間関係に支えられながら発達するという性質を持っている。文化の内容や価値を他者と共同的に学び合う中でこそ，子どもの主体的な学習意欲が豊かになっていくのである。以上のような視点に立ち，学ぶ意欲を支える教育的文脈を子どもたちの具体的な姿に即してデザインしていくことが教師に求められているといえるだろう。

【演習問題】
1　本章で説明された概念を用いて，自分の学習意欲とその発達について分析してみよう。
2　いままでに習った先生のなかで，自分の学習意欲を高めてくれた人を思い浮かべ，その先生の教育のあり方について，具体的に分析してみよう。

【参考文献】
・桜井茂男　1997　学習意欲の心理学 ── 自ら学ぶ子どもを育てる　誠信書房
　　学習意欲に関する教育心理学の知見がわかりやすく解説されている。
・奈須正裕　1996　学ぶ意欲を育てる ── 子どもが生きる学校づくり　金子書房
　　学ぶ意欲のメカニズムについて，学校づくり，授業づくりという視点から読みやすく整理したユニークな書。
・新井邦二郎(編著)　1995　教室の動機づけの理論と実践　金子書房
　　内容を教室のなかでの動機づけに絞りこみ，多様な切り口から研究知見を紹介する実践的理論書。
・速水敏彦・橘良治・西田保・宇田光・丹羽洋子　1995　動機づけの発達心理学　有斐閣
　　発達という観点から動機づけの知見についてわかりやすくまとめている。

・宮本美沙子・奈須正裕(編)　1995　達成動機の理論と展開　金子書房
　　達成にかかわる動機づけの諸理論について，代表的な研究例を引用しながら体系的に解説した専門書。

第6章 メタ認知の成立と援助

　自分の認知状態を知り，認知活動を支えてはたらくメタ認知とは何か。学習の遅れがちな子どもにはメタ認知の不十分な場合があると言われるが，メタ認知能力を教授・訓練することは可能なのだろうか。教室におけるメタ認知の問題にふれながらこれまでの研究を紹介し，メタ認知を支える知識や方略は，それ自体が単独で習得されるのではなく，子どもの人格発達のさまざまな面とのかかわりの中で培われるものであろうと論じる。

第1節　メタ認知とは何か

認知の認知

　問題場面に直面したときに，自分にはできるだろうと思えたり，あるいは逆にできそうにもないと感じたりすることがある。ものを尋ねられてなかなか思い出せないのだが，知っているはずなのにともどかしく感じることがある。話を聞きながら，おや何か変だなと半信半疑になることがある。このように，私たちは自分自身の行動や知識の状態を絶えず監視していて，それを知識としても活用している。しかし，いつでもそれがうまくはたらくわけではない。また，一般に年少の子どもはこれが十分ではない。

　学校での子どもの学習困難を観察し報告したホルトは，数当てゲームを子どもとやった例を挙げている[15]。数当てゲームとは，出題者がある自然数を想定し，子どもはその数について「それは20より大きな数ですか」などと質問をしてヒントを得ながら，早く問題の数を当てるというものである。ホルトは，子どもたちが得られる情報量にかかわらず「当たり」と言われる質問に固執する

傾向を見出した。「違う」とのヒントの方が候補を絞れる場合もあるのだから，これは効率的ではない。自分の行為を状況に照らして再考してみることのないこのような現象にかかわって，メタ認知という概念が注目されるようになった。

メタ認知(metacognition)ということばは，1970年代初頭にフレイヴェル(J. H. Flavell)が用いて以来，発達や教育，認知，思考にかかわる心理学で広く使われるようになった。フレイヴェルは，自分にはBの学習よりAの学習の方が難しいとか，Cを事実と認める前に再点検しておくべきだ，一つの選択の前に全部の選択肢を，Dを忘れてしまうかもしれないのでメモを，などのようなことを感じるとき，人はメタ認知をはたらかせているという[8]。概して言えば，認知的現象についての自分の知識や認知[9]ということである。

現象としてはとらえやすいメタ認知であるが，あらためてメタ認知の定義を求めると一義的には決まらない。多くのメタ認知研究に影響を与えたフレイヴェルの説明は，「自分自身の認知の過程と所産あるいはこれに関係したすべての知識」であるとともに，「たいていはある具体的な目標や目的のための，認知対象と関連した，認知過程の能動的な**モニタリング**(監視，監督)およびその結果としての調整・統合」も含まれるというものであった[8]。またブラウンによれば，認知についての知識(knowledge about cognition)および認知に対する調整(regulation of cognition)であるという[7]。要するに，①認知過程についての知識と，②認知過程のモニタリング，③認知的活動の調整とに大別されるものの総称と言うことができるだろう。しかしこれは認知の過程と知識とを一つの用語で表現することであるため，メタ認知が心的活動の対象でもあり，また活動自体でもあるという複雑な概念となっている。

メタ認知の形成

メタ認知はいつどのように形成されるか。

表6-1 矛盾に気づいた児童数

教示条件 文章の種類 矛盾への気づき （3文章中）	通常				発見の構え			
	矛盾明示		矛盾暗示		矛盾明示		矛盾暗示	
	0~1	2~3	0~1	2~3	0~1	2~3	0~1	2~3
小学3年生	4	4	8	0	4	4	6	2
小学6年生	3	5	5	3	1	7	1	7

　マークマンは小学生に矛盾した内容を含む文章を読ませ，その矛盾に気づくかどうかを調べる実験を行った[18]。文章には2種類あり，たとえば魚の文章では，海の底深く住む魚について「深海は真っ暗やみで，魚には何も見えない。魚には食物の色が見える。だから食物がわかる」という明らかに矛盾のある文章と，「深海にはまったく光がない。そこに住む魚は，色によって食物がわかる」という矛盾が暗に示された文章とがある。マークマンはこれらを小学3年生と6年生に読ませたが，その際，単にどうだったか尋ねる場合と，何かわかりにくくしていることがあると伝える場合とで，文章の矛盾に気づくかを調べた。結果は表6-1の通りで，矛盾の明示された文章であれば3年生の半数は気づいたが，矛盾暗示文章ではほとんど気づかず，発見の構えを促しても効果はなかった。それに対して6年生は，通常の教示では3年生とあまり変わらないが，発見の構えを促すと，明示文章・暗示文章とも矛盾に気づくことができた。3年生では矛盾の発見は困難であるが，6年生は援助があれば容易に発見できることを示している。

　メタ認知が十分に発揮されるにはかなりの成長を待たなければならないようだが，メタ認知の基礎は幼児期から徐々に形成されていく。

　ウェルマンは，メタ認知を支えると考えられるいくつかの知識基盤のうち，内面の世界が存在するという知識について，覚えている(remember)，知っている(know)，もしかしたら～と思う(guess)など心的用語の理解の発達から検討した[27]。その一例は，「覚えている」と「忘れた」という動詞の理解を調べ

表6-2 「覚えている」かの判断

成人型

	成功	失敗
知識あり	はい	いいえ
知識なし	いいえ	いいえ

成否型

	成功	失敗
知識あり	はい	いいえ
知識なし	はい	いいえ

年齢	反応率 (%)			
	成人型	成否型	全肯定	その他
3	0	13	75	12
4	10	70	0	20
5	70	10	0	20
7	80	10	0	10

出典：Wellman, H. M. 1985 The origins of metacognition. In D. L. Forrest-Pressley, G. E. Mackinnon, & T. G. Waller (Eds.) *Metacognition, and human performance.*

たものである。2つあるタンスの一方に上着をしまうのを見た，もしくは見ていなかった主人公の人形が，後にその場に戻ってどちらかのタンスを開けて上着を取り出そうとする場面が，設定された。そして被験児に「人形は覚えていたの？」とたずねた。被験児たちの回答として想定されたのは表6-2の2つの型である。上着をしまうところを見ていなかったのに入っている方のタンスを選んだ場合の反応が，正しく否定して「覚えていたわけではない」となるか，成功という遂行結果に左右されて「覚えていた」と肯定してしまうかの点が，成人型と成否型とで異なっている。結果は3歳児は場面を理解できず，4歳児が成否型，5歳になって成人型を示した。だが場面を人形という他者の出来事ではなく被験児自身の選択と成功・失敗という事態に変え，「知っている(know)」かを問う次の実験では，表6-3のように，4歳児でも多くが選択結果の失敗に影響されずに自分が保持する事前情報の有無によって知っているか否かを答え分けることができた。これらの結果から，ウェルマンはメタ認知の

表6-3 「知っている」かの判断

条件	事前知識	現在知識	遂行	4	5	6	9歳
記憶	有	無	成功	93	93	100	100 %
トリック	有	無	失敗	73	80	100	100
憶測失敗	無	無	失敗	27	33	6	0

出典：表6-2と同じ。

教科学習における信念体系

　信念体系(belief systems)とはもともと社会学の概念である。ショーンフェルドが数学を苦手とする生徒が数学という教科についてもつ信念体系のリストを提出した[24]頃から，信念体系の影響を受けていると考えられる子どもの諸事例が次々と報告されるようになった。

　小学生の算数の一例である。23-17＝14と答えた子どもの思考過程は次のように考えられるという。「上の桁から借りることがわからないので学校でやらない数え方略を使わなければならないが，それはいけないと信じている。親や先生がそう言うからだ。見積もりはできるけれども，推量は学校では勧められず，かといって黙っていると頭が悪いしるしだとされるので，7から3をひく。これだと何か答えは出たというよさがある。また負の数は知らないが，『答はない』と解答する訓練は受けていない。子どもは，一つの正答がなければならないと信じるように訓練されている。」(Baroody & Ginsburg, 1986 より要約)

　従来の研究で，子どもの誤答が何らかの規則に基づくものであるということが注目され，それらを**バグ**と呼んでその規則的な特徴や克服可能性を検討することが盛んに行われてきた。そこにおいて残されている問題の一つである，なぜバグが維持され続けるのかということへの手がかりを与えるものとして，数学と数学の授業にかかわる学習者の信念を明らかにすることには意義がある。また教師のもつ信念についても検討が始められている。

起源に関して，2, 3歳の年少期より心的世界が存在すること，現実と非現実を区別できること，そして心への理解と現実への理解とは絡み合うものであると述べている。

また丸野は，子どもが情報の曖昧さに気づき始めることに着目し，メタ認知の起源について考察した(19)。これによると，相手からのメッセージの適切さを評価させたり不適切な箇所に出会ったときの反応を調べるなどの方法により，子どもが情報の曖昧さを認識できるのは5, 6歳頃であり，曖昧さに気づき始めるのは4, 5歳頃からであるという知見が多いという。また，状況に際して曖昧であるという**曖昧ゾーン**→巻末用語 を意識することから，ある考えに固執したり，他の情報を探索したり，発問したりという自己修正活動をするとして，子どもにとって曖昧ゾーンの規模はどのくらいか，この拡大や維持はいかになされるかという問題を提起した。そして，子どもはかなり早くから曖昧さに気づくが自己修正は困難であり，曖昧ゾーンの拡大・維持と自己修正活動とには密接な関係があること，メタ認知の起源は曖昧さへの気づきとこれへの志向性や結果としての明確化，いわば世界が開けそうという実感だと論じている。

また，メタ認知は社会関係の中での評価，調整，制御の働きが内化したものとする観点もある。これはヴィゴツキー(Vygotsky)の理論に基礎をもつもので，子どもが親や教師，他の子どもとの間で経験してきた関係が，内面に取り込まれ，メタ認知としてはたらくというものである。重松ほかは，教師のメタ認知的な発話が子どもに取り込まれることを「内なる教師」と表現し，その効果を検討した(25)。

第2節　メタ認知の獲得と教授

不十分なメタ認知

ブラウンは，それまで問題解決研究として扱われてきたホルトによる子ども

の教室学習実態[15]を再検討し，メタ認知の欠如がもたらす点検の不適切な例を報告している[6]。第1は内的一貫性の問題である。ある物語を示す4枚の絵を見せられた幼児に，その後8枚の絵の中からそれらを選択する課題が与えられた。明らかに異質の2枚を除いて6枚の絵に絞った幼児たちに，いま何枚あるか，あなたの見た絵は何枚かを確認すると，「6枚ある」「4枚見た」と正しく答えられるのだが，ではどれを見たかという問いへの典型的な回答は「(6枚とも)全部見た」となってしまうという。第2は現実性の検証の問題である。ホルトのいう「自分の考えを現実と照らし合わせてみたり」ということである。結論が現実には起こり得ない内容であっても疑問をもたないことである。第3はあてずっぽうな規則への追従である。ある解決方略を学習した子どもが，新たな問題場面で理由もなくその方略を使う傾向のことである。算数の問題場面でたし算でなければひき算，かけ算と手続きを矢継ぎ早に変えてその度に教師の反応を伺うようなやり方も，これに含まれよう。第4は洞察の問題である。→巻末用語
これは規則への追従と対置されるものであるとされる。子どもが洞察をいかに行っているかは実験的にも教育場面でも明らかにしにくいが，この欠如が点検の不適切さとして挙げられている。

　欠如よりは回避とでも言うべき事例もある。算数の苦手な子どもについて，ギンスバーグらは観察と面接を繰り返し，認知スタイルの問題に言及している[11]。

　面接者「いいねえ。ここをどうすればいいのかは，どうしてわかったの。」
　子ども「ええと先生がいつも，先生がそんなふうに黒板でやるようにすると，できるよ。」
　(中略)
　子ども「ええと，139とか149とか，黒板に書いて先生みたいに言うと，最初の数は100で，二番目が30で，最後は9。」
　面接者「それでそんなふうに君はやろうとしたんだね。」
　子ども「先生が黒板でやるようにね。」

面接者「それで君は先生のやる通り,ただ同じようにするんだね。」
子ども「そうだよ。」

　この子どもは,理解したからではなく教師がそう言うからということで物事を進めている。権威への依存をすすめる調整は機能しているが,自分の認知状態への柔軟なメタ認知ははたらいていない。手続き的な知識の獲得と使用で済まされてしまう場面では,ごく狭い範囲でのメタ認知機能しか求められない。
　だがこんなやり取りもある。

面接者「さっきあなたは,学校で算数の時間にやっていることを教えてくれるって言ったよね。」
子ども「ええと,いつもそう,あのう,その,やっていることに僕は自信がないんだよ。」

　これは認知の弱さを示している返答に見えるが,ギンスバーグは,むしろ自分の能力への正確な評価があるからだという。メタ認知の萌芽がみられるということになる。
　ところで精神発達遅滞児の学習上の問題にかかわっても,メタ認知が注目されている。田中は精神遅滞児の読解について実験を行った[26]。特殊学級に在籍する小中学生をITPAを手がかりにメタ認知の高・中・低水準群に分け,繰り返し構造の有無や生活体験の関与を組み合わせた4種類の物語を読んでもらって理解度を測定した。全体的には各物語の理解度はメタ認知水準に対応して一定であったが,興味深いのは,メタ認知中位群(MA平均5歳6か月)の場合だけは物語条件によって理解度が異なったことである。メタ認知が部分的に機能したと考えられ,メタ認知形成の複雑さがうかがえる。

教授の試み

　メタ認知的活動を向上させようとする試みの多くは,読解と算数・数学学習におけるモニタリング訓練である。

表6-4　読解での気づき項目(IRA)の目録（一部）

得点	項目
	評価
	1. あなたが読むのに最も難しいところはどこですか。
1	a. 難しいことばを探ること。
2	b. どこで話を理解できないのか。
0	c. 読むのに難しいところはない。
	計画
	1. 急いでいるために文章のいくらかしか読めないとしたら、どこを読みますか。
0	a. 物語の中ほどを読む。
2	b. 物語について最も多くを述べている文を読む。
1	c. おもしろくわくわくする文を読む。
	調整
	1. 他よりも速く読む物は何ですか。
1	a. 読みやすい本。
2	b. 以前に読んだことがあるとき。
0	c. 絵が多く載っている本。
	条件的知識
	1. 戯れに物語を読んでいるとしたら、何をするでしょうか。
1	a. 意味をつかむために絵を見る。
0	b. 出来る限り速く話を読む。
2	c. 映画のように話を心でイメージする。

出典：Jacobs, J.E., & Paris, S.G. 1987 Children's metacognition about reading: Issues in definition, measurement, and instruction. *Educational Psychologist. 22* (3&4), 255-278, より抜粋。

　たとえば、読解のためのメタ認知の教示について、ヤコブスらはIRA(index of reading awareness)という読みの際の気づきについての目録を作成した[17]。表6-4に全体で20項目からなるIRAの一部が示されているが、これにより子どもの読みの気づきについてデータを得るとともに、効果的指導のための資料ともなるという。

　ヤコブスらによれば、読解指導でメタ認知に注目することによって、熟達した読者の方略や逆に年少児のとまどいを知ることができ、読みの事前・最中・事後の思考方略をゆたかにする指導が可能になるという。だが同時に、読みの

文脈から離れた認知スキルへの過度のドリルを導く危険があるとも指摘している。

この指摘に関して，ギトマーらも，自己調整技能を教える試みの多くは解決法や一般的方略，規則を教えるもので，遂行は向上しても熟達者の水準には届かないと述べている[12]。**領域固有の知識**の学習の中で有用な**メンタルモデル**を生成し，それが遂行を高めると同時に特定の調整技能をも獲得し，多くの経験により特定の調整が一般化して適応性の高い調整原理となるのが，自己調整技能獲得の過程だというのである。秋田が指摘するように[2]，「メタ認知を脱文脈化した知識や技術としてとらえるだけではなく，状況の中で」とらえる必要があろう。

知的障害をもつ子どものメタ認知の問題は，自発的なメタ認知を定着させることの困難例の報告が多く，重要な研究課題となっている。

ブラウンは**再生レディネス**についての訓練を試みた[6]。MA 6歳および8歳相当の学習遅進児を3群ずつに分け，記憶範囲を超える量の写真のリストを覚えるように教示した。その際，第1群には累加的なリハーサルを行うよう訓練

表6-5 再生レディネスの事後検査時の正再生率

群	条件	人数*	事後検査						
			翌日および約2週間後			1年後（4日間）			
			誘導	非誘導	非誘導	非誘導	非誘導	誘導	非誘導
MA6	予想	8	.82	.62	.52	.50	.48	.81	.57
	リハーサル	7	.77	.61	.49	.46	.50	.90	.63
	ラベリング	6	.60	.56	.55	.46	.58	.78	.54
MA8	予想	12	.92	.84	.81	.80	.72	.95	.85
	リハーサル	12	.89	.82	.81	.74	.73	.84	.83
	ラベリング	11	.74	.65	.63	.60	.61	.67	.63

* 実験の全期間を利用できた被験者
出典：Brown, A. L. 1978 Knowing when, where, and how to remember: A problem of metacognition. In R. Glaser (Ed.) *Advances in instructional psychology*. Vol.1. LEA. 湯川良三・石田裕久（訳）1984 メタ認知――認知についての知識 サイエンス社

し，第2群には次の写真を予想するよう訓練した。両方ともに有効な認知的方略として設定されたものである。また統制群である第3群にはラベリングを行わせた。事後検査は，訓練の翌日の方略誘導検査（訓練された方略を使うよう教示）および非誘導検査に加え，約2週間後と約1年後に数回の遅延事後検査が行われた。その結果，表6-5のように年少・年長児とも両訓練群は統制群に比べて翌日の誘導検査で明らかに高い再生成績となり，訓練の効果を示した。ところが方略の使用を促さないその後の事後検査では，MA6歳児の訓練群は訓練前の再生水準に戻ってしまい，訓練効果が維持されたのはMA8歳児の訓練群だけであった。1年後の検査では誘導検査が1回組み込まれ，年長・年少児群ともその時は再生が向上するものの，その翌日の非誘導検査では年少児群は再び低下してしまったという。このことは，遂行を向上させる方略の使用ではあってもそれを経験させただけでは必ずしも定着せず，維持するための何らかの資質が必要なことを示唆している。

　他方，佐藤は，精神遅滞児が一般にメタ認知的方略を学習できないのは，方略使用の前提となる自己調整機能が十分でないためであるとした[23]。そしてMA6歳5か月の精神遅滞児を対象にした**再生レディネス**課題で，自己確認スキルという学習の進行と理解のモニタリングの訓練実験を試みた。その結果，訓練条件の被験児は非訓練条件の被験児に比べ訓練直後の事後テストの正再生率が高く，また学習時間も多く費やしていた。その上，学習の応用である転移課題として実施したMFFテスト（同一図形を探すテスト）での誤答が，訓練群のみ減少し，訓練に伴ってメタ認知の本質とも言える方略の転移が示唆された。

　林らは，知的遅れと重い運動障害をもつ男児への算数学習における**セルフモニタリング**指導事例を報告している[14]。計18時限にわたるプログラムにおいて，確認を促し，手指を添えて確認活動を支えた。その結果，促されて教材を操作する途中で「どこか変だ」という気づきが見られ，後には「あの考えを使えば」という既有知識を生かした吟味が見られるようになった。測定されたセルフモ

ニタリングの数は指導半ばから飛躍的に増加した。さらに，身体の動きの困難や語彙の少なさから受け身がちであった学習態度が変化し，積極性が見られるようになったと言う。

第3節　人格発達におけるメタ認知

人格発達の多面におけるメタ認知

　メタ認知の概念が用いられて以来，多くの研究は記憶や教科学習に関する問題に集中してきた。だがメタ認知は，対人関係や，自己概念，感情など人格発達のいろいろな側面との関連をも無視することができない。そして，むしろそれらと積極的に関連づけて評価していくことが，メタ認知の発達を理解することに結びつくであろう。

　先に紹介した曖昧ゾーンの概念[19]に関連して，ホルトの教室での観察[15]を再び想起したい。ホルトは次のように子どもを観察し，失敗を恐れさせる教育のために曖昧さに弱くなると推論した。

　「利発な子どもは忍耐強い。彼は，曖昧さや失敗に耐えることができ，答えを得るまで試みを続けようとする。彼の実験が全て失敗した時にも，彼は，自分には当分，答えを見出すことができないだろうということを自分自身や他人に対して，認めることさえできる。このことは彼を悩ましはするかも知れないが，彼は待つことができる。彼は(略)解き方を教えてもらいたがらない。(略)鈍い子どもはそうではない。彼は，曖昧さや失敗をがまんすることができない。彼にとっては，未解決の問題は，挑戦でもチャンスでもなく，脅威なのである。」

　これと類似の概念に，自我が弱い状態にある人が曖昧な場面におかれると，その状況をそのまま受け入れられず，明確さを求めてしまうことを問題とした**曖昧さ耐性**ということばがある。未解決状態を「欲求不満」としないある種の

見通しと自信，効力感があるときに，曖昧な状況を回避せずこれに向き合うことができるのだと言えよう。今日の社会では，多くの場面で「マニュアル」という行動様式の雛型が完成された情報を提供しているように見えるので，疑問を自覚し自分なりに反芻し続けることはしづらい。それだけに，主体的な自我確立の一つの条件として，メタ認知の基礎である曖昧さへの気づきは重要となっている。

自己の対象化による現実認識と価値形成という問題にもメタ認知はかかわる。

宮嶋によれば，小学生の学習動機は学習行為の意味にかかわる一般的動機と学習対象に対する直接的動機の二面性に整理できるという[21]。そして低学年期の，小学生でありたいからという一般的動機や，勉強するということ自体への興味である直接的動機が，中学年期では友人を意識した一般的動機と，理解する達成感をめざす直接的動機に転じ，さらに高学年期になると一般的動機は「将来困らないように」「よい学校に進学したいから」など対自分との関係で意味づけられ，直接的動機についても自ら納得のいく理解を志向するようになる。これはその頃に芽ばえる「自覚性」に触発されるものであり，自分へのメタ認知的活動を通して，現実認識や価値形成がすすんでいく。

自分へのこだわりは，同時に真理探究の前提ともなる。銀林は一例として中学3年生女子の作文を引用している。「ところが最近，ちょっぴり大人になったのでしょうか，それとも逆に子どもになったのか，やたらにただ覚えるということができなくなったのです。以前では，自分がAだと思っても先生がBだというと，そういうものかなと思い，こういう場合はBになるのだと覚えていたのですが，このごろでは自分なりの納得がいかないと，いつまでたってもAだと思うようになったのです。[10]」

また自立の課題と密接な進路相談場面へ，メタ認知的発想を取り入れた例もある。足立は自己実現を促進するメタ認知要因として，価値（なりたい自分），

期待(努力が成果につながる期待),方略(実行手続き)を想定し,これを反映した相談者の発言様式を開発した[1]。

このように自己認識を高め自立する過程におけるメタ認知の役割は,思春期以降さらに検討されなければならないだろう。メタ認知概念の提唱者フレイヴェルはこう述べている。

「私が念頭に置いているのは若者たちがタバコを吸うことや,酒を飲むこと,麻薬を吸うこと,攻撃的または犯罪的行為をすること,避妊せずに場当たり的にセックスをすること,その結果場当たり的に子どもをもったり,もたなかったりすること,学校をやめたり,その年々の軽薄な流行や宗派や運動に考えなしに追従することなど,あらゆる方面から誘惑を受けていることである。[9]」

メタ認知発達の条件

失敗に学ぶことは,メタ認知の面目躍如たる活動と言える。**認知カウンセリング**の試みの中で市川が提唱した**教訓帰納**[16]は,問題解決を振り返って,用いられたルールや方略を抽出することであるが,まちがえを分析させるところに単なる手続きの復習ではない特長をもつ。「教室は間違えるところだ」と子どもに発言を促す授業がよく行われるが,これは子どもの不安を取り除くためだけでなく,まちがえを見つめ認知過程を対象化するメタ認知の力をつける点でも重要である。

協同学習にも可能性がある。メタ認知の教授が,単純な訓練効果はもたらしても自発的で持続的なメタ認知の獲得に結びつきにくいという研究の現段階で,メタ認知として個人に内面化される以前の関係ともいえる協同学習や教え合いの場面を検討することには意義がある。

アミゲスは高校生に電気回路図を与えて問題解決をさせた[3]。二人組における言語的やりとりの内容,様式の分析から,そこでは相互交渉により自己調整や自己モニタリングというメタ認知メカニズムがはたらく傾向のあることが示

された。これらがはたらいた協同解決条件の生徒たちは，表現スキルの向上を示したと報告している。また，よく使う解決方略を不安定にすることにより，相互交渉状況が認知的な進歩の原因となったことを明らかにした。これはパリンクサーらが**教え合い** (reciprocal teaching) **訓練**として提唱している[22]ものとも同類である。こうした協同場面において用いられた**相互モニタリング**や調整の経験がメタ認知的経験となって，自らの**メタ認知的モニタリング**や調整機能として獲得されていくと考えられる。

メタ認知を促す思慮深い学習環境も必要である。社会における多くの学習場面では，手続き的に適応できることで達成と認められる傾向がある。学校教育において理解することの重要性が指摘されてもなお，この傾向は払拭し難い。松井は，わかることを強調する風潮はあっても生徒に「理解」を教え込む結果になりかねないと危惧する。

「理由の説明がテストで問われるから大事だということで理由を学ぶとか，あるいはあらかじめ理由の説明が組み込まれていて学習者はそれを受け入れるだけという設定では，『わかる』ことの本質的価値を享受できないだろうと思われる。教科学習における概念獲得は，生徒の生活や経験，感性，認識など多面の変化と結びついて達成されるべきであろう[20]。」

メタ認知が単なるスキルには還元しきれない高次のシステムとして考えられていても，その形成のためのはたらきかけがスキル訓練と言うべき教え込みになる場合もあろう。この問題を考える上で，波多野らは重要な示唆を与えている[13]。彼らによれば，概念的知識の構成は深い理解を求める知識獲得の本来性に基づくものであるが，その構成には文化的に伝達される手続き的知識が役割を果たす。社会の要請は手続き的知識の伝達に偏っているが，しかし，個人のもつ深い理解への動機づけによって，人は対象世界のモデルである概念的知識をつくる可能性はある。これは内発的なものではあるが，外部の影響をまったく受けないわけではなく，所属集団や社会がこれを十分に発揮させるものかど

うかが問題だという。

「ある小学校の算数の授業で，何人かの子どもが解決法を発表し討論する中で，次第に一つのやり方がよさそうだということになった。違うやり方を主張した子たちも徐々に自説を修正していった。収拾に向かって授業が終わろうとした時に，一人の子が発言した。皆の話を聞くとそのやり方がよさそうだし，そうすると自分の答えはまちがえになるけれども，自分の考えのどこが違うのか，聞いてほしいという要求であった。ただ一つの発言だが，この学級が，自分の考えがどう違っているかを皆に相談できる学級であることを表している。皆と違ったり見当はずれのことを言うと笑われてしまう学級の雰囲気と比べ，そのよさは明らかであろう[4]。」

成績不振児のメタ認知的知識

　算数・数学の苦手な子どもは必ずしもメタ認知を使わないというわけではない。重松らは，教師が授業中に繰り返すメタ認知的示唆が子どもにはどのくらい自分のものとして取り込まれているかを調査した[25]。全体70項目のメタ認知的な発問や指示が「いつも頭にうかぶ」かを小学2～5年生に評定させた。その結果，成績上位群と下位群とで反応傾向が異なった項目が多数あった。各学年の上位群に印象の強い項目は「前に同じような問題をやったことがあるかな」「問題によっては，別のとき方もあるぞ」など6項目であったが，逆に下位群に印象の強いものもあり，それは「算数では，自分で勝手に決めることができる」「たし算，ひき算，かけ算，わり算のうちどれかな」など4項目であった。また低学年から高学年になるにつれ，下位群から上位群へと印象の強さが逆転するものが，「ほかの方法はないかな」「頭の中で書いてみよう」など14項目だった。さらに小学3，4年生だけ上位群に印象が強く，低学年と高学年は下位群に印象が強いものが「問題は計算だけでできるとはかぎらないぞ」「もう一回やり直そう」など7項目あったという。用意された項目は授業中にありがちな発話だが，これらのメタ認知的知識の効力は学習内容や学習の達成段階によって個々に異なり，いつでも適切というわけではない。成績不振児はメタ認知的知識を使わないというわけではなく，メタ認知的知識の利用が成功していないととらえるべきである。

よくわからないというのは，やはりメタ認知の出発点である。わからないという認知空間の存在を受容し，将来の克服可能性を示唆する環境によって支えられ得るものであろう。子どものメタ認知の発達が，単に認知課題にとどまらず，自立した人格への成長をいかに支えるかを明らかにし，これを育むことは，思春期・青年期を見通した教育の課題である。

【演習問題】

1　慣れていない作業を一つ決めて，その開始から終了まで頭に浮かぶことを残らず独り言にして録音してみよう。それを再生してメタ認知に関するどのようなプロトコル（発話データ）が得られるだろうか。
2　世間に出回っている学習術や記憶術についての本を検討し，メタ認知に相当することがらを抜き出してみよう。
3　メタ認知と認知活動は一方が停滞するとき他方が活発だという逆転関係にあるとする命題を，例を挙げながら考察してみよう。
4　認知状態の曖昧さに耐えられないという認知スタイルを変えるにはどんな方法があるか，考察してみよう。

【参考文献】

・市川伸一(編)　1996　認知心理学4　思考　波多野誼余夫(編)　認知心理学5　学習と発達　東京大学出版会
　　メタ認知の問題を含め，最近の認知研究の動向が紹介されている。
・ジョン・ホルト　吉田章宏(監訳)　1981　子ども達はどうつまずくか　評論社
　　教室場面の観察から子どもの学習困難を描き，教育への再考を求めた事例と啓蒙の書。
・マリリン・バーンズ　左京久代(訳)　1985　子どものためのライフ・スタイル　考える練習をしよう　晶文社
　　10歳以上の子どもの「頭を柔らかくする」絵本。
・T. ギロビッチ　守一雄・守秀子(訳)　1993　人間この信じやすきもの——迷信・誤信はどうして生まれるか　新曜社
　　人々の間にある信念・誤謬の数々を紹介している。
・海保博之・原田悦子　1993　プロトコル分析入門——発話データから何を読むか　新曜社
　　認知過程をことばにするというのはどれだけの証拠になるのか，その根本問題を考え，また発話データの実際の処理について検討している。

第7章 自己制御と自己評価の教育

「自己制御学習」は，読者にとって耳慣れない言葉かもしれない。この学習を特徴づけるのは，みずから学ぼうとする意欲，みずから学ぶことを選びとる自由，みずからの学びを変えていこうとする積極的態度である。自己制御学習とは，学習を学習者自身に取り戻す試み，と言ってもいいかもしれない。

第1節　自己評価と自己制御学習の定義

わが国の教育界では，1980年頃から**自己学習**や**自己教育**，あるいは**自己学習(能)力**や**自己教育(能)力**という言葉が頻繁に用いられるようになっている。一般的な定義と思われるものでは，自己学習とは「子どもたちの向上心・探求心や学びたいという願いにもとづいて，自ら学び自己実現を図っていこうとする営み[14]」を指すとされている。さらに自己学習能力については，「その自己学習を成立させる能力および態度」と定義[14]されている。

自己評価という言葉も用いられることがある。教育評価を評価の主体から評価の客体への働きかけとしてとらえると，自己評価とは評価の主体も客体も学習者である場合である。つまり，学習者が自分の学習の過程や結果について自ら評価する行為である。このように考えると，自己学習，自己教育や自己評価が密接に関連することがわかるだろう。

このため，自己学習の過程と自己学習の評価を1つの過程として検討することも可能であろう。この1つの過程を表すため，自己学習や自己教育ではなく，**自己制御学習** (self-regulated learning)という言葉を用いる。学習は学習者が行うのが当然であるので，自己学習の自己という言葉はある意味で蛇足とすら思

われる。むしろ自己制御学習と呼ぶことで，学習者が自己の学習過程を自分で統制したり制御する程度が強いことを，明らかにしたいと筆者は考える。その意味では，「自己学習」という言葉は，意味があまり明確ではない。

以下，本章では最初に自己制御学習の定義について検討する。次に自己制御学習を構成する諸要因や過程について，例を交えて解説する。最後に自己制御学習の今後の問題について検討する。

まず自己制御という言葉を何の説明もせずに用いたが，自己制御とは何だろうか。ここでは，「**自己制御**とは，個人が自分自身の学習過程の中で，メタ認知的であり，動機づけられており，積極的に行動に関与すること[42]」という定義に従うことにする。

しかしながらメタ認知，学習過程，**動機づけ**のような，基本過程は，概念自体がかなり重なり合っている。これは，研究者たちの視点の違いから来るところも大きい[44]。ジマーマンによれば，**自己制御学習**にかかわる理論には，オペラント学習理論[24]，現象学[22]，社会認知理論[43]，ヴィゴツキーの理論[34]，意志理論[9][13]，帰属理論[10][29]，情報処理理論[32][11]，構成主義[31]などがあるという[43]。このために自己制御学習のさまざまな実証研究を統合する理論的枠組を見出すことが必要である。

→巻末用語

今までの研究をまとめると，自己制御の条件は学習者が自己の学習で選択や統制をすることができることだろう。この基準からいえば，子どもの自己制御学習をしているかどうかは，子どもが学習の**選択権**を持つこと，つまり子どもが好む方法で学習を遂行するかどうかにかかっている。さらに，学習に個人的な価値をおいているかどうか，その結果（自己制御学習）を自発的に**自己統制**して使うかどうかが重要だという見方もある。このように，学習者が学習において，方法に限らず何らかの選択を行っていることが，自己制御学習の必要条件だと考えられる。

このように述べると，自己制御学習は，それ自体が独立した研究領域という

よりは，他の学習や認知研究領域の学際的な領域であることがわかるだろう。そのため，他の章で述べられている知見は，自己制御学習にもそのまま当てはまるものが多いことを，断っておく。特に「メタ認知」や「動機づけ」の章も，同時に参照してほしい。本章では，メタ認知や動機づけ，行動のすべてが自己制御学習にとって重要である点を強調し，他の章で扱われていない論点について述べるにとどめることとする。

第2節　自己制御学習へのアプローチ

　ジマーマンは，自己制御学習研究を複数の次元(学習を構成する要素)と複数の領域(学習を状況的とみるか特性とみるか)の組み合わせによって，統合的に説明する方法をとっている[44]。これが現在，自己制御学習にとって一番包括的なアプローチだと考えられるので，まずジマーマンのアプローチを一部修正して，説明しよう。
　彼の説明では，自己制御学習への見方として「学習の動機」，「学習の方法」，「遂行の結果」，「学習環境」の4つの次元を取り出している。「動機」は，学習を自己制御する子どもの動機づけとして位置づけている。次に「方法」は，子どもが学習を自己制御する「方法」と考えられる。3番目の「遂行結果」は，学業成績を自己制御する子どもの成果に関するものである。最後の**学習環境**は，自己制御学習者が環境とどのようにかかわるかについてである。さらに自己制御学習について3つの領域が考えられている。「課題条件」，「自己制御的属性」，「自己制御過程」である。「課題条件」とは，学習者にどの程度選択する自由が与えられているかに関する条件である。「自己制御的属性」とは，学習者がもつ，自己制御に関する傾向や性格特性を表す。最後の**自己制御過程**とは，実際の学習時の過程で用いられる方略等についてである(表7-1)。
　では，以下ジマーマンのモデルに沿って，自己制御学習のそれぞれの次元

について簡単に触れよう。

課題の条件

自己制御学習は，その定義からして学習における個人の選択権や**自己決定権**が必須である。そのために課題の条件として，参加の選択，方法の選択，遂行結果の選択，社会的場面や物理的な場面の選択が考えられている。

まず「参加の選択」とは，問題解決に参加するかしないかを選択させることである。しかし多くの学校教育の場面で，学習活動自体に参加しないわけにはいかないことが多い。そのために，教育やあるいは実験においては，すべてではないにしても，ある種の活動への参加の選択権を与えている。たとえばバンデューラらは，実験終了後のポスト・テストに，別の課題をするかどうかを選ぶ自由を与えている[2]。このような活動への参加の選択は，わが国の実践教育では，多くの場合には，複数の活動の内のいずれかを選ぶ権利として子どもに与えられていることがある。

第2の「方法の選択」は，文字通り方法を選ぶということである。また，自

表7-1 自己制御学習の次元の概念的分析

次元	課題条件	領　域 自己制御的属性	自己制御過程
動機	参加の選択	内発的	目標，自己効力，価値，帰属など
方法	方法の選択	制御的あるいは自動的	方略使用，リラクゼーションなど
遂行結果	遂行結果の選択	遂行結果への自覚	セルフ・モニタリング，行為統制，意志など
環境（社会）	社会的場面や物理的場面の選択	環境的，社会的な敏感さと柔軟性	環境の構造化，援助要請など

出典：Zimmerman 1994 p.8を一部修正。

分のペースで学習することも，方法の選択の一例である。これによって，学習が模範とするモデルの時間の使い方や自信が被験者の時間の使い方や自信に影響することも知られている[4][45][49]。

第3に「遂行結果を選ぶ」ことは，学習の結果として得られるものを，学習者自身が決めるということである[44]。これは遂行結果に関する**セルフモニタリング**を促進すると考えられる。

最後に，社会的，物理的環境の選択があげられる。ある小論文を書かせる実験で，プランニングの時にモデルとなる論文の選択を自由にできるようにした。すると，モデルの論文をコンピュータでアクセスすることと実際に書いた論文の質とに有意な正の相関があったと報告されている[33]。

またわが国では，一部の学校において，「週間プログラム」や「オープン・タイム」のような学習カリキュラムの中で，自由に課題や，その学習や解決の方法，学習場所を子どもが選んで学習することができる[1]。これによって自己制御的な学習が，課題条件の面で保障されているのである。

自己制御的属性

自己制御的属性では，次の4つを取り上げている。まず内発的動機づけ傾向，制御的学習方法あるいは自動的な学習方法，遂行結果への自己覚知，環境的あるいは社会的に敏感で臨機応変であること，である。この次元は，自己制御的な属性や特性の高い人を同定して，その個人的な属性についてより深く理解するために，設けられている。

動機づけ　自己制御学習研究では，他者から外的に統制されなくても，自己制御するという意味で，**内発的動機づけ**が重視される。まず自己制御的な人は，より内発的に動機づけられている。内発的動機づけ等については，詳しくは動機づけの章を参照されたい。

ジマーマンらは，自己制御的な学習方略を使うと報告した子どもは，自主

学習を積極的にしたり，宿題として出されなくても授業に関係のあることを調べると述べている。これは，**自己効力感**や**目標設定**により引き起こされると考えられる(44)。また同じ学習でも学習におく価値が異なることで，そこで用いられる学習方略や，学習の方法が異なるという研究もある(30)。

制御的な学習方法と自動的な学習方法　方法に関する自己制御的な生徒の属性としては，制御的な学習方法と自動的な学習の方法が考えられる。**制御的な学習方法**とは，意識的な自己制御の仕方であり，自動的な学習方法とは，学習方法自体を意識せずに行える学習のあり方である。

優れた自己制御をする生徒は，目標設定，プランニング，体制化や変換，リハーサルや記憶化，記録を取ることやセルフモニタリング，結果への自己覚知などを多くする特徴があるとされる（これは，次の自己制御過程の節で詳しく扱う）。この自己制御方略の方が，認知方略よりも学業達成を予測することが示されている。つまり，生徒は自己制御過程に焦点をあてた学習方略を必要としているのである。

だが熟達するにつれて，生徒の認知的機能は自動化されていく。しかし自己制御の熟達化は，制御的な状態から自動化の状態への変化にとどまらない。**優れた自己制御学習者は，自動的な処理が困難な場合には，制御的な処理も行うことが可能である**(7)ことは，指摘しておく必要があるだろう。

また生徒が学業達成を自己制御するためには，行動の結果への**自己覚如**（self-awareness）が必要である。この自己覚如をする傾向が高い人もいれば，低い人もいるだろう。たとえば試験に対して前もってどう臨めばいいかを，わかっている生徒とわかっていない生徒が実際にいる。この自己覚如をする傾向が高いほど，教科書を復習した結果や授業のノートを保存しておく傾向が高いこともわかっている(47)。さらにハンター－ブランクスらの**研究**では，難しい課題と易しい課題の違いをモニターできている人ほど，課題成績の自己評価が正確であり，実際に成績も高いことを示している。つまりセルフモニタリング

の正確さが，自己制御的な遂行成績に直接影響したのである(15)。こうしたセルフモニタリングについて，詳しくは「メタ認知」の章を参照されたい。

学習環境 最後に，自己制御的な生徒は学習に関する社会的環境や物理的環境の効果について敏感であり，より柔軟である。こうした学習者は一般の子どもよりも学習の場を組織化したり再構成する傾向がある。

無藤・上淵・沓澤は，家庭での学習における，子どもの学習環境の**構造化**について調査を行った(26)。その結果，自己制御的と考えられる傾向をもつ子どもは，家庭で学習をしやすくするために，換気を行ったり，照明に気を配るなどの活動を行い，また積極的に資料や学習機器を用いて学習することが示されている。

また自己制御的な傾向の子どもは，**社会的支援**を普通の子どもよりも求める傾向が高いとされる(44)。これに対する批判として，援助要請は学習者が他者に依存していることを表すものであり，自己制御ではないという声もある。ニューマンは，しかしながら自己制御的な生徒の示す援助要請のタイプは，その形態によって単なる依存とは異なることを指摘した(27)。つまり，学習者の視野の範囲内で選択的に援助が要請され，それは有能だとわかっている人に直接向かっているのである。この意味において，社会的資源から情報を得ることは，本などの書かれた資源から情報を得ることと違いがない。

自己制御過程

実際に自己制御学習を進めるためには，さまざまな方略を獲得し，それを種々の学習場面で使い分けなければならない。ジマーマンらは，自己制御方略の使用を測定する質問項目を作り上げた(表7-2)(46)。これは体制化・変換，リハーサル・記憶，目標設定とプランニング，自己評価，情報探索，自己責任性，社会的支援の探索，記録をまとめる，などの，多くの方略が存在する。これらの方略は，個人内の情報処理に限られるものや，環境自体に働きかけるも

の，あるいは学習過程のメタ認知に相当するものがある。またミースらなども，自己制御方略の質問紙を作り上げている(23)。

　自己制御方略は，研究者によって取りあげ方が少しずつ異なるが，学習に関するさまざまな情報処理とそれに対するメタ認知を含むという意味では，一貫している。これらの方略の中から，目標設定と援助要請について，以下具体的に検討しよう。

　目標設定　動機づけの章で触れられている**達成目標**は，子どもが学習のどの側面に価値を置くのかという問題であった。一方，**目標設定**(goal setting)とは，たとえば「能力を伸ばす」という学習に関する価値を考えた場合に，「どのくらい」能力を伸ばすことを目標とするのかということである。つまり，目標設定とは，ある価値次元上での目標の位置の設定と考えられる。学習や問題解決において，目標をどのように設定するかが，自己制御過程や遂行に影響することが知られている(19)。特に目標設定で問題となる点は，目標の内容と強度である。

　まず目標の「内容」としては，特殊性と困難度が研究されている。**特殊性**とは，目標をどの程度具体的に示しているかということである。たとえば「今度のテストでいい点をとる」という目標よりも，「今度のテストでは80点をとる」という目標の方が特殊的である。また**困難度**は，課題達成の難しさを表すものである。

　この特殊性と困難度については，次の3つのことが知られている。第1に，中程度に困難な目標の時が，一番成績が高い。この知見は，動機づけの領域でよく主張されたことである。第2に特殊で困難な目標は，曖昧で困難な目標や，曖昧で簡単な目標を設定するよりも，高い成績をもたらすとされている。たとえばメントらの研究(25)によると，「最善を尽くす」という曖昧なことを目標とした人は，特殊で難しい目標を設定した人びとよりも，将来とり得る成績を予測した際に，その成績に満足するだろうと答えた。最善を尽くすという曖昧さ

表7-2　自己制御学習方略の質問紙

方略のカテゴリー	定　義
1. 自己評価	学習の進歩の質を，子どもが自ら評価する。 例：「自分の勉強が正しかったか，確認する」
2. 体制化と変換	学習を進めるために，子どもが自ら教材をまとめ直す。 例：「作文を書く前に，まとめてみる」
3. 目標とプランニング	目標や下位目標を子どもが立てて，これらの目標に関連する活動をする。 例：「まず試験の2週間前から勉強を始めて，調子を上げていく」
4. 情報探索	人以外の資源から将来の課題情報を確保するための，自発的な努力。 例：「作文を書く前に，図書館に行ってできるだけたくさん情報を集める」
5. 記録をとることとモニタリング	事実や結果を記録するために，自発的に努力する。 例：「授業の討論のノートをとった」「間違えた単語のリストを作った」
6. 環境の構造変化	学習を容易にするために，自発的に物理的環境を選んだり，環境を整える。 例：「ひとりになる」「集中できるようにラジオをとめる」
7. 結果の自己覚知	成功や失敗に対する，報酬や罰を考えるか，想像すること。 例：「テストができたら，映画を見に行くことにする」
8. リハーサルと記憶	教材を覚えるために有形無形の努力を，自発的にすること。 例：「数学のテストに備えて，公式を覚えるまで書き取る」
9. 社会的支援の要請	仲間，教師，大人から援助を得る努力を，自発的にする。 例：「数学の宿題がわからないので，友達に助けてもらう」
10. 記録のまとめ	将来の授業やテストに備えて，以前のテストやノートや教科書を自発的に見返すこと。 例：「テストに備えて，ノートを見返す」
11. その他	他人（教師や親）から言われて学習すること。 例：「先生から言われたことをするだけだ」

出典：Zimmerman & Martinez-Pons　1990　を一部改変。

のために，高い成績でなくとも満足したと考えられる。このために，最善を尽くす人びとは，特殊で難しい目標を設定する人よりも，低い遂行をすることがある[19][20]。第3に，極めて特殊な目標を設定する人びとは，曖昧な目標を設定する人びとよりも，成績にばらつきが少ない。つまり曖昧な目標を立てる人び

とは，どの成績が目標に合うかの判断も曖昧になるので，成績が人によって変わると考えられる[18]。

また**目標の強度**(目標追求の強さ)も，問題解決と関係する。ゴルウィッツァーらの研究[12]では，問題解決の方法を一所懸命考えた被験者は，問題を解くことに傾倒し，実際に問題を解ける傾向が強かった。

一方，問題解決にあたって，しばしば問題解決をいくつかの段階に分割し，それぞれの段階ごとに下位目標(**近接目標**)を立てて，その達成を目指し，最終的に究極の目標(**遠隔目標**)を達成することが行われる。ストックらは，近接目標と遠隔目標が，次のような形で自己制御過程に影響すると述べている[40]。第1に近接目標をおくことは，複雑な課題を完了するために必要な，人びとの**自己効力**を高める。課題を完了するために遠隔目標に加えて，近接目標を立てる

近接目標か目標内容か

本文中に示したように，おおざっぱな遠隔目標を立てるだけではなく，それを達成するための下位目標として近接目標を立てることは重要である。また，学校教育においても，「めあて」や「ねらい・願い」[16]のような形で目標を立てることが，重視されている。

しかし，近接目標が課題全体の達成を促進できない状況も存在する。たとえば特殊な近接目標には，課題の下位過程結果と直接関連する活動のみに注意を集中させて，課題解決全体への思考や問題解決活動を損なうことがありうる。

そのために，ロックとレイサムは，近接目標を立てることがすべて有効なのではなく，むしろ先に述べた目標の内容(特殊性・困難度)が，自己制御的学習に影響するとみる方が一般性が高いと主張した[19][20]。まず目標の特殊性が，方略使用に影響すると考えられる。すなわちより特殊な方が，より分析的，体系的な方略使用を可能にするとされた。第2に目標設定の困難度が，自己効力や自己評価と関連して，成績に影響を与えると考えられる。したがって困難な目標を立てた方が，易しい目標を立てた者よりも成績が高いという。しかし目標を立てなかった者の成績は，自己効力や自己評価とは関係がなかったのである。

人びとは,遠隔目標しか立てない人びとと比べると,最初から自己効力が高い。課題を心的にばらばらにすることは,課題を扱いやすくして,効果的に課題を遂行することができるという知覚を高めるという。第2に近接目標に到達することは,自己効力を高める。第3に近接目標の達成は,自己評価を高める。遠隔目標しか立てていない人は,すぐには自己評価を高められない。第4に近接目標を立てる人は,立てない人と比べて,有意に課題遂行時間が長い。

　このように目標設定や設定される目標の内容が自己制御学習に影響することが,最近の研究で明らかにされつつある。

　援助要請　自己制御学習は自分一人で何もかもできるようにすることではない。むしろ一人では学習できない場合に他者から有効な援助を得るというのも,結局は不可能を可能にし,学習者にとっては有利になる。このような**援助要請**(help-seeking)は,他の方略とはやや異なる性質をもっている。すなわち援助要請は,学習を有利にするための環境の制御なのである。しかし援助要請を子どもがする場合に問題になるのは,他者から援助をもらうことが自尊心や**有能感**に影響することである。ニューマンによると,援助要請は子どもにとってある種のリスクとなるという[27]。それは,援助要請をすることで,他者から能力が低いと思われたり,自分が能力が低いことを認めることになる可能性があるからだ。だが一方ですべての子どもがやせ我慢しているわけではない。

　ニューマンらは,学習者の特性によって援助要請行動にどのような差が生じるのかを検討している[28]。この研究では,小学校3年生,5年生,中学1年生を対象として,4つの質問紙を実施した。質問紙は,援助要請を求める傾向に関するもの,援助要請をすることの利益と損失の評定に関する質問紙,内発的動機づけに関する質問紙(挑戦と独立熟達の2つの尺度に分かれる),そして有能感を測定する質問紙から構成されていた。その結果,学年が上になるほど援助要請を行うことで損をすると考えていた。これは,学年が上昇するにつれて学校の環境が競争的になってくることや,青年期には仲間関係に対して敏感にな

るためと考えられる。また小学校3年生と5年生では挑戦志向が高いほど援助要請をして,反対に独立熟達志向が高いほど援助要請をしないことがわかった。一方中学1年生では,有能感が高い子どもほど,援助要請の損失を低く見積もるので,援助要請をすることが示された。

　このような学年差についてニューマンらは十分な考察を行っていないが,おそらく学年が上がるにつれて,有能感のような自己の能力に関する評価が安定し始め,他者との比較によって自己評価を高めたり,現在の自己評価を維持するような行動を始めることと関係するのかも知れない[39]。つまり有能感の高い人を自尊心も高いとみなすならば,中学1年生で自尊心の高い人は,援助要請を成功につながる道具的手段と考えやすく,援助要請を能力が低い証拠とはみなさないが,一方で自尊心の低い人は援助要請を能力が低い証拠だと思う,と考えられる[28]。しかし小学校3年生や5年生は,まだ自己評価を高めたり維持するような行動はせず,むしろ素朴な内発的動機づけ(挑戦志向)が高いほど,課題解決のために必要な道具的手段として援助要請を用いるのではないか。一方,独立熟達志向が高いほど援助要請をしないのは,一人で課題をやり遂げようとする気持ちの表れとみることができる。

　このように援助要請という方略の使用をとってみても,それは発達によって異なる要因が,異なる理由のために影響することが示されている。ゆえにニューマンとゴールディンは,子どものもつ目標や子どもの置かれている課題状況によって,援助要請を再構造化する必要性を説いている[28]。

　先にも述べたように,子どもが他者に援助を求めることは,学習者として自立していないと思われがちであるが,大人であっても一人だけですべてのことをやりとげることは,事実上不可能である。そのため,社会的な援助を求められること自体が,学習を積極的に進めていく上では不可欠なのである。

第3節　自己制御学習を促す介入研究と教育実践

　介入研究の多くは，自己制御学習がうまくできない子どもに，制御方略を教えたり**モデリング**をさせて，制御方略を学習させるというスタイルを用いている。たとえばレイドとボルコウスキーは，学習障害児や，多動児の信念やセルフ・コントロールが，方略使用に及ぼす効果を検証した[32]。この研究では，子どもに2つの記憶方略（関連する単語と単語を対にして覚える方法と関連ある単語をいくつかまとめて覚える方法）を詳しく紹介した。そして教師が見本を示して，方略を使っている最中にうまく方略を使えているかどうかモニターすることを学習させた。また成功するためには努力が必要であるという認識を強めたり，自己決定感を高めるようにした。その結果，この訓練を受けた子どもは，方略を他の学習にも適用したり，続けて使えるようになった。この点についてボルコウスキィとソープは，自己制御方略（記憶の方略）や，動機づけの過程（努力や自己決定感）とメタ認知（モニタリング）が相互に影響しあったために成功したのだと主張している[5]。すなわち自己制御学習には，この3つが必要不可欠だということがわかったのである。

　またシャンクとスウォーツは，作文を書く時の自己効力や作文の方略の使用に及ぼす，目標志向性や学習の進歩のフィードバックの効果を検討した[37]。この研究に参加した子どもは，学力は平均的だが作文の自己効力は低い子たちである。研究で用いた作文の方略は，5つに分かれる。1)作文のテーマを決めること，2)テーマに関するアイディアを書き留めること，3)主要なアイディアを拾い出すこと，4)段落の構成を考えること，5)主要なアイディアや残りの文章を書き上げることである。これらの方略を，45分間の授業の中で次のように教えている。まず教師が10分間にわたって，考えていることを声に出しながら実行してモデルを示した。次に15分間，各々の子どもは教師に教わりながら，自

分で作文を書いた。最後に20分間，子どもは教師に教わらずに作文を書いた。このような授業を20日間にわたって実践したのである。この際に子どもは4つの群に分けられた。これらは，課題志向性を教示される群(課題志向性群)，課題志向性の教示と作文の質の進歩をフィードバックされる群(課題志向性＋フィードバック群)，自我志向性を教示される群(自我志向性群)，一般的な目標教示をされる群である(一般目標群)。ここで課題志向性群は，作文をどうやって書いたらいいかを理解するために学習することを教示され，自我志向性群は，学習することをよく覚えることを教示され，一般目標群は一所懸命やることを教示された。その結果，課題志向性＋フィードバック群は，自我志向性群や一般目標群よりも作文の自己効力を高く認知していた。また課題志向性群も一般目標群より作文の自己効力が高かった。また作文の技能も課題志向性群と課題志向性＋フィードバック群が，自我志向性群よりも高かった。このように目標志向性や自己効力が，子どもが自己制御学習を進めたり自己制御方略を身につける際に重要であることが，介入研究でも明らかとなった。

　一方，わが国の実践として，兵庫県の但東町立合橋小学校で行われた実践[17]を紹介しよう。この小学校では，学校の**オープンスペース化**(物理的な学習環境)と**個性化教育**(方略)とが同時並行的に行われた点で興味深い。合橋小学校では，子どもによって課題を変えたり，1単元の時間数を子どもに提示して，その中で学習のペースを子ども自身が計画できるように工夫した。また子どもによっては，他の子どもと一緒に机で学びたがる子どももいれば，座卓などで勉強したがる子どももいる。こうした子どもの学習の仕方については，その個性を認めている(これは愛知県東浦町立緒川小学校などでも見られる[1])。また学習計画を子どもが立てるにあたっては，低学年の子どもには適切なモデルとなる時間配分を示している。そして学習の進度に関する自己点検カードへの記入を習慣づけさせている。こうした実践の結果，6年間をかけて子どもの自主的な学習にまかせる教師の姿勢や，教育が確立しつつある。

第4節　今後の課題

　自己制御学習の代表的な研究者である，シャンクとジマーマン(1994)は，過去の自己制御学習研究を振り返って，6つの問題点を示している。

　第1に各研究で扱っている自己制御学習自体が，研究によってバラバラである。ただこれは，自己制御学習が，動機づけやメタ認知など，いろいろな分野と重なるために，必然的に生じる問題と考えられる。

　第2に，教室現場で，実際に子どもが学習に使っている方略を調べることが必要である。しかし実際には，質問紙に「ふだんの学習の仕方」を回答させる研究が大半を占めていて，実際の子どもの様子はわからない。もっと生の子どもの姿を研究をする必要があるだろう。

　第3に多くの研究は短い期間の効果しかみていない。しかし，子どもの教育にとって大切なのは，教育の効果が長い期間にわたって定着することである。しかしそのように長い期間を追跡して，子どもたちの自己制御学習のあり方をみる研究は，非常に少ない。自己制御方略などは，ただ教えただけでは身につかず，日常生活でどのように使えるのかについてわかることが必要であり，また学んだ方略に効果があるという信念を子どもがもたなくて，定着しないのである。したがって，今後は長期間の追跡研究がもっと必要であろう。

　第4に本章の紹介の仕方も同様だが，表7-1に示した，自己制御学習の要素の一部(目標設定や方略など)にのみに絞って行われる研究が多すぎて，各要素間の関係を全体的にみることができない研究が圧倒的に多い，という問題がある。

　第5に一人ひとりの子どもの学習には，その子なりのペースや特性がある。したがって自己制御学習も，全員が横並びに行っている訳ではなく，個人差が存在する。それを丁寧に見取っていき，個別指導計画を立てていく必要があるだろう。

第6に自己制御学習は，様々な立場からされており，統合的な理論的立場は現在のところ存在しない。また統合理論を立てる前にまず，各理論の立場をよく知る必要がある。

さて筆者からの問題提起を最後にしたい。シャンクとジマーマン(1994)は，自己制御学習を意識的にするものとしてみている。しかし人間行動には，無意識的あるいは無意図的に行われているものが多い。自己制御学習のような意図的・意志的な行為の代表でも，同様である。例えばバージとゴルヴィッツアー(1994)やカーヴァーら(1983)は，環境や状況から触発されて無意識的に目標が喚起され，それが個人の行動を制御していくという立場を採っている。

上記のように考えると，自己制御学習がうまくできない子どもたちが自己制御学習ができるようにするためには，無意識的な目標や方略を学習者にとって意識できるものにする必要があるだろう。したがって質問紙に頼る研究では，意識できない重要な要素を見落としている可能性がある。ゆえに，今後は自己制御学習の起こっている無意識的な過程そのものに目を向けた研究を行う必要がある。

愛着と自己制御学習

愛着と自己制御学習の関係についても，近年研究が行われている。たとえば自己制御学習がうまくできない子どもの中には，発達早期の**愛着関係**が不安定な者がいる。彼らは，養育者との分離や再開場面においてストレスや情緒的混乱を生じたために，**環境探索行動**のための**認知的柔軟性**が妨げられたのだとされている[6]。また，安定型の**愛着スタイル**をもつ母親は，問題解決の方法を積極的に子どもに教えて，子どもが一人でやれるように次第に主導権を握らせることが知られているが，不安定型の母親は，問題解決のスキルを教えることが比較的少ない[5]。

このような学習と社会情緒性との関連については，最近指摘されることが多いが[21][35][36][41]，十分に解明されたとは思われない。

【演習問題】
1 子どもが学習を自己制御するために必要な要因は何か。またなぜそれが必要なのかを考えてみよう。
2 学習をする際に他人からの援助を求めることの意義について考えてみよう。
3 自己制御学習とその他の学習の違いはどういう点にあるか。

【参考文献】
- Zimmerman, B. J. & Schunk, D. L.(Eds.) 1989 *Self-regulated learning and academic performance*. New York: Springer-Verlag.
- Schunk, D. L. & Zimmerman, B. J.(Eds.) 1994 *Self-regulation of learning and performance*. New Jersey: Larwrence Erlbaum Associates.

　　以上は，同じ編者による，自己制御学習に関する必読の書である。英文ではあるが，読みやすく書かれている。
- 北尾倫彦(編著) 1991 自己教育の心理学　有斐閣

　　「自己教育」をキーワードに，教育心理学の各領域をまとめた好著である。
- 波多野誼余夫(編著) 1980 自己学習能力を育てる —— 学校の新しい役割　東京大学出版会

　　わが国に「自己学習」という言葉を広めた名著。残念ながら「自己学習能力」そのものの理論的定義が，本書では明らかにされていないし，内容もかなり古くなってはいるが，その意味は決して古びてはいない。

学校における他者とのかかわり

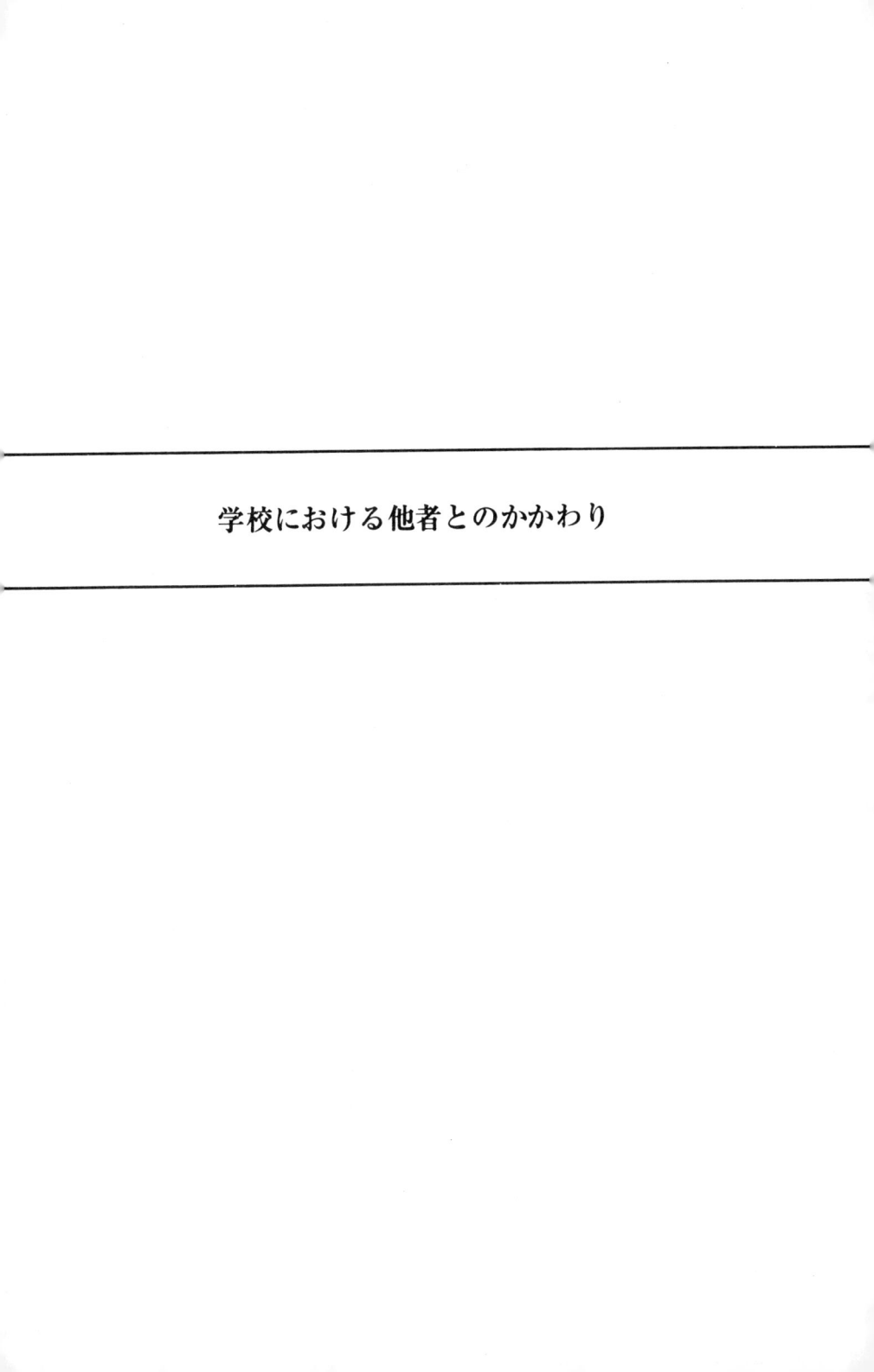

第8章　学習を支える状況

　学校の授業で「何時？」と聞かれたから「2時30分」と答えた。すると，尋ねた人から「よろしい」と評価され，それを聞いてほっとする。けれども，日常の生活では時間を教えてあげたら「ありがとう」と言われるのが普通だろう。「学校だから」なされる認知の仕方や行動の仕方がある。本章では，学習にかかわる認知やふるまいが「学校」，「教室」，「授業」といった特定の文化的，社会的**状況**(context)にいかに規定されているかをみていくことにする。

第1節　問題解決の状況依存

日常生活における問題解決

　学校の授業で習った書きことばや文法，算数の問題の解き方は，日常生活では使うことがなかったり，うまく使いこなせなかったりする。かといって，日常生活では，学校で習うほど難しい課題に直面しないわけではない。時に，切々と手紙を綴ったり，独創的な比喩を用いたり，買い物で何が買い得か量や値段を比較したりする。学校と日常生活では，問題の発生する状況や問題の性質，解決の手続きなどが異なっているのである。

　日常生活における計算という活動は，買い物やダイエット，金銭管理といった状況に固有な方法で行われる[6]。レイヴによれば，スーパーで食料品を購入するにあたり，計算は，買い物客が味など質的な規準によって商品を決めがたくなったとき，自分の商品選択の仕方に合理性を与える問題解決の手段なのである。たとえば，計算によって価格が安いことがわかると，収納能力よりも金銭的な功利性を優先させて大きい方のパックを選択するのである。

表 8-1 スーパーにおける買い物場面での計算の仕方

> **買物客**：でもこれは，ちっとも得にはならないのよ。ほらこっちのは3ポンドで1ドル79セントでしょう。だけど，あっちのは1ポンドで59セントですもの。
>
> けれども，1ポンド詰めと思い込んでいたアメリカンビューティ社の二つのスパゲティのパックのうちの一方は，12オンスしかなかった。すぐに，パックに印刷されている重量に気がついてこう訂正した。
>
> **買物客**：ごめんなさい，ちがったわ。これは12オンスなのね。じゃ大きい方が得するわけね。

出典：Lave, J. 無藤隆・山下清美・中野茂・中村美代子(訳) 1995 日常生活の認知行動 —— ひとは日常生活でどう計算し，実践するか 新曜社 244-245.
※この事例では，3ポンド入りは＄1.79を＄1.8と概数にして＄1.8÷3で1ポンド当たり60¢と概算し，「あっち」の1ポンド当たり59¢に比べほぼ等価であるとした。ところが，商品情報をチェックしたら「あっち」の方は1ポンドに満たなかったので，3ポンド入りの方がお買い得だという結論になった。

　計算による問題解決過程では，買い物客は，複雑な計算を要する問題を積極的に自分で作り出し，自分で解決している(表8-1)。しかも，問題解決のために必要ないくつかの行為が，弁別しがたく起きている。つまり，価格の計算という手段を選択し，価格や量などの商品情報をチェックし，計算問題をたて，平均で2.5回の計算を実演し，問題解決の方法の妥当性をチェックするという諸行為は，表8-1の発話に凝縮されているように同時進行で起こっているのである。だから，時として，価格計算が煩雑な場合は，計算自体をあきらめ，店を移るという別の問題解決の選択肢を選ぶこともある。この場合，店を移ることで，価格の計算という当初の問題自体も存在しなくなる。
　つまり，計算という活動のあり方は，スーパーでの買い物という状況によって規定されているのである。買い物においては，何が買い得であるのか「知ること」と計算を「行うこと」は結びついており，問題が行為の生成と同時進行で定義され解決されていくところに，問題解決としての特徴がある。

学校における問題解決

　学校での学習で目指されているのは，子どもが，学問文化の見方を用いて現実の世界に新たな意味づけを行うことである。問題解決においては，現実の世界を対象化し，解決すべき問題を設定し，抽象化や論証という方法で問題を自覚的に解決するという過程を経る。この点で，問題の設定と解決が不可分な日常生活での問題解決とは異なる。

　たとえば，計算を伴う算数の問題解決では，数学の学問文化がもつ数による抽象化を意識的に行うことになる。学習者は，まず，現実的な世界から数的な処理を要する問題を切り出し，そして，その問題を数や記号によって抽象化することでとらえなおし，抽象化された世界で数的処理を行い解を求める。その結果を現実的な世界の中で再解釈し有効な解であるかを見極めるのである。

　この手続きは，小学1年生の一桁のたし算の授業においても行われる。表8-2の事例では，単元の展開にしたがい，問題の設定，道具や記号による抽象化と記号操作，結果の再解釈という手続きを経ることで，2＋3＝5という式に込められた現実世界の意味を子どもに追究させている。

　ただし，この手続きは子どもにとって容易なことではない。問題の設定の段階で，子どもがハトの挿し絵を見て作った「たし算のお話」には，表8-2の①〜③のようにたし算の条件として必要でないにもかかわらず，ハトがエサを食べたり遊んだりするなど飛んで集う理由が描かれることがある。一方で，①や②のように「たし算のお話」に必要な条件が満たされなかったりする。問題の設定とは，ハトが飛び集う風景をたされる数，たす数，加算の要求という条件を伴って論理的に再構成することなのである。さらに，続く抽象化の展開で，子どもはたされる数，たす数，合計の数に異なる色のおはじきを対応させてしまう。子どもは，お話に出てくるハトの種別にこだわり，数の加算の前提となるハトの個体に着目していないのである。数字や記号によって抽象化し加算す

表8-2 算数科「たし算」の単元の展開（小学1年生）

展開	子どもの活動						
問題の設定	○白いハトと灰色のハトのさし絵を見て「たし算のお話」を作ろう。						
				たし算に必要な条件			教科書のさし絵
	子どもが作ったお話	集う理由	たされる数	たす数	加算の要求		
	①はいいろのはとが3わとんできました。しろいはともあそぼうっていってきました。	あそぶ	あり	なし	なし		
	②はいいろのはとが3わいました。そこへしろいはとが2わきました。しろいはとが、ねね(ねぇねぇ)かくれんぼしましょう。	かくれんぼをする	あり	あり	なし		
	③しろいはとが、2わえさをたべていました。そこへ、はいいろのはとが、3わきました。えさをたべているはとは、ぜんぶで5ひきになりました。	えさを食べる	あり	あり	あり		(出典：『新編あたらしいさんすう1』東京書籍 p.24.)
抽象化	○話の内容をおはじきで表してみよう。 　○○ と ●●● で ●●●●● ○数字や記号にしてみよう。 　2 ＋ 3 ＝ 5 　子ども：2と3をあわせて5。 ○式は一色で書くのに、おはじきの色をそれぞれ変える必要はあるのだろうか。 　子ども：ハトはハトなんだから、色は関係ないでしょ？　これは全部ハトなんだから、全部おはじきの色が同じでもいい。						③の女児がかいた絵
結果の再解釈	○式はお話をどう表しているのだろう。 　教師は、黒板のおはじきや数字、記号を指さしながら、「これは何のハトのしるし？」、「どういう意味？」と子どもに尋ねる。子どもは、板書に対応して、「白」、「灰色」、「ハト全部」、「2羽と3羽のぜんぶで5羽」と答える。						

るためには，白や灰色というハトの種別を超えて「ハト一般」という上位の分類段階で一般化することが必要なのである。教師の教授行為は，子どもにとって遊離しがちな現実世界と記号操作とを有機的に結びつけることに向けられる。

　学校での計算という活動は，問題解決の手段としてあらかじめ特定化された活動であると同時に，式という抽象化された記号操作を行うことを通して計算の意味を問う活動でもある。そもそも問題自体が，行為者のジレンマから生成されるのではなく，子どもが計算によって解決することを前提に意図的に作り出されている。したがって，問題解決過程は，問題の設定－抽象化による解決－結果の再解釈による解決方法の妥当性のチェック，と一連の流れとして構成されるし，問題は解決されるまで問題として存在するのである。

　ただし，実際には，このように，決まりきっているかのようにみえる式やルールの意味を検討させる授業ばかりではない。ルールが暗記の対象になり，算数の問題解決が，数字と演算記号を無意味に組み合わせる作業に終始する**言語ゲーム**への参加に陥る可能性がある[15]。上野によれば，小学4～5年生の50％以上は，どの位で四捨五入するかは「先生や問題をだす人」が決めると回答し，また，小学6年生の50％以上は，「3/5mのひもと2/5mのひもがあります。かけるとどれくらいになりますか」という問題は「問題としておかしくない」と回答している。つまり，問題の現実性はモニターされず，ルールは融通のきかない決まりごとだと子どもにとらえられている。

　算数科に限らず，教室においては教師や教科書は間違うことのない権威として位置づけられ，ルールを疑わない前提があることがある。たとえば，子どもの応答の正誤の判断は教師に委ねられており，子どもは教師の発話やふるまいに正答へのヒントを見出そうとする。結果的に，教室は間違ってはいけないところ，ルールを修正しがたいところとして子どもにみなされてしまう。

　けれども，数学という学問文化の本来の活動においては，真理は暫定的であ

り，推論は数学としての合理的な根拠に基づき修正される可能性をもつ。数学教師でもある研究者のランパートは，仮定の検証や修正の議論が自由になされる**ディスコース・コミュニティ(論じ合う共同体)**を教室に構築しようとした[(5)]。彼女は，問題の解き方は子どもが自発的に考えることに任せた上で，話し合いの過程で，質問を行う理由や，なぜそう考えるとわかるのか，という解法の理由を説明する習慣をつけるよううながした。子どもたちは，数学文化の論じ方を運用し，学校でのわかり方を学問としての数学のわかり方に近づけた。教室における学習は，学習の**コミュニティ**の状況に支えられて生成されているのである。

つまり，算数の授業における計算活動は，ルールの適用に習熟するのみではなく，問題を問題として切り出した上で，数をたす意味や式化の意味など，計算という活動の意味の深まりと広がりを，推論の検証と自由な修正が認められるディスコース・コミュニティにおいて知ろうとする活動なのである。このように，授業における問題解決は，活動自体の意味の問い直しと，解釈，手続きの定式化，そして，学問文化に相応するコミュニケーションの仕方の共有といった点で，教室という状況によって規定されているのである。

第2節　相互作用の社会文化性

教室談話の生成過程

授業の過程は，相互作用の過程であり，子どもや教師の発話行為や種々の身体動作の連続としてみることができる。とりわけ，発話は，思考や認知を表現し交流させるために，相互作用の重要な手段である。授業の参加者は，話し手や聞き手になりながら発話の内容やタイミングの適切さを見計らい，公的な発言として意見表明や提案，指示などを行ったり，つぶやきで自分の気づきを表出したり，冗談やふざけによって，授業進行への不満を表したりするのであ

る。

　相互作用の展開をみるにあたってもつべき視点の一つは，発話は，さまざまな関係性の網目のなかで生成されるということである。**発話**という行為は，誰の発話を受け誰に向かって発するのか，発言権の取得にはどれほどの自由度があるのか，誰と文化を共有することになるのか，など，話し手と聞き手との直接的な関係性に加え，言い回しや発話内容に潜在する発話者の生活文化との関係性によって支えられている。小学校低学年の子どもは，教師の学級全体への話しかけを自分一人に話しかけられたと感じて教師の発話にいちいち応答するのに対し，高学年になると，全体の一員として談話に参加するようになる[13]。また，方言と標準語を教師や子どもが使い分け，授業進行の停滞を改善することもある。自分の地方における気候のとらえ方を方言を使うことで思い起こしてから，雪の地方の暮らしを標準語で語って学習するのである[10]。学級で関係性が不安定になりがちな子どもが，一斉授業でおかしみと学業的内容を混在させた発話を行うことで，知的充足を得ながらも，目立ちすぎることで起こりがちな関係性上の軋轢を避けようとすることもある[3]。

　もう一つは，発話は，相互作用の過程のまっただ中で，＜いま－ここ＞における「生」の営みとして生成されるということである。授業の相互作用の過程は，主に学習内容の理解と授業進行の2つについて受容か，反発か，をめぐっての，子どもと教師の意志のぶつかりと調整の連続としてみることができる。たとえば，やりとりの停滞という事象は，子どもが内容理解にとまどい，理解できないまま授業が進行することへの反発を示していることがある。教師は，やりとりが停滞すると，子どもが理解を深めていないことに気づき，理解をうながしたい，授業を進行させたいという自らの願いに基づいて，説明を言い直したり，言い回しを変えたり，具体的で身近な事例を提示したりするなどして，子どもの反発と自分の願いとの間で調整をはかる。

　具体的な事例をみてみよう。表8-3は，食文化の授業における話し合い場

表8-3　インドと日本の食事の仕方についての授業での話し合い（小学5年生）

（子どもの名前は仮名。Cは発話者名不明の子ども。Cnは子どもたち。***は、聞き取り不能。（　）内は行為。）

小学5年生の25名の学級。子どもたちは、前時にインドのカレーを実際に手食した。本時では、子どもがその体験を基に、インドと日本の食事の仕方を比較し、文化相対的な見方をもつことが教師の願いである。

1 教師：インドの人たち、手で食べること、どんな気持ちでやってんだろうね。
2 白屋：それが普通になってんじゃない、インドじゃ。
3 山根：きたねーから。
4 白屋：だから。
5 三田村：日本人が箸で食べるのと。
6 白屋：こっちに来たら日本人がおかしいと思う。
7 三田村：そうそう。
8 教師：あっ、そうかもしれないね。
9 教師：だから、手で食べること、あのー、インドの人たちは、きたないとか。
10 C　：思わない。
11 教師：思ってないんだろうね。
12 白屋：手、洗うの、あれ？　洗うの？
13 教師：もちろん、でね、あの、先生あと細かいこと言わなかったけれど、手を洗ったよね。インドの人たちは、その洗った手でも一度口を磨くそうなんですね。歯ブラシじゃなくて、手、指できれいに掃除して、口まできれいに洗って最後終わります。
14 白屋：きたねえ。
15 教師：ねっ。
16 山根：なんかねー、4年の時ね、あれインドじゃないかもしれないけどね、あのね、馬のフンね、持った手でねなんかね***。
17 橋本：なに？
18 教師：みんなに聞こえるように言って。
19 山根：だからさ、馬のフン、持って。
20 白屋：馬のフン。
21 C　：アフリカじゃない？
22 C　：あれか。
23 山根：あのさ。いいじゃん、言いたいのぼくなんだから。
24 白屋：馬のフンを持ってそのまま。
25 山根：そうだよ。
26 白屋：包丁***。
27 C　：知ってるよ。
28 山根：***作るらしいよ。
29 教師：そういうのもあるんだね。
30 教師：さ、でも日本人の食べ方のきまりってほかにない？　もっといろんな日本人で***。日本人の食べ方で、ないかな？
31 角倉：うちある。
32 教師：うちある？　どういうこと。
33 角倉：立ち歩いて食べちゃいけない。
34 教師：あっ、立ち歩いて食べること無いよね、あまり。日本は。
35 白屋：立ち喰いそばは食う。
36 Cn　：（笑う）
37 教師：あ、まあ、それは別と、そういうのは別として、家の中で立ち歩いて、ま、ね。
38 山根：おれんとこ***。
39 山根：夜、おそく帰ってきて、それで。***それでなんか食って。
40 教師：普通の食事は。
41 山根：おれね、ほとんどね、家族と食事しないもの。
42 教師：そうなの。
43 教師：そうだよね。あまり立ち歩いて食べることないよね、日本では。
44 山根：あるよ。
45 教師：まっ、いくつかの例外はあるかもしれんけど、ほとんど無いよね家の中じゃ。

（以上、授業開始後18分44秒から、約3分間）

出典：東京学芸大学教授科学研究会による総合学習「食をとおして人間を学ぶ」の実践より

面の一部である。基本的に教師が発問することで話し合いが展開しており(発話1, 30, 32)，授業進行の主導権は教師にある。にもかかわらず，全般的に子どもの発話が促進されているのは，1つには，子どもの談話への参入の自由度が高いことによる。子どもは，発言権を得るために挙手-指名という公式度の高い手続きをとらずに，他者の発話の切れ目に口々に談話に参入している。2つには，子どもや教師の**語り口**の文体が日常生活で使う普通体に近く，「です」や「ます」を用いる丁寧体はほとんど用いられていない。結果的に，子どもの気づきを表出しやすい談話空間が構成される。

教師の発話には，子どもの気づきをひきだすための方略がみられる。1つには，**文体**の使い分けである。教師はほとんどの発話を普通体で行っているが，発話13のみは丁寧体である。この発話は説明の機能をもっており，子どもに情報が提示されている。あらたまった言い方をすることでほかの発話と差異化をはかり，改めて子どもに耳を傾けさせることになる。もう一つには，子どもの発話の復唱である(発話11, 29, 32, 34)。教師は，復唱によって子どもの発話を受容し，一人の子どもの意見を学級に提示するとともに，出された意見に対し肯定的な評価を暗黙的に示している。子どもは，教師の発話に，自分の活動状況を確認し，次の活動の方向を探ることになる。

山根という男児に着目してみよう。彼は自己中心的で主張が強く，学級内では親しい関係性を築いていなかった。授業中，彼は話の揚げ足をとったり茶々を入れるなどをして，話の展開を妨げることがよくあった。発話3で彼はインドの食べ方を揶揄するのだが，教師やほかの子どもは山根の発話に応答せず無視している。また，発話30以降において，教師が「日本では普通の食事は立ち歩いてしない」という意見の共有化をはかる(発話34, 37, 40, 43, 45)のに反して，山根は異例を強調し展開を妨げる(発話38, 39, 41)。教師は対抗的に山根の発話に対応し，意見の明確化をはかる。山根は，反発自体を半ば目的化させ，最後まで教師の提示にしたがわない(発話44)。ほかの子どもは，山根には応答しな

い。ところが，発話16～29では，山根が「アフリカのある民族では燃料の馬のフンを触った手で調理を行う」という趣旨の話を始めると，ほかの子どもは相づちや応答を行い，次々に談話に参入する(発話21, 22, 24, 26, 27)。山根の発話は文化相対主義の見方を示す点で授業の展開に貢献しており，教師はこの発話の重要性を認めている(発話18)。教師の肯定的な評価を受けて，山根は意見表明の意志に基づき話し続けようとするのである。彼の反発や授業貢献は，彼が＜いま－ここ＞で「生」を営む過程で起こったことである。

つまり，子どもの学習は，学習内容と，反発や無視や同調に表れる学級内の関係性と，その瞬間瞬間をどう生き抜くかということをめぐっての，子どもや教師の意志のぶつかり合いのなかで起こされる活動である。山根の「馬のフン」の話は，教師が事前に予想しうる出来事ではない。しかし，子どもの発話が促進される談話空間において，山根は，反発や妨げであってもこまめに反応し発話を行い，その瞬間の「生」を全うしているうちに，異文化についての気づきを表出したと考えられる。談話空間をどう構成し，何を学んでもらいたいかということについての教師の意志や，談話空間に参加し，何かを学ぼうとするほかの子どもたちの意志とのぶつかり合いのなかでおきた出来事である。

このように，授業は，授業進行を主導する側とされる側，何かを学ばせたい，学びたいという教師や子どもの意志，受容や無視，同調や反発，異文化と自文化，普通体と丁寧体など，さまざまな**声(voice)**のぶつかりと調整によって成立している。言語論者のバフチンによれば，発話には，話者が話し終え聞き手の返答を可能にする「完結性」や，「誰に向けられるか」という点で「宛名性」が備わっている[1]。あらゆることばは他者の応答を想定してなされるのであり，**対話**を志向する[2]。授業において学習は，状況から隔絶された個体の内部に発生するのではなく，相互作用の中で引き起こされ，社会的に組織される活動である。

相互作用におけるルーティンの活用

　学習活動を支える社会的相互作用は，明示的な言語的やりとりばかりではない。子どもや教師はより潜在的で定型化された行為，すなわち**ルーティン**を利用しながら活動する。たとえば，チャイムが鳴り日直のかけ声に誘導されて挨拶し，授業が開始される。騒がしい教室で教師が教壇で手を一つ叩いて「はい」と言えば，子どもは静粛にすることや次の指示を待つことを要求されていることになる。このようにルーティンは，ことばのみならず言語活動を補う身体動作も含めた行為の連鎖である。社会的な相互作用は，ルーティンとそうでないものとの混合である[11]。

　ルーティンの活用は，授業におけるコミュニケーションの円滑化に次の点で貢献している。1つには，学級経営や学級への適応などに伴うコミュニケーションの無用なストレスが軽減され，学習本来の認知活動に没頭することができる。2つには，ルーティンの共有により，身体的な協調や関係性の強化が起こり，手続きの言語化なしに学習を協同的に組織することができる。

　ただし，授業の参加者個人にとっては，社会的に適切にふるまうための型として行為を規制されることもある。ルーティンに不適切に対応すれば，社会的な逸脱とされることもある。たとえば，静粛の要求を無視して私語を続ければ，授業進行の妨害者として学級でいやがられるだろう。言い換えれば，時には，子どもは，逸脱しないためにどうふるまったり応答することが要求されているのか，教師や学級の意図をよみとることが暗黙的に求められる。

　授業でのルーティンとしては，学校を超えて用いられるような変容しにくいものと，学級や集団単位であるいは経時的に変容しやすいものとの両方が使われる。各自に座席が割り当てられたり，発言権を得るために挙手することは変容しにくい。一方，談話への参入の仕方や教室内の物理的配置，独特の言い回しなどは変容しやすい。宮崎によれば，教師の働きかけに対して子どもが声をそろえて返答するときの「いいでェーす」の「でェ」や，「だからァ」，「それ

でェ」にみられる語尾の音高と強声を伴う文節尾強勢語調は,共発話者や聞き手として学級全体が意識される場面や学級で起こる[9]。学校間に共通のルーティンがあることで転校してもとりあえず授業に参加することができるのと同時に,より個別的なルーティンを共有していないことで新しい学級への違和感がもたれる。この両者の組み合わせのあり様に,学級や授業なりの独特なコミュニケーションの文化をみることができる。

ルーティンの中には,会話の型のように教室状況の特殊性を際だたせているものもある。ミーハンは,教室談話は,**教師の働きかけ**(Initiation)―**子どもの応答**(Reply)―**教師の評価**(Evaluation)という発話の連続する型に沿って進行していることを明らかにした[8]。たとえば,教室では,教師「何時ですか,デニス」―子ども「2時30分です」―教師「大変よろしい」と,3つめの応答が教師の評価で終わる。しかし,日常生活では,最後の応答において「ありがとう」と情報を教えてくれたことへの感謝が示される。評価と感謝の違いを引き出すのは,質問で要求される情報を質問者は既に知っていて直接的には必要としていないのか,あるいは知らなくて必要としているのか,ということである。応答者は,教室では,質問者が有する知識をもっているのか試されているのに対し,日常生活では,質問者の知らない情報を提供することになる。日本では,評価は必ずしも明示的には行われないが,子どもも教師も授業に参加するためには,このような会話構造のルーティンを適切に使い分けなければならない。このルーティンは,教師にとっては授業進行を支える方途であり,子どもにとってはとりあえず授業に参加する方途となっている。

ルーティンは,教師だけではなく,子どもの要請によって作られたり変容していくこともある。ヒープによれば,小学1年生がコンピュータで協同で作文を書く時に,役割分担や席とりについて社会的な規準をもつ[4]。子どもたちは,作文について責任をもつ書き手と,入力する資格をもつアドバイザーなどの役割に分かれた。コンピュータ室では,子どもは誰でもコンピュータの正面の席

に競って座るのだが，ヘルパー役の子どもは入力者が来ると右側の席に移り，書き手の子どもが来ると左側の席に移る。座席位置のルールは，作文の協同作業の過程をどう統制するかという子どもの生存戦略の問題にかかわっている。また，小学3年生の自主学習においても，活動の展開や相互作用の進行に関するいくつかのルーティンが学級で共有されており，授業の過程で随時修正される[12]。たとえば，発表場面でおもしろいと思われた発表を再度聞きたい場合に，聞き手はその場で「アンコール」と言うことになっていた。それが，ある時「アンコール」という言い方は，発表者の声が聞こえにくかったために再度発表を要請する場合にまで用いられる。聞き手に充分聞こえる声で再度の発表を促したい教師にとってはその方が発表者への励ましになるし，再度発表する側の子どもにとっても「アンコール」と言われる方が気分がいいからであろう。このように，教師と子どもの双方に必要性が認められれば随時ルーティンが修正されていく。こうしたルーティンの蓄積と変容が学級特有のコミュニケーションの文化を生成することになる。

第3節　実践をみる視座

状況に埋め込まれた学習

　今まで述べてきたように，学習が教室特有の社会文化的な環境との相互作用によってなされ状況に依存するとしたら，従来の「個体が文脈を超えて転用可能な普遍的な知識や技能を獲得する」という学習観は見直される必要がある。

　見直しの契機を与えてくれるものに，レイヴとウェンガーによる**正統的周辺参加論**がある[7]。レイヴらは**徒弟制**に基づく**共同体**への参加の仕方を事例にして，関係論的な学習観を提示している。

　共同体における徒弟の参加の仕方は，作業工程の中でも責任の軽い末端の持ち場を任される点では「周辺的」であるが，生産や航行といった社会的実践で

実際に役立っている点で「正統的」である。たとえば，西アフリカのヴァイ族の仕立屋では，徒弟は，まずは衣服の製造の仕上げ段階を，それから縫製を，さらに布地の裁断の仕方を学ぶ。製造過程を逆からたどるように作業に従事することで，失敗の経験を最少にして共同体の実践に参加することができる。作業工程を学ぶにあたり，徒弟は親方から直接的に教わることはほとんどない。徒弟は，熟練者やほかの徒弟とかかわるなかで，熟練者はどんなふうに話したり仕事をするのか，古参者は何について協力しあい衝突するのか，何を喜び大切にするのか，ということを観察し吸収し，共同体でうまくふるまえるようになっていく。かつての新参者も古参者となり，十全的な参加がなされるようになることで，共同体の組織は再生産される。

　正統的周辺参加論にみられる新たな学習観は，1つには，学習は，共同体の**社会的実践への参加**であり，共同体における他者との相互交渉によるということである。レイヴらは「参加」という語の使用によって，理解と経験は絶えざる相互作用のうちにあることを強調している。2つには，学習は，主体が学習の資源としての社会的環境に自らアクセスすることによって可能となるということである。親方は必ずしも教授者ではなく，学習は特定の親方－徒弟の関係には成立しない。熟練というものは親方を含めた実践共同体の組織にある。徒弟は，自ら共同体に全人格的に参加することで熟練への道を進むことができる。3つには，学習は，共同体の十全的な参加者としての**アイデンティティ**形成の過程であるということである。学習主体の成長や熟練は，作業内容の高度化に伴って参加をより十全的に変容させると同時に，新参者から古参者へとキャリアを積むに従い共同体の社会的関係を変容させていく過程にある。この過程は，学習主体側からみれば自己の変容の歴史であり，一人前になることへの個人的なライフ・ストーリーを作り上げていくことである。

　レイヴらが主張しているのは，いわゆる一般的知識の獲得といえども，特殊な状況での出来事であり，特殊な状況でしか通用しないという意味で，学習は

状況を無視しては成立しない,つまり**状況に埋め込まれている**(situated)ということである。仕立屋の徒弟の学習は,仕立ての営みの過程における社会的環境との相互作用に規定されているという意味で,状況に埋め込まれているのである。

状況の中で授業実践をみること

正統的周辺参加論の特徴は,学習主体として脱文脈化された個体を前提とする従来の学習観に対し,学習は状況に埋め込まれているとする点にある。

教室での学習活動は,教師や子どもの意志がぶつかる社会的環境において展開されており,相互作用によって学習は影響を及ぼされる。たとえば,佐藤は,小学4年生の「ごんぎつね」の授業で,ごんが兵十に贈り物をする行為の読みについて「つぐない」であるのか,「友だちになりたい」からなのか,子どもが他者の意見に賛成したり反発しながら自らの読みを変容させていくことを明らかにしている[14]。子どもによる意見のやりとりは,頭の中にできあがった表象を発話によって外在化するというより,他者の意見への賛否の思いから子どもが自分の読みを語りあうことなのである。となると,子どもの学習は,社会的環境との相互作用の実践としてみていく必要がある。正統的周辺参加論は,学校や授業における学習は教室特有の状況とは切り離してありえないという点で,授業実践をみていくときの視座を提出するものである。

ただし,徒弟制と異なり,学校における学習集団は固有の担うべき文化をもたず,学ぶべきものとして対象化された文化にかかわる目的で成立する集団なのである。徒弟制の場合は,生産活動としての仕立ての文化は仕立屋の共同体に担われる文化であり,仕立ての実践に参加することと,仕立屋の共同体社会に参加することはほぼ同じことを意味する。それに対し,学校においては,本来,学者や芸術家の集団に担われている学問文化をあらかじめ学ぶべきものとして対象化する。授業実践とは,学問文化の実践に参加することと同義ではな

く，学ぶべき対象とされる文化に学習集団の社会的環境の中でかかわる実践なのである。学校数学，学校音楽といわれるように，授業の社会的環境に受け入れられるかたちで対象文化が選択され変容されるからこそ，子どもは活動に柔軟性や多様性をもたせ，子どもなりに生きる方途をみつけることができる。子どもは，他者とのかかわりの中で自分が何をどう学んでいるのかという過程を振り返ったり，自分のこだわりを表現することで，自己意識を形成していく。子どもの発達に向けては，対象文化とのかかわり方の多様性を前提に学習過程を教師がみとり，評価していくことが必要になる。

では，実践をどうみていくのか。表8-4は，小学2年生の10月の時点における詩の暗唱場面である。鶴岡という男児は落ち着きなく徘徊することがあり，学級内での関係性が不安定である。彼は，愛好する金子みすゞの「土」という詩を暗唱するのだが，聞き手の子どもたちの反応はきびしい。この学級でルーティンとなっているカードへの書写をしなかったことや(発話3-10, 24)，壇上で臆して発表を始めないことや(発話12-14)，鶴岡の暗唱する声が「変な声」であること(発話22, 28, 31, 32, 34) が非難されている。教師は，進行役に徹しており(発話15, 23, 27)，子どもたちのやりとりには介入しない。非難の声をいさめたりはしない。

この事例は，一見，学級で弱い立場にいる鶴岡をいじめているようであるし，子どもの気に入った詩を暗唱するのみでは詩の学習としては意味がないようにみえる。しかし，1年間という長期間のなかでこの事例をみると，子どもの変容の過程がみえてくる。鶴岡が暗唱しても反応はほとんど出されなかった1学期と比べると，何らかの反応が出てきたことは聞き手の子どもが鶴岡との関係性を意識しているといえる。また，子どもたちは，相互作用を行いながら発表への評価のあり方を探っている。たとえば，鶴岡の質の高い暗唱への驚きをうまく言語化できなくて「変な声」としかいえなかった可能性もある。暗唱の評価規準は，この時期はまだカード化や声などのルーティンにしたがっているか，

表8-4 自主学習における発表場面（小学2年生）

（子どもの名前は仮名。Cは発話者名不明の子ども。Cnは子どもたち。***は、聞き取り不能。（ ）内は行為。）

小学2年生の38名の学級。鶴岡という男児が「土」という詩を学級に向かって暗唱しようとしている。鶴岡は、金子みすゞの詩集『わたしと小鳥とすずと』を開いてもっていたが、司会の稲葉の「鶴岡、貸せっ」の声に詩集を稲葉に渡し、壇に上がる。壇に上がってもぽーっとしている鶴岡に「待ってるのに」の声が聴衆から出る。 1 鶴岡：土。 2 稲葉：土。 3 C ：あの、白いやつ。カードに。 4 C ：ちゃんと紙に書かないとわかんないよ。 5 笠井：そうだよ、わかんないよ。 6 C ：今から、書いても。 7 C ：そうだよ。 8 笠井：知らねーよ。 9 豊島：そうだよ。 10 笠井：紙に書けよ。ちゃんと、次から。 11 教師：（聞き手に）暗唱してから、書いてもらおうね。 12 C ：早くしろよ。 13 C ：早く。（定規で机をたたく。） 14 笠井：早く。 15 教師：まわりがうるさいと、できないのよ。 16 C ：がんばれ、がんばれ。 　鶴岡は、壇に上がっているが視点が定まらない。しかし、金子みすゞの「土」を暗唱する。	17 稲葉：はーい。オッケー。 18 Cn ：（拍手する） 　教師の「感想は？」の声に、笠井ら二人が挙手をする。 19 磐下：鶴岡くんは、詩を、詩ばかりやるけど、作文もたまには少しは、やった方がいいと思います。 20 C ：すげ。 21 C ：そんなこと、いいじゃん。 22 島田：鶴岡、声、変えない。 23 教師：はい。じゃ、笠井くん。 24 笠井：次から、紙に書くっていうこと。 25 教師：紙に書く、ね。 26 稲葉：あ、ぼくも。 27 教師：はい、稲葉くんから。 28 稲葉：なんでさー、あのさ、普通の声じゃなくてさー、変わった声すんの？ 29 豊島：いいじゃん、そんなこと。 30 清水：そうだよ。***そんなこというならさー。 31 島田：女みたいだって。女みたいな声、だすなよ。 32 笠井：女みたいな声。 33 稲葉：そうだよ。 34 島田：女、鶴岡の女。 （以上、2分38秒間）

ということにある。しかし、一方で「いいじゃん、そんなこと」とそうした規準への反発が出されており、このあと新たな評価規準が共有される萌芽をみせている。一方、鶴岡は、聞き手から非難されても金子みすゞの詩にこだわり続ける。3学期には金子みすゞの詩は多くの子どもに取りあげられ、学級に普及する。鶴岡は、詩の暗唱がうまい人だと認められ、冷やかしを行っていた子どもが鶴岡と一緒に詩の暗唱をしたがるまで関係性が改善する。

　子どもたちの活動を支えているのは、教師の信念である。詩の解釈を言語化

させることだけが詩の指導ではない。この学級の子どもたちが詩の暗唱を媒体に関係性を改善した事実からは，暗唱行為は子どもなりの解釈活動を伴っており，子どもたちは他者の発表を評価しながら自分の解釈をどう表すか模索していたと考えられる。また，教師が，聞き手に冷やかしを禁じてしまえば，子どもは教師の意をくんで非難をしなくなるかもしれない。しかし，それでは子ども自らの意志で関係性を改善させることにはならないのである。

　鶴岡の立場に立てば，反応の有無に関係なく金子みすゞの詩を暗唱し続けることで自分の世界を追究し自己実現をはかっている。みすゞの詩を学級が受け入れて徐々に彼の発表を期待するようになり不安定な関係性が改善されていく過程に，彼の成長としてのライフ・ストーリーをみることができよう。　→巻末用語

　このように，ある場面をみるにあたって，その出来事が起きている状況をくみとることで，教師や子どもにとっての出来事の意味が全く異なってくるのである。授業実践における行為は，刻々と変化する状況に相応して生成されるのであり，当事者にとっての行為の意味は状況によって変化していく。

　授業研究は，何よりも授業実践の当事者の発達のためになされるべきである。そのためには単発の調査ではなく，より長期にわたり継続的に子どもや教師の変容を追っていく必要がある。また，行為が生成される状況をくんで子どもや教師の出来事をみていく必要がある。質問紙や実験によって得られた量的データの統計処理をするという方法は，同一の対象者に対する継続調査が困難で，文脈を超えた共通性の追究を前提としており不充分である。調査者は，当事者の行為が生成される現場に居合わせ，観察したりインタビューを行うなどして質的データを得て，記述的に分析していく**エスノグラフィー**などの**質的研究法**　→巻末用語
をとることが必要になる。分析に伴う解釈行為は，ある事象がなぜ起こったのか，どういう意味があるのかの追究につながる行為であり，状況をくみとらずには成立しない。調査者は，解釈をより精緻にしていくために，自分の思いこみを顕在化させ，自分の解釈の論拠や別の解釈の可能性を何度も反芻しなけれ

ばならない。そして，対象者の解釈と自分の解釈をつきあわせたり，参加者のそれぞれの立場からの解釈を行うことで，ある事象が現場にいた人々にとって意味のある出来事として状況の中から浮かびあがってくるのである。

【演習問題】
1. 1時間または同じ学級の数回の授業を観察して，授業の詳細な文字記録を作ってみよう。どういう書き方をすれば，授業のリアリティが再現できるのか，工夫してみよう。
2. 作成した授業記録を基に，何人かの子どもや教師の行為に着目して，なぜ彼らはそういう行為をとるに至ったのか，彼らがかかわった出来事の意味は何か，ということを彼らをとりまく状況を含めて解釈し，記述してみよう。
3. 上記の2で行った解釈について，解釈した論拠や，それまで自分が当たり前だと思い込んでいた見方を明らかにしてみよう。また，別の解釈の可能性を考えてみて，なぜ，自分がある解釈を選択したのか，記述してみよう。

【参考文献】
・Wertsch, J. V. 1991 *Voices of the mind : A sociocultural approach to mediated action.* Harvard University Press. 田島信元・佐藤公治・茂呂雄二・上村佳世子（訳）1995 心の声 —— 媒介された行為への社会文化的アプローチ 福村出版
　　ヴィゴツキーの記号媒介理論を発展させ，バフチンの対話論をとりこみ社会文化的アプローチという理論的革新を示した書である。後半の事例分析では，教室談話の言語的多様性が示されている。
・佐藤公治 1996 認知心理学からみた読みの世界 —— 対話と協同的学習をめざして 北大路書房
　　小学校4年生の国語科「ごんぎつね」の授業を中心に，授業観察のデータを質的に分析し，子どもの読みが教室の相互作用によって変容していく過程を明らかにしている。バフチンの対話論，受容理論，社会文化的アプローチを参照した理論化や，綿密な事例分析，心理学者にとって手薄になりがちな教材解釈のいずれも充実している。
・Lave, J., & Wenger, E. 1991 *Situated learning: Legitimate peripheral participation.* Cambridge University Press. 佐伯胖（訳）1993 状況に埋め込まれた学習 —— 正統的周辺参加 産業図書
　　認知心理学において状況論的アプローチをとる代表的な研究書。あえて学校をさけて，産婆，仕立屋，海軍の操舵手，肉屋，アルコール依存症者の会といった徒弟制をとる共同体の日常的文脈における認知に着目し，いかに学習が状況に依存しているかを鮮明にしてみせている。読者自身のアルバイトや習い事，地域社会などでの経験と

つきあわせてみると理解しやすいだろう。
・平山満義(編著) 1997 質的研究法による授業研究 —— 教育学／教育工学／心理学からのアプローチ 北大路書房
　　研究方法論の書。教育学，教育工学，心理学と異なる領域の研究者が，これまでの授業研究の流れを概観した上で，量的研究法と質的研究法の違いや，質的研究法の独自性や有効性について論じている。質的研究の事例も紹介され，授業の見方をひろげられる。
・波多野誼余夫(編) 1996 学習と発達(認知心理学5) 東京大学出版会
　　認知心理学における学習や発達の理論について，現在の到達点を第一線の研究者が論じているテキストである。日常的文脈における知識獲得について，長期の発達を視野に入れた研究成果が盛り込まれており，近年のフィールド研究の流れが反映されている。学校教育に限定されず，学習について幅広く学ぶことができる。

第9章　学習を支える人間関係

　学習を支える人間関係と聞いて，読者は何を思い浮かべるだろうか。家庭での人間関係をはじめ，生徒同士の関係，担任の教師との関係など，生徒の生活にはさまざまな人間関係が存在する。本章では，教師－生徒関係や生徒同士の関係など，生徒が学級内で経験する人間関係に焦点をあてる。

第1節　教師と生徒の関係

学級における光と陰

　新学期，クラス替えで新しい学級が発表になる日。期待と不安で胸をドキドキさせながら登校した経験を持つ読者も多いだろう。仲良しの子や気になるあの子とは同じクラスだろうか，担任の先生はどんな先生だろう。生徒にとっては，さながら運命の日である。クラス替えや担任の交替は，なぜこんなにも大きな関心事なのだろうか。

　このなぜに答える一つの研究がある。近藤らは，ある小学校で，**教師用 RCRT**(ロール・コンストラクト・レパートリー・テスト，コラム参照)を用いて，教師が生徒を見る時の「視点」を抽出した[15][16]。すると，教師の視点すなわち生徒に対する見方は，現在の担任(現担任)と，同じ学級の前の担任(前担任)で，かなり違っていたのである。ある学級の現担任の視点は，複眼的かつ複雑で，「自分を保ちながら柔軟に対応できる児童かどうか」「やってから考えるタイプか，それとも考えてから行動するタイプかどうか」「論理的に考えるが固いタイプか，あるいは論理的ではないがユニークな児童か」という主に3つの視点から構成されていた。これに対して，この学級の前担任は，「活発かどうか」

「他者への配慮をするかどうか」「身辺の処理ができるかどうか」という視点で生徒をとらえていた。

このように、生徒に対する見方が異なれば、それに応じて、評価の観点も違ってくる。前担任が「明るく活動的で、他者への配慮ができ、きちょうめんな子ども」として高く評価していたであろう数名の女児が、現担任からは「自分の考えをもたず、状況に応じて自分の考えを練り上げてゆくこともしない子ども」として低く評価されていた。また前担任からは「他者への配慮ができず、整理・整頓など身辺の整理もできない、雑な子ども」と見られていた数名の男

教師用RCRT

ケリーは、個人の持つ重要な**視点**(**コンストラクト**)を抽出するためにロール・コンストラクト・レパートリー・テストを作成した[13]が、これを基に、近藤邦夫が教師用に作成したものが教師用RCRTである[14]。教師用RCRTの概略を示すと、まず学級の生徒全員の氏名を想起して想起順に書き留める。次に以下の4種12組のペアを作る。(a) 似ている子同士のペア2組、(b) 最初に想起した生徒と最後に想起した生徒のペア4組、(c) ウマの合う子-合わない子のペア4組、(d) よく分かる子-分からない子2組、である。そして、それら12組のペアについて、各ペアの片方の生徒には見られるが、他方には見られない重要な特徴(似ている子のペアの場合は2人に共通する特徴)を自由に記述する。たとえば、1番最初に思い出したA君と、最後まで思い出さなかったB君のペアであれば、A君とB君の一方には見られるが他方には見られない重要な特徴を探し、それが「おとなしい」であれば、それを書き留める。この時、この重要な特徴と反対の意味を持つ言葉も書き添える。たとえば「おとなしい」-「うるさい」という具合である。そして12組全てに特徴を記述できたら、それら12個の特徴に基づいて、生徒全員を5段階評定する。生徒一人ひとりについて「おとなしい」が当てはまるかどうか5段階評定するのである。さらに、理想の子ども等についても同様に評定し、各生徒と理想の子どもの評定の違いから、各生徒がその教師にとって理想に近いか遠いかを測定する。こうした手続きを経て得られた5段階評定の値を、因子分析などの統計的手法を用いて分析し、教師が持つ生徒を見る視点を抽出するのである。

児童・生徒に関する
イメージ調査

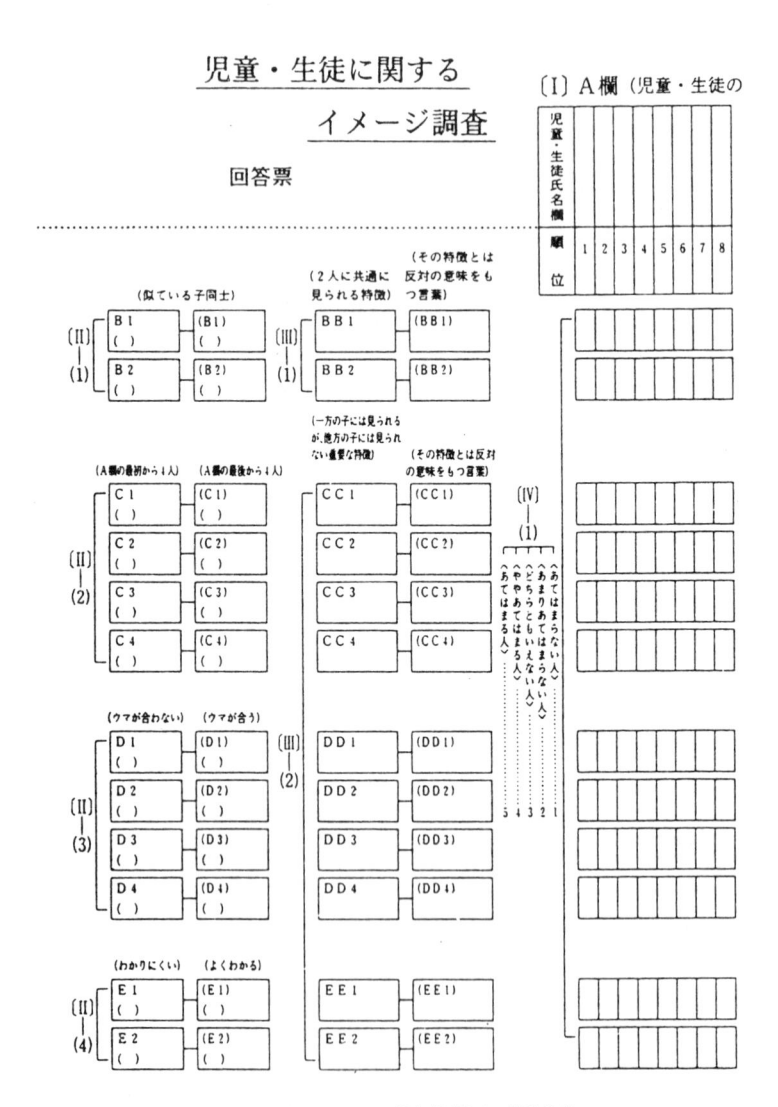

回答票

〔I〕A欄（児童・生徒の

出典：近藤邦夫　1995　子どもと教師のもつれ―教育相談から　岩波書店

図9-1

第9章 学習を支える人間関係

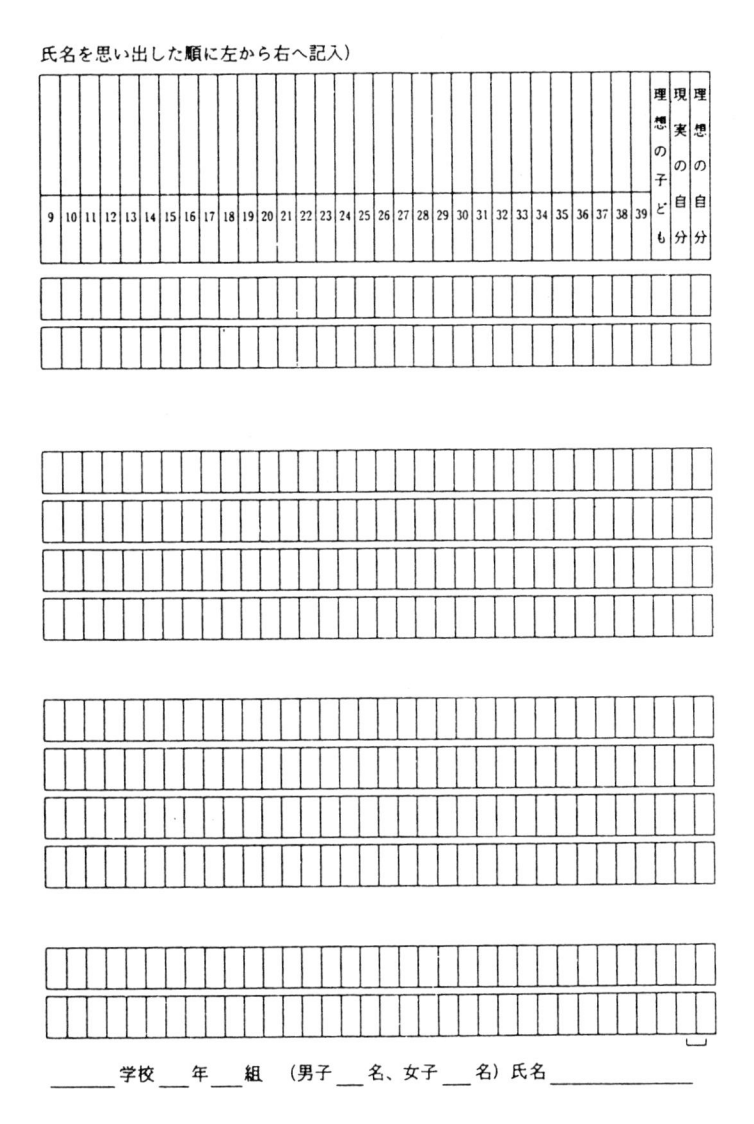

氏名を思い出した順に左から右へ記入）

| 9 | 10 | 11 | 12 | 13 | 14 | 15 | 16 | 17 | 18 | 19 | 20 | 21 | 22 | 23 | 24 | 25 | 26 | 27 | 28 | 29 | 30 | 31 | 32 | 33 | 34 | 35 | 36 | 37 | 38 | 39 | 理想の子ども | 現実の自分 | 理想の自分 |

＿＿＿学校＿＿年＿＿組　（男子＿＿名、女子＿＿名）氏名＿＿＿＿＿＿＿

RCRT の回答用紙

児が，新しい現在の担任には「自分の考えを持ち，状況に応じてそれを練り上げていける，論理的思考力をもつ子ども」として高く評価されていたのである。

こうして，担任の交替によって，教師からの評価が大きく転換し，いわば学級の陰から光へ浮上する子どももいれば，光から陰へと沈んでしまう子どももいる。子どもの立場からすれば，「よい子」として先生から高く評価されてきた自分が，「だめな子」として扱われるかもしれない。教師の評価が変われば，それにともなって，学級内の子どもの**地位**も再編成されるだろう。学級での立場が大きく変化する可能性もある。担任の教師の交代はこのように，子どもたちにとって，きわめて大きな変化をもたらすのである。

教師期待効果

教師の評価が子どもに大きな影響をもたらすことは，教師期待効果として知られてきた。昔，ピグマリオンという王様が，自作の乙女像に恋をし，その彫像が本物の生きた女性になるよう来る日も来る日も願っていたところ，その願いが女神に聞き入れられて，彫像に命が授けられたという神話をもとに，教師期待効果は**ピグマリオン効果**ともいわれる[24]。すなわちたとえば，ピグマリオン王の願いがやがて事実となったように，教師がある生徒に対して高い学力を期待すると，実際にその生徒は高い学力を持つようになるというのである。このように，教師の肯定的な期待が実現する効果は**ギャラティア効果**と呼ばれている。

もちろん実現するのは，良い予測ばかりではない。教師が，生徒の実際の学力よりも低い期待を抱き，その結果，生徒の学力が低下してしまうこともある。教師が否定的な期待を抱き，それが実現してしまう効果は，**ゴレム効果**と呼ばれる。また，教師の期待が現状維持の方向に働くこともある。にわかにやる気を出し始めた生徒に対して，教師がその変化を一時的なものとみなし，やる気

を伸ばす適切な働きかけを怠った結果，生徒は再びやる気を喪失し，結果としてやる気は一時的なものとなってしまうかもしれない。こうして教師の期待によって現状が維持される効果は**現状維持効果**と言われる[9]。

これらの教師期待効果については，数多くの研究がなされ，必ずしも教師期待効果を支持しない結果も得られて論議を呼んだが，その後，多数の研究結果を総合する**メタ分析**という手法によって，その存在が確かめられている[25][29]。教師の評価は，子どもの生活や成長に大きな影響を与えると言えよう。

第2節 生徒同士の関係

新学期の悩み

前節では，担任の交替や評価が生徒に与える影響の大きさを述べた。もちろん学校生活を左右するのは教師ばかりではない。再びクラス替えを想像しよう。どんな生徒と一緒になるのか。**クラス替え**時の大きな課題は，友達関係の再編である。

クラス替えのある4月から5月初旬頃まで。この時期には，新しい友達関係をいかに作るかが，生徒の大きな悩みになることがある。ある相談機関では，この時期の相談内容のほとんどが，毎年のように，「新しいクラスで友達ができない」「みな仲良しペアができたのに，私はできなかった。もう間に合わない。どうしよう」など，友達づくりに悩む女子生徒からの相談で占められたという。

経験を積んだ大人であれば，クラス替えの時に仲良くなった仲間も，その関係が必ずしも永続的に続くとは限らず，新しい友達と組変わっていくのが自然だと感じ，のんびり構えてもいられるだろうが，経験の乏しい子どもたちには，そうはいかない。新学期のスタート地点でつまずいたら，これから1年あるいは数年間ひとりぼっちで過ごさなければならない。「今がダメなら，もうダメ」

と，ひとりせっぱ詰まって深刻になることも少なくないようだ。

友人関係の心理的な意味

それではなぜ，こんなにも生徒同士の関係が，生徒の心理に強い影響を与えるのだろうか。さまざまな説明が可能であり，発達段階によっても事情は異なるが，ここではエリクソンが指摘する青年期の課題，**アイデンティティ(同一性)**形成の点から，考えてみたい。

今時の友人関係？

もう何年か前になるが，子どもたちとの会話で，次のような悩みが数多く話題になった。

クラス替えのあった新学期。女子はそれぞれ二人組をつくり，2人で休み時間を一緒に過ごしたり，登下校を一緒にしたりする。二人組が2，3集まって4～6人のグループをつくることもあるが，基本は2人一組。新学期が数週間過ぎて，気がついたら自分以外はみなペアになっている。もう友達づくりは間に合わない。これでは一人だけ浮いてしまう。仲間外れの自分を人目にさらすようで，このままではとても学校に行けない。

またこんな例もあった。運良く二人組を作れたが，肝心の相手のAちゃんが，最近別の女の子とよく話してる。この間は，自分が塾で先に帰宅した時に，内緒でBちゃんと帰宅したらしい。裏切られた。このままではBちゃんにAちゃんをとられてしまう。どうしよう。まるで男女の三角関係さながら，やっと獲得した友人を独占したい，独占していないと不安でたまらないという様子だった。

さらにこんな例。二人組がいくつか集まって6人グループで行動している。リーダー格の子は気が強くてすぐに誰かの陰口を言う。みな自分が仲間外れにされると困るからリーダーに同調する。そのリーダー格の子も，最近2番手の子に仲間はずれにされて大人しくなった。今は2番手の子が，順番に誰かの陰口を言っている。怖い。次に言われる子はわかっている。きっとその次が私。どうしたらよいか。もう学校に行けない。

母子関係に象徴されるように二者関係は対人関係の基本だが，恋人を奪い合うように友人を奪い合う2人単位の友人関係が印象的だった。

小学校低学年の頃には,親の価値観を疑いなく信じていた子どもも,小学校高学年から中学校になると,次第に親の価値観を離れて,自分自身の考えを持とうとする。その過程で,「自分はどういう人物なのか」「この自分でこれからもやっていけるのだろうか」など同一性に関する問いに直面することになる。それは,親のつくった「スポーツの得意な明るい子」「勉強のできる素直な子」などのイメージを捨て,自分はどんな人間なのかを改めて問い直す作業でもある。自分は自分であり,以前の自分も今の自分も同じ自分であって,自分の所属する社会集団があり,そこでは他の成員からも是認されているのだという**同一性の感覚**[26]に到達するまで,長い模索が始まる。

　この模索の中で,子どもたちは,しばしば際限のないおしゃべりをし,自分がどう感じるかや,他人がどのように見えるか,あるいは自分の願望や期待を告白し合ったりする。そうして自分自身を確かめ,何とか同一性を見出そうとする。あるいは,さかんにグループを形成して結束し,身体の変化や異性との関係などの新しい事柄やさまざまな可能性・選択肢に揺れるこの時期を,結束することによって乗り越えようとする[4]。この時期の友人関係は,いわば自分のことで精一杯な者同士が,揺れながら極端に結束したり,おしゃべりの形で実は自問自答のように,自分を確かめる作業に熱中する時期とも言えよう。この時期を超えた者が,お互いを尊重し本当の意味で意見を交わす大人の友人関係とは,おのずと異なった関係である。教師の目からは,うわべだけの不安定な関係に見えたり,好ましからぬ集団に見えるものも,生徒たちにとっては,心の成長を何とか成し遂げようとする試みなのである。

　また,この時期には,著しく強い団結力で,ごくささいなことが「ちがう」他人を排除し,残酷になるが,これは,徐々に獲得しつつあるまだ脆弱な同一性の感覚が消失してしまわないための必然的な防衛だとエリクソンは指摘する。大人には理解しがたい不寛容さや残酷さで,毛色の違う同級生を排除するという中学校でしばしば見られる現象も,生徒には成長過程の必然的な行動と

いう面がある。ひるがえってそれは，排除される側の生徒にとっては，大人の基準では測り難い残酷さを感じさせうるものでもあろう。

　この時期の友人関係に，こうした心理的な意味があることを，教師が知っておくことは重要である。エリクソンは，こうした意味を大人が理解することが重要であり，理解することは，それを大目に見たり，それに同調することではないと言う。むしろ子どもたちの心の状態を捉え，教師のすべきことを把握するのに，こうした理解が重要な意味を持つといえるだろう。残酷な行動や極端

学習を支える保健室の役割

　悩みを抱えた生徒にとって，保健室は心を打ち明けやすい場所の一つである。教室を授業という公的な営みの場とすれば，保健室は個人の心身の健康という極めてプライベートな事柄を扱う場である。それだけに，私的な思いも打ち明けやすい。教室の緊張から開放されホッとできるのも保健室の良さだろう。休み時間に多くの生徒が訪れる保健室は，「溜まり場」として批判される場合もあるが，息抜きの場として保健室が機能することは，気分転換して次の授業に臨んだり，不安な気持ちを静め，不快な気持ちを開放して学習に集中するためにも，意味がある。保健室に息抜きに訪れる生徒がいる学校は，そうでない学校に比較して学校ぎらいによる長期欠席者の出現率が低いという調査結果もある[34]。

　また，生徒が教室とは違った姿を見せる保健室の状況は，担任教師にとっても生徒理解に役立つ場合が多い。さらに，単なる情報源としてだけでなく，担任教師と養護教諭が情報交換や対応についての相談を繰り返して連携することで，保健室は生徒の成長を援助する文字どおりの"成長の場"として機能する。たとえば，自己表現が苦手で友人関係に悩む生徒であれば，養護教諭と担任教師が連携して，保健室を安心して自己表現できる場としてその子に提供することができる。養護教諭や保健室を訪れる生徒たちを相手に自己表現できるようになれば，その時期を待って，担任教師が他の教室場面でも自己表現できるチャンスをつくるなど，多様なかかわりが可能である。担任教師だけでなく，養護教諭やクラブ顧問など，その子をとりまく複数の教師の連携は，子どもにとって大きな助けになる。保健室はそうした連携において，キーステーションとなりうる場ではないだろうか。

な行動と表裏一体に存在する，自己の不確かさや不安，欲求の処理に戸惑い，どうしたらよいのか，自分は何なのか，文字どおり自分でもわからない段階に，生徒はいるのだということ。教科学習だけでなく，自分をつくり上げていくという大きな課題に直面し，子どもたちには，学習と自分づくりの両立という困難が存在することも記憶しておきたい。

第3節　教師－生徒関係，生徒同士の関係の発達的な変化

前節では，青年期の同一性の獲得という点から友人関係の意味について言及したが，本節では，児童期から中学高校生までの友人関係および教師との関係の発達的な変化を概観しよう。

友人関係の発達的な変化
6～7歳の小学校低学年では，子どもたちは比較的一時的なグループの中で結びつき，グループのメンバーも，たまたま居合わせた者であると言われる。そしてそれが，9～11歳の小学校高学年になると，一定の**仲間関係**が形成される。10歳頃でも，グループの友人関係は急速に入れ替わるものの，その一方で，固定した**親友**もつくられる[21]。

子どもは，学校という社会に入ることで，家庭の限界や偏りが是正される機会に恵まれる。同年輩の新しい権威(ボス)を相手に，どう行動したら成功あるいは失敗するのかを見抜いたり，他の児童がしていることを見て，それが叱責されるかどうかを知る。また，個々人の間の違いに気づくようになる。個々人の違いが大きいさまざまな同年輩の子どもたちと接触することで，その子たちとうまくやっていく必要に迫られて，どういう違いは肯定されるか，どういう違いは修正した方が良いかなどについて把握できるようになっていく[30]。

幼児期には，自分の視点と他者の視点が区別できなかったが，児童期には，

その区別がつくようになる。青年期以降のように自分の視点と他者の視点を同時に考慮することはできないものの，自他の視点を一つずつなら考慮できるようになり，このような他者の視点に対する理解の発達が，友人関係の発達と関連しているという研究もある[27]。とはいえ，この時期の子どもたちは，自分以外の人間が持つ価値観に対しては驚くほど鈍感であり，子どもたちの一部は他の子どもから手荒くしごかれたり，対人関係にその後には例をみないほどの手荒さが見られる場合もある[30]。

　サリヴァンは，子どもは8歳半～10歳頃に，同性の特定の人一人に対しての関心という新しいタイプの関心を持ちはじめ，これによって，相手の子にとって何が大切かということを察知できるようになるという。自分が相手に近づき，相手の目で自分を眺めるという新たな能力を持つようになり，特定の友達（親友）と仲良くやりたいという欲求から，自分の行動を好ましい方向へ変化させていくのである。サリヴァンはこの過程を重視し，相当重症の欠点を持つ人びとも，友達との関係によって欠点が自然に是正され，さもなければ重症の精神障害に陥るような場合にも，この過程によって救われると指摘する。特定の友達との関係の樹立は「信じられないほどの重要性」があると指摘するのである。たとえば，無茶苦茶な駄々をこねるような自己中心的な子どもも，親友とうまくやりたいがために，他者から無制限の奉仕を期待する傾向がぐっと少なくなるという。

　さらに，小学校高学年から中学生ぐらい，第2次性徴が現れる頃になると，同性だけの結束の強い集団という特有の友人関係が現れ，権威に対する反抗や他の集団に対する反抗，異性集団に対する拒否などが顕著になる[33]。この時期の男子中学生に，学校別グループ同士の暴力沙汰などの集団抗争が起こるのも，こうした反抗性のためだと言われる。さらに中学生では，同性の友人との一対一の関係が重要になり，身体の変化や性的な衝動，親からの分離にともなう空想・願望・欲求・葛藤・不安などの処理をめぐる援助者として同世代の同性の

友人が求められる。援助者として異性を直接求めるにはまだ不安があり，かといって親の世代では距離がありすぎるのである(33)。この後，現実の異性ではなく，アイドルや架空の人物などに対象を求める過渡的な時期を経て，高校生頃になると異性との関係を築く時期に入り，複数の異性との集団的な交流から一人の異性を求める時期へと変化する(33)。

　こうして友人関係は，個人の成長にともなって変化し，個人の成長を支えていく。先に述べたサリヴァンの言う親友との関係の成立は，10歳前後よりもずっと遅くなって経験される場合もあるが，いずれにせよ，こうした関係が成立するかどうかは，健康な発達に重要な影響を与える。また，**社会的支援**(ソーシャルサポート)という意味でも，友人関係は重要である。6歳から12歳の子どもにとって，教師は情報的な社会的支援の提供者であるのに対して，友人は一緒に遊んだりするコンパニオンとしての社会的支援の提供者だという調査結果もある(22)。心理的成長や気持ちの安定なしには，学習の成立も難しい。大人になっていくのに欠かせない心の成長や気持ちの安定に，友人関係は大きく影響している。

教師との関係の変化

　児童期には，同年輩の権威に出会うのと同時に，新しい権威としての教師にも出会う。教師の叱り方，子どもに対する見方や関心の持ち方などは，両親のそれとはさまざまに異なるだろう。子どもは自分の家庭の権威像とは全く異なる権威像を経験する。そしてこれによっても，家庭で培われてきた行動に修正が加わる。また，両親を人間として眺め，両親が大人としてどんな人物であるかを見分ける始まりは，この先生からは得るところがあるとか，あの先生からは，マイナスしか得られないとかに気づくことであるという(30)。

　また，次のような調査結果もある。小学校6年生から大学4年生までを対象に心理的な独立の過程を調査した結果，中学1年生ぐらいまでは，**共生欲求**が

→巻末用語

高く，幼児的な依存対象との共生的な関係が残っているが，中学2年生以降高校3年生ぐらいの間には，依存と独立を巡るさまざまな葛藤が起きて，自我の弱化や退行が現れ，青年は，親友との間で自我のサポートを得ながらこの危機的な時期を乗り越えて，両親から精神的にも物理的にも急速に距離を取り始めていた[31]。

このように「共生欲求」の高い中学1年生頃までは，幼い子どもが両親に甘えるように，教師にも甘え依存したい心理があり，その一方で，両親とは異なる大人として教師を子どもなりに観察し，絶対的な存在だった親を，一人の人間としてみるようになる手がかりを掴んでいくのだろう。そして，依存と独立を巡る葛藤が高まる中学2年生頃からは，親への反発を教師にも感じ，それまでの甘えたい気持ちより，反発が強くなることも予想される。

また，小学校から中学校に入学することで，子どもは教師－生徒関係を含む学校環境の大きな変化を経験する。中学校の諸要素が，子どもの発達段階に適合しない場合には，学業への興味が失われるなどマイナスの変化を起こすという。中学生は，自律性や自己決定，友達への志向，自己意識，アイデンティティの問題，異性との関係，抽象的な認識などへの欲求が高まる時期にある。ところが，小学校から中学校への学校環境の移行は，これらの発達的な欲求と相反する方向にある場合が多い[3]。たとえば，中学校は，小学校に比較して，①教師の支配と指導が強調され，生徒が意志決定し選択し自己管理する機会も少ないこと。②個人的肯定的でない教師－生徒関係，すなわち，あまり友好的，支援的，養護的でなく，生徒への信頼も少ない関係。③クラス全体での活動組織や学級間での能力別編成，公的な評価などが増え，社会的比較や，評価への関心，競争が増加すること。④教師がスペシャリストであるため，できの悪い生徒に対する教師の効力が低く，⑤小学校6年生よりも中学1年生の方が低い
→巻末用語
レベルの**認知的スキル**が授業で要求され，⑥生徒の能力を評価するのに，教師がより厳しい基準を用いることなどである。すなわち自己意識が高まる時に，

競争や比較が強調され，認知的能力が高まる時に低いレベルの認知的スキルが用いられ，支配への欲求が成長する時に意志決定の機会が減少し，さらに友人関係や家庭外の大人との親密な関係への欲求が高まる時に，社会的ネットワークが絶たれるのは，生徒の発達にとって有害であるとこの調査は指摘する。

　一方教師にとっては，急速な変化と不安定さを抱える思春期の生徒を前に，教師自身の経験した思春期が問われることになる。大人は誰しも思春期に解決できなかった葛藤を残しているが，それらは普通ベールで覆われて大人の生活を妨害することはない[1]。しかし，毎日思春期の生徒たちとかかわる教師は，自らが思春期に経験した"もがき"を基準に，生徒たちとかかわることになる。ある生徒たちに不思議と共感したり，ある生徒には理由もなく心をかき乱されたり，あるいはある種の行動に，特別多くイライラし，苦悩したりするのは，教師自身の思春期の問題と同じ問題を，その生徒が持つためであったり，何らかの意味で，教師自身の思春期の問題が反映しているのだと言われる[1]。こうした場合には，なぜこうした現象がおきるのか，感情に巻き込まれずに冷静に検討する必要がある場合もあろう。

　いずれにせよ教師はこうした子どもの**発達段階**を考慮し，大人に甘えたい時期の子どもなのか，自立に向けて反発も強まり，依存と反発の両端を揺れる時期の子どもなのかなどを見極め，それに配慮することが必要である。

第4節　学校風土・学級風土

学校や学級の個性 ── 「白雪姫と7人の小人」学級と「芸術家」学級

　明るい学級，おとなしい学級など，学級には独自の傾向や雰囲気など学級の個性が存在する。こうした学級あるいは学校の集団としての性格，あるいは集団全体としての傾向は，**学級風土・学校風土**と呼ばれてきた。

　たとえばある調査[35]では，ある高校1年生の2つの学級に，次のような対照

的な学級風土が観察された。1つの学級は，生徒が幼く素直で，似通ったタイプの生徒が多く，生徒同士が親しくまとまっていて，教師に近付いてくることが多かった。若い女性教師を中心に，誰かが教師に投げかけた言葉を他の生徒が受け取り，生徒たちが皆ひとつの輪になって楽しげに授業が進む。さながら「白雪姫と7人の小人」が和気あいあいと仕事をしているような雰囲気だった。その一方，もう一つの学級は，生徒が大人びていて髪型や体型も個性的であり，生徒同士お互いがよそよそしくバラバラに行動し，教師に近付いてこないという特徴がみられた。あたかも，気むずかしく個性的な「芸術家」たちが，それぞれ独自に仕事をしているような雰囲気であり，教師とのかかわりも，必要に応じて個別に質問するなど，あっさりしたものだった。これら2つの学級は同一高校の同学年に所属する学級であるが，このように対照的な風土を示したのである。2つの学級を教える一人の女性教師は，「白雪姫と7人の小人」学級では，生徒が甘えてくるので，自然と「お姉さん」的に振る舞い，「芸術家」学級では，生徒の独立への志向が強いので，生徒のつくっている雰囲気を崩さないよう，いわば教師が生徒の世界を壊さないように行動していると言う。さらに，この教師の生徒に対する見方(RCRTの結果)も，2つの学級で異なっていた。このように，学級の風土は，しばしば個性的なプロフィールを描き，それに応じた行動を教師に生じさせたり，場合によっては教師の見方も変化させるだろう。

　さらに，こうした集団の個性は，学級だけでなく，学校全体にも存在する。学校の個性とも言うべき学校風土は，校長や教頭など，その学校の**管理職**によって異なるという研究結果もある[8]。また，特に公立の学校においては，地域の生徒が持つ家庭的な背景など，その地域の特性にも学校のあり方が左右される。たとえば，管理的と言われがちな中学校の**校則**も，服装検査などを厳しく行う学校が多い地域もあれば，比較的自由な指導を行う学校が多い地域もあるなど，地域差・学校差が存在する[34]。さらに，その背景には，学校に厳しくし

つけを行って欲しいと期待する父母が多い地域もあれば,人権や自由を尊重して欲しいと期待する父母が多い地域もあるなど,学校への期待が学校あるいは地域によって異なることも無関係ではないだろう。

学級風土と学習

こうした学校や学級の個性は,生徒の学習や精神的な健康にも関係する。それらの関係については学級環境あるいは学級風土が子どもに与える影響として研究されてきた[6][20]。

幼稚園から高校3年生までを対象にした研究を総合してメタ分析を行った結果,目標への志向性が高い・学級での決定が民主的に行われる・生徒たち各人が多様な興味を追求している・物質面で**学習環境**が整えられているなどの特性が高い場合には,生徒の学習への理解度・意欲や興味・学力が高かった。反対に,いさかいが多く・学級が小グループに分かれてバラバラであり・しらけて無気力・えこひいきがあり・授業の準備や構成が整わず生徒は授業がよくわからずに混乱するなどの特性が高い場合には,生徒の理解度や意欲・学力が低かった[11]。

学級風土は,学習に直接関係する変数ばかりでなく,生徒の満足度や肯定的な気分とも関連する。ある研究では,教師の生徒へのサポート・常に新しいことを試みる授業・生徒の積極的な関与などが多い場合に,高校生の教師への満足度が高く,規則の明解さが高い場合に学級への満足度が高かった[32]。また,小学生を対象にした研究でも,授業がうまくいき秩序ある学級・生徒の積極的な関与・規則の明解さが高いと認知される学級では,子どもの自己制御が高かった[12]。さらに高校を対象にした調査で,欠席率が高い学級は,競争や教師の統制が高く[19],退学率の低い学級は,生徒間の親和性が高かった[18]。

さらに,学級風土は生徒ばかりでなく,教師にも影響する。学級風土は,教師の**燃えつき(バーンアウト)**の一要因であり[2],教師の**ストレス**を低減するには,

生徒の誤った行為を減らすよりも，むしろ，教師が生徒の行為に対処する際に助けを得られるような，支持的な風土を発展させることが効果的だという研究結果もある[10]。

学校風土・学級風土という集団全体の性格を捉える視点は，ともすれば，見逃されがちであるが，子どもや教師がのびのびできる雰囲気や，支持的な風土など，組織の目標に好適な風土を考える視点は重要であろう。

よりよい学級風土を創る

それでは，学習に適した学級風土とは，いかなるものだろうか。

上記の研究結果からいえば，目標志向性・民主性・多様性・教室内の物理的環境・教師のサポート・授業の革新・生徒の関与・規則の明確さ・親和性などが好適な学級風土の条件として考えられよう。

こうした諸条件を包括するものとして，ロジャーズの**自由な風土**の考えがある。ロジャーズは真に意味のある学習を成立させる条件として，以下のように考えた[23]。たとえば外国へ転居した幼児は遊びの中で自然にその国の言葉を学習してしまう。遊びの中から，子どもは自然と自分にとって重要で意味のあるやり方で学習しているのである。しかし，誰かが教える側のやり方でその言葉を教えこもうとしても，学習は驚くほど遅くなるか，停止してしまう。このように，意味のある学習は，学習者が個人的に夢中になってするような，自己主導的なものであり，「発見した，理解した」という感覚が内部から起こってくるものだとロジャーズは考えた。そして，そうした学習のためには，生徒が「自分の目標や，自分の欲求や，自分の気持ちやアイデアを，自由に探索するようになる」自由な風土が必要だと考え，それを成立させる条件，学習を促進する人間関係として次の**3条件**を論じたのである。すなわち，①学習の促進者における真実さ・純粋さ，すなわち教師が，自分自身を否認することなく，自分自身になっていること，②学習者を大切にすること・信頼すること，③学習

者に対する感情移入的な理解をすること，である。

このようなロジャーズの考えを基に，生徒各人が自分の興味や価値観を明確化し民主的な風土を形成するため，学級風土改善のカウンセリングプログラムも行われている[28]。また，学級風土改善の一方法として，教師のサポートや生徒の関与など，学級風土の諸次元に関して，実際の学級風土と理想の学級風土の不一致点を明らかにできると，それによって，不一致な点が改善されることも指摘されている[5]。

ゴードンの教師学

ゴードンは，ロジャーズの考えを発展させ，教師のための人間関係トレーニングプログラム「**教師学**」を開発した[7]。教師学の提案する，自己主導的学習に有効な教師の生徒へのかかわり方を紹介すると，たとえば，「能動的に聞く」方法がある。教師自身の意見や評価はさしひかえ，相手の言葉を繰り返し，話の内容を教師の言葉で整理して，生徒の気持ちを確認しながら積極的に話を聞いていく。丁寧に聞き取ってもらうことで，生徒は嫌な感情などから開放され，学習に取り組める。また，「わたしメッセージ」という方法もある。ともすれば教師の発言は，「(あなたは)なぜ課題を出さないのか」など，生徒(あなた)を主語に，生徒の行動のみに言及する「あなたメッセージ」に終始しがちである。しかしそれでは，背後にある教師の考えが伝わらない場合が多い。生徒には自分の行動が否定的に指摘されただけで終わってしまう[17]。そこで生徒ではなく教師を主語にして語るのが「わたしメッセージ」である。「課題が提出されないと授業が理解してもらえたかどうか分からなくて，私は戸惑う」など，①何が，②どう(明確かつ具体的に)影響し，③教師にどんな感情を引き起こすのかを，教師を主語にして語ることで，人間関係を壊さずに，教師の考えを明確に伝えられる[17]。さらにこうした方法を生徒同士でも使い合い，話しやすい風土を学級に形成することも提案されている。

【演習問題】
1 読者の小学生・中学生時代を振り返り，自分自身の体験した友人関係の変化をまとめてみよう。
2 「能動的な聞き方」や「わたしメッセージ」を使ってみよう。それによって会話の流れや相手との関係がどう変化するかを考察してみよう。

【参考文献】
・浜名外喜男・蘭千壽・古城和敬　1988　教師が変われば子どもも変わる ── 望ましいピグマリオン教育のポイント　北大路書房
　　教師期待研究やその応用について，比較的詳しい内容が，教師向けに読みやすくまとめられている。
・近藤千恵　1994　教師学　心の絆をつくる教育　親業訓練会
　　ゴートンの教師学をわかりやすく紹介している。教師がどのように話しかけたら生徒の心を開くことができるかなど，生徒へ働きかけるコツを，多くの例を挙げて具体的に説明している。教職を目指す学生には，特に参考になるだろう。

第10章　学校における心の悩みへの対処

本章では、学校における子どもの心の問題をどのようにとらえるか、その際の留意点について論じる。さらに、近年話題になっているスクールカウンセラーについての実践報告をふまえて学校現場で相談活動(カウンセリング)することの意味について考えてみたい。

第1節　子どもの問題行動をどうとらえるか

心の問題が顕在化する兆候

学校現場において、子どもの心の問題の深刻化が叫ばれている。**いじめ**はますます陰湿・残酷の度を強め、**不登校**の数はいっこうに減少する動きを見せない。さらに、非行や心身症など、子どもの心の問題を反映した現象は多様化を極めている。

ところで、子どもの心の問題は、最初はどういう形で現れるのであろうか。言語化できない低年齢の子ども、あるいは言語化しようとしない思春期の子どもたちは、ときには直接に、ときには屈折した形で、**心の赤信号**を表現する。表10-1に示したのは、子どもの心の問題が顕在化する場合の兆候である。子どもとかかわる大人には、こういう信号を敏感にキャッチできるような感受性を磨くことも求められる。「問題行動」として処罰や叱責の対象とするのではなく、また"取り去ればそれで終わり"と考える前に、これらの行動に隠された子どもたちの心の訴えに耳を澄ませることが大切である。

表10-1　心の問題が顕在化する兆候

＜学校生活＞	＜家庭生活＞
欠席・遅刻が多い	家族と一緒に食事をしなくなる
教師に対して回避的になる	親に対してからんでくる
教師に対して攻撃的・挑発的になる	親に対して回避的になる
教師に対して依存性が高まる	親に対して攻撃的・挑発的になる
成績が急に低下する	親に対して依存性が高まる
勉強に集中できない	きょうだいに対して挑発的になる
私語が増える	食欲不振
何か他のことを考えている	不眠
よく居眠りをする	寝言が多い
ひとりきりでいる	就寝時間が遅くなる
教室から出て，どこかへ行く	沈黙が多く，考え込むことが多い
級友と口論が多い	ひとりで自室にこもったまま
変わった遊びや性的な話を始める	外出してなかなか帰宅しない
保健室へよく行く	級友や教師の批判を多くする

"問題"と言われる現象が持つ意味

では，子どもの問題行動をどのようにとらえればいいのであろうか。ここでは，以下の3つの点を提起したい。

まず第1は「**メッセージとしてとらえる**」という視点である。これは問題行動に対し"どうしてその子どもが，そういう行動をとらざるを得なかったのか""その行動を通して，本当は何を訴えたかったのか"ということに目を向けようという態度につながる。小・中学生では，自分の感情や悩みをうまく言語化できない子もいる。また，わかっていても，大人に対して素直に表現できずに屈折した態度に出てしまうことが多い。その点に注意しながら子どもに寄り添う形でその言動を見つめていると，「問題」と言われるネガティブな現象の裏に，「かまってほしい」「自分に目を向けてほしい」という真実の心の叫びが聞こえてくることがある。これが第一の"メッセージとしてとらえる"という視点である。

次に，子どもを「発達というプロセスの中でとらえる」という視点が挙げられる。たとえば，不登校児童生徒に対し「今，学校に行かないことがその子どもの将来を決めてしまう」と考えたり，非行少年に「悪」のレッテルを貼り「一生逸脱した人生を送るだろう」と諦めたりするのではなく，今，目の前で起こっている現象は，発達というプロセスにおける一つの通過点であり，そこに可塑性を見出そうという見方である。すべての子どもが一定の発達段階を順番通りにたどるわけではないし，各段階に到達する年齢にも個人差がある。発達のプロセスには，停滞する時期もあれば，一時的に退行を見せる時期もある。そういうダイナミックな動きの中で，今，目の前にいる子どもがどういう発達段階にあるのか，どの段階でつまずいているのかをとらえる視点が求められる。

第3に挙げたいのは「関係の中でとらえる」という視点である。子どもに限らず人間は，常に人との関係の中で生きている。一人の子どもをめぐる人間関係は生徒と教師の関係，子ども同士の関係，子どもと親の関係というように，複雑なネットワークをなしている。一人の子どもを「個」として見る場合と，「集団」の一員として見る場合とでは，違った面がクローズアップされてくる。とりわけ学校という生活空間では，同年齢・異年齢集団とが複雑に絡み合った場であり，クラスメートとの関係が一大関心事となる。仲間集団でのいざこざが心の問題を引き起こすこともあれば，その問題が解決され癒されるのも，多くの場合，仲間とのつながりを通してである。今，目の前の子どもが，どういう背景をもち，どんな環境に生きているのか，こういった観点なしに子どもが抱える問題の本質は見えてこない。

子どもの心の問題を理解する上で，陥りやすい問題点

ところで，学校現場において子どもの問題行動にあたるのは，その子にかかわる教師である。教師がクラスの生徒一人ひとりの個性を把握し，その子どものニーズにあった対応をとるというのは教育の理想ではあるが，決して容易な

ことではない。一人ひとりに目を届かせているつもりでも，教師の側の見落としや誤解は少なくない。いじめ問題に関するデータからも，子どもはクラスの9割以上のいじめの存在を認識できているのに，教師側の認識は半分以下というずれのあることが指摘されている[17]。

そこで，子どもの問題行動が教師の目にとらえられにくいと言われる背景について考えてみたい。次に挙げるのは，学校という組織に特有の問題である。

担任教師にとって自分が受け持つクラスは自分の「お城」であり，クラス内での教師と児童・生徒の間には，親子関係に共通するようなつながりが生じやすい。親子のつながりが心の支えとして「親密な絆」になる場合もあれば「互いを縛る足かせ」になる場合もあるのと同様，教師と子どもの関係も両刃の剣である。教師が子どもに対して絶対的な信頼感を持てるのは望ましいことではあるが，それがときには「ウチの子に限って」という油断につながり，クラス内の問題の芽を見過ごすことにもなる。さらに，クラスの中の問題を認めたくないという気持ちの裏には，「学級運営能力が低い」と評価されることへのおそれもあろう。担当学級をうまく経営できるという評価は，教師にとっては一大事である。クラス内での問題は「我が家の恥」であり「自らの能力不足」をさらけ出すことにもなると考えられていることも多いのである。そういう教師サイドの事情が，問題行動の早期発見を邪魔している場合もあるだろう。

また一方，個々の子どもに対する教師の見方そのものが問題をはらむこともある。たとえば**ラベリング効果**とか**ハロー効果**と呼ばれる現象である。前者については，「できない子」「悪い子」と言われる子どもにおいて問題になる。たとえば，非行を犯した少年に対して「悪」のレッテルを貼り白眼視することが，少年に挫折感や疎外感を与え，更正しようという意欲を失わせるというものである。つまり，教師の色眼鏡的な視線が子ども自身をゆがめてしまうという危険性を示唆している。一方「ハロー効果」とは，ある子どもの一つの特性について，良いあるいは悪い印象を持つと，その他の特性についても不当に良いと

か悪いとみなしてしまう傾向を言う。こういう傾向が問題となるのは，たとえば，ある優等生的な子どもに対して「この子は成績が相当良いから，悩みや問題行動を起こさないだろう」と安心し，心の奥に隠されたその子の悩みを見過ごしてしまう場合などである。

以上，教師が学校という場で子どもを理解する場合に陥りやすい問題点を挙げてみた。子どもの心の問題を考えるにあたっては，個々の子どもや学級に対する教師自身の見方から問い直すことが重要であると言えよう。

第2節　教育とカウンセリング

子どもの心の問題に対処するため，学校現場でもいろいろな方策がとられている。1960年代，ロジャーズの**非指示的カウンセリング**の手法が入ってきたころ，学校現場でも「**カウンセリングマインドによる教育を**」というスローガンがあがり，生徒指導の一つとして教育相談を充実させようという動きが活発化した。しかし，その導入はあまり成功を見なかった。その原因の一つとしては，教育とカウンセリングとが，互いに相容れない特徴を持つということが考えられる。

教師の目・カウンセラーの目

そこで，教育とカウンセリング，教師とカウンセラーの違いを考えてみたい。その一つとして挙げられるのが，子どもの問題行動のとらえ方におけるこの2つの立場の違いである。これについては，ウィックマンが「教師は反社会的問題行動をより重要視し，精神衛生家(心理臨床家)は非社会的問題行動をより重要であると考える」ことを論じて以来(表10-2)，数々の追試的研究がなされてきた。たとえば小川も追試的研究の結果，「教師の態度は精神衛生家(心理臨床家)のそれと違って，依然として，明瞭な非行や攻撃的な態度や学習の進展

表10-2 行動問題の教育相談　→巻末用語

	第1群	第2群	第3群	第4群
教師による評価	不道徳，不正直　権威への不服従	教室の秩序破壊　学習態度不良	攻撃的，暴力的行為	ひっこみ思案
精神衛生家による評価	ひっこみ思案	不正直，残忍，爆発性，放浪	不道徳　教室の秩序破壊	権威への不服従

　　　　　　　　　　もっとも重篤 ←――――――――――――→ もっとも軽微

出典：田中教育研究所　1968　行動問題の教育相談　日本文化科学社

表10-3 学校教育と心理療法との比較

	学校教育	心理療法
担当者	教師，集団としての教師	心理療法家
対象者	子ども個人，集団としての子ども	悩みをもっている個人
接触頻度	毎日	50分／週1回
接触形態	1対多，集団対集団	1対1
接触場面	生活する中での観察・指導。さまざまな場面。	面接室・遊戯室
対処方法	生徒指導。一般的には集団指導。必要に応じて個別指導。現実的・具体的な事実をもとに積極的に指導し援助する。現実的な課題を設定し，段階的な課題解決に向かって努力する。現実復帰の促進のしやすさ。	原則は個対個で傾聴する。内面に添いながら本人が自分を見つめ，確かめ，受け入れ，成長していくプロセスを援助する。現実復帰への具体的援助のやりにくさ。
保護者への対応	学年に1～3回の保護者面談。PTA。	定期的な親子並行面接・家族療法など。
時間的枠組	学年・学期の区切り。	時間的制約にとらわれず本人の成長待ちの姿勢。

出典：鵜養美昭　1992　学校教育と心理臨床　氏原寛・小川捷之・東山紘久・村瀬孝雄・山中康裕(編)
　　　心理臨床大事典　培風館　1114-1122.

を阻止する怖れのある行動を重視し，従順な引っ込み思案的・内閉的な態度や退行的な行動を軽視しがちである」ことを確認している[8]。

さらにこういう子ども観のずれの背景には，教師とカウンセラー，それぞれの立場や期待されている役割の違いがある。鵜養が示すように(表10-3)，カウンセラーは**個人**としての子どもを対象にし，その子どもが自己実現していくのを支えるのが目的であるのに対し，教師が見る子どもは**集団**であり，一人ひとりの成長と同時に学級全体をうまく運営していくことも教師の重要任務とされる。そういう状況の違いを抜きに，両者を単純に比較したり，カウンセラーの目を基準として教師のあり方を批判・攻撃することには慎重でありたい。教師とカウンセラーは，子どもの心の成長にかかわるという点では車の両輪であるといえる。しかし，それぞれの車輪が並行しながらも別の軌跡をたどることで一台の車が進んでいくように，両者は「互いに独立しながらの共存関係」にあることが望ましい。

第3節　学校現場でカウンセリングするということ

スクールカウンセラー制度の発足

以上のように，学校現場では教師自身がカウンセリング・マインドを持って生徒指導や相談活動に当たるような指導が推進されてきた。ところが，教師とカウンセラーの役割や立場上の違いのために，その成果は目に見える形では現れず，学校内だけの対応の限界が指摘され始めた。そこで，不登校，いじめ，高校中途退学などが社会問題化する現状に対応し，文部省は平成7年度より**「スクールカウンセラー活用調査委託事業」**を開始した。この事業は，学校現場における問題解決を図る一助として，**臨床心理士**等の専門家を派遣するという形態をとり，平成7年度は154校が協力校となった。

さらに平成8年度には，初年度の3倍以上の予算が計上され，その後もスク

ールカウンセラー配置校は右肩上がりに増えていった。当初,試行的に配置された スクールカウンセラー事業であったが,平成13年度からは,いじめや不登校の発生が多く思春期という難しい年代にもあたる中学校に計画的に配置する事を目標とし,「スクールカウンセラー等活用事業」が開始されることとなった。そして平成20年度からは,少年非行の低年齢化や児童虐待の深刻化等をふまえ,小学校への配置を拡大するとともに,高等学校を含め地域や学校の実態に即した弾力的な配置・活用が進められている。

　この制度の導入により,相談室という守られた枠組みを外れた場(学校)に,教師とは別の異質な存在(カウンセラー)を受け入れることになった。今こそ「教師かカウンセラーか」という二者択一ではなく,両者の連携のもとに「個々の児童生徒の成長発達への援助」という共通の目的に貢献しうる時である。そのためにも,双方が互いの機能を引き出しあい,互いの役割や関与のあり方を再構成することが求められている。

スクールカウンセラーの役割

　では,スクールカウンセラーの役割については,これまでどのように論じられてきたのであろうか。荒井によると,スクールカウンセラーの役割としては,①学級担任への援助,②子どもや親への援助,③専門機関との連携,④校内研修の企画・運営,⑤行事計画の立案・実施,という5点が挙げられている[1]。一方,近藤は**学校臨床心理学**の課題として,①子どもへの「直接援助」,②子どもに関わる教師への援助を通して子どもの問題解決を間接的に援助する「間接援助」,③教師の援助力そのものの向上を援助する「教師への直接援助」,④「学校システム全体に対する援助」という4点を提唱している[2]。

スクールカウンセラーにに対する学校現場からの要望

　では,このスクールカウンセラー制度に対し,受け入れ側である学校現場で

第10章　学校における心の悩みへの対処　183

は，この制度をどう認識し，どういう要望を持っているのであろうか。伊藤[3]によると，この制度に対する学校教師の既知度の低さが報告されている。そこで，立場による意見の違いを明らかにするために，教師とカウンセラー双方に対し「スクールカウンセラーに必要な条件」についてアンケート調査した[4]。これは「専門的知識・技能を持っている」「スクールカウンセラーの訓練・研修を受けている」「学外の専門機関での実践経験がある」「教職経験がある」「現職教員である」「養護教諭の経験がある」という項目の中から，スクールカウンセラーの条件として望ましいものとして上位3位までに選ばれた比率を算出したものである。さらに，同じカウンセラーでも，教職歴の有無によってどのような違いがあるかを検討する目的で，教師群・教職歴のないカウンセラー・教職歴のあるカウンセラーという3群に分け，選択率の平均値を調べたところ図10-1のような結果になった。左半分には，カウンセラーとしての専門性や訓練・経験を重視する意見を，右半分には教職経験や現職経験，養護，管理職経験など学校現場における経験を条件とする意見を配置した。3群それぞれの結果を比べると，学校経験よりカウンセラーとしての専門性を重視すると

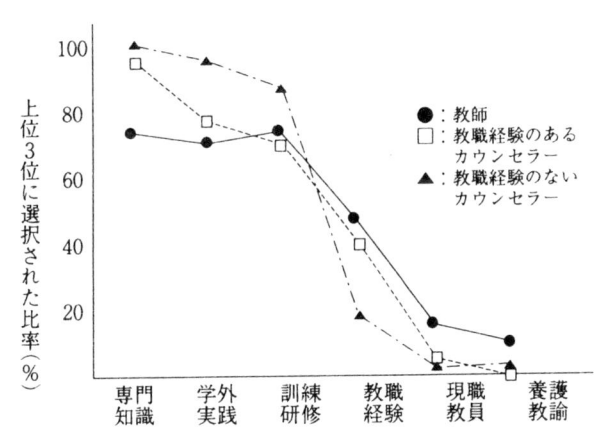

図10-1　経歴別に見た，スクールカウンセラーに必要な6条件

いう点では3群とも共通していたが，専門知識や技能についてはカウンセラー2群に比べて教師群の選択率は低かった。一方，教職経験については教師群は最も高く，それに続くのが教師経験のあるカウンセラー群，そして教師経験のないカウンセラー群は最も低い選択率であった。つまりスクールカウンセラーの条件として，心理臨床の専門性を重視する傾向は，教職歴のないカウンセラーが最も顕著であるのに対し，学校現場の経験については，カウンセラーよりも教師のほうが，また同じカウンセラーでも教師経験のあるもののほうが強く求めるという傾向が見られた。

　以上のことからわかるように，カウンセラーとしての専門性は不可欠な条件として認識されているが，学校現場からの要望としては，学校を知っている人にかかわってもらいたいという意見が相対的に強い。スクールカウンセラーが学校現場を舞台として展開される活動であることを考えると，専門性を身につける一方で，このような学校や教師のニーズにどのように応えるかが重要な課題となろう。

スクールカウンセラーの実践活動

　以上のような期待を担って，平成7年度に初めてスクールカウンセラーが学校現場に派遣され，その後，自己点検とも言える活動報告がなされている。それによると，派遣先の状況については，相談室もきちんと完備され学校全体で取組もうという姿勢ができている学校もあれば，スクールカウンセラー制度そのものが一体何であるかも知らされないままにおろおろと対応している学校もあった。スクールカウンセラーの配置がかなり広がった現状においても，学校による温度差は存在する。さらに子どもの問題状況によってもスクールカウンセラーに対するニーズはさまざまである。こうしたことからも，スクールカウンセラーに対しては，受け入れ先である学校の状況に応じて柔軟な対応が迫られていると言える。

表10-4　活動内容の一例

校内での活動	児童生徒対象	紹介，行事参加(遠足・運動会)，授業見学，給食参加
	教職員対象	校内研修，校内問題事例研修会，学年会参加
対外的活動	保護者対象	PTA広報部座談会，PTA広報誌での紹介，学校保健委員会，相談活動(親面接)
	他機関	市の教育相談室訪問，県立教育センター視察

出典：桑原和子　1996　スクールカウンセラーは誰のもの　大塚義孝(編)　こころの科学増刊　スクールカウンセラーの実際　日本評論社　92-95.

ここで，その活動内容の一例を見てみたい(表10-4)。こうした活動内容からも，スクールカウンセラーに対しては，きちんとした枠内でのカウンセリングではなく，学校の日常行事の中で，子ども，教職員，保護者，そして他機関との接点をもつための努力が払われているという現状がうかがえよう。筆者自身，スクールカウンセラーとしてある中学校に通ったことがあるが，親面接や教師との面談に並行して，学年集金や行事(体育祭や合唱コンクール)への参加を通して子どもとのつながりのきっかけをつくることを活動内容の一つとしていた。

このように，スクールカウンセラー制度は，従来からあった学校内の相談体制を支えるものではあっても，決してそれに代わるものではない。「学校という場が持つ治癒力」を最大限に発揮させるという役割を担った「影の立役者」であるという点を再認識する必要があろう。

学校現場からのスクールカウンセラー報告より

次に，スクールカウンセラー自身による多くの報告の中から，学校現場に入り込むにあたって心得ておくべきポイントと言えるものをまとめてみたい。

① まずは教師と仲良くなる……学校現場では教師との連携なしに活動できない。仲良くなるための方法として最も有効なのは，ふだんの"雑談"である。

② 居場所を作る……どこを拠点とし，どこまでをテリトリーに含めるか。まずは自分自身の居場所を作ることが大切である。

③ 学校の事情を理解する……学校には学校独自の事情がある。個人カウンセリングのルールは通用しないこともある。その点を理解しそれぞれの学校に合わせた対応が必要である。
④ 教師のサポート……子どもと直接関わるのは教師である。その関わりに迷い悩んでいる教師に対し，適切な助言・援助ができることが望ましい。
⑤ 別の視点を提供する……心理臨床の立場から，教師とはやや異なる視点を提供することが求められる。そのため，研修会の企画運営にも参加する。
⑥ 保護者のカウンセリング……親面接は，教師にとっては時間的にも立場的にも容易ではない。スクールカウンセラーなら比較的容易に親とも面接ができ，それは子どもの問題解決にも有効である。
⑦ 他機関との連携……学校内では解決が困難なケースも少なくない。そういう場合に，他機関の情報を提供しリファーするという役割が必要となる。

スクールカウンセラーは，学校にとっては「異質分子」である。相手の土俵に乗り込んで仕事をするからには，まずは相手の懐に入り込むこと，つまり，心理臨床の原理を学校に押しつけるのでなく，その原理を学校の状況に合わせて変えていくという柔軟性が必要とされる。また，学校においては「主役は教師」。教師が子どもたちとうまく対応できるよう援助していくこと，それが学校全体の問題解決につながる近道であると考えられる。

教師とカウンセラー，ともに専門とする足場は違っても，子どもの心の健康を願うという点では共通しているはずである。スクールカウンセラーが入ることで，"教師-子ども-保護者-他機関"という有機的なネットワークが築かれること，その点にこそ意味があるのではないだろうか。今後も試行錯誤を続けながら，双方が互いの専門性を尊重しつつ，それぞれの良さを活かした取り組みが模索されることになろう。

第4節　教師が相談活動に取り組むにあたって

教師が学校現場でカウンセリングする場合のメリット

ところで，こうした動きに対し，学校現場もまったくの受け身ではない。その方策の一つとして，教師自身の中からカウンセリング活動ができる人材を育てようという動きもある。たしかに，教師自身が学校現場でカウンセラーを兼務しようとした場合，表10-5に示すようなデメリットはある。また，さまざまな人間関係上の問題(他教師との教育観の対立)や**役割葛藤**(教師役割とカウンセラー役割との矛盾葛藤)の悩みが伴うことも予想される[2]。しかしその一方で，教師がカウンセリングを行う際のメリットにも注目すべきであろう。表10-5に示したように，メリットとされる特徴のいくつかは，「教師が集団で関われること」や「子ども集団を対象とできること」，つまり「学校そのものの特質を活かした対応」という点で共通している。教師が学校現場でカウンセリング的に対応しようとする場合，この「集団」というあり方をどう活かすかがポイントになるといっても過言ではない。

表10-5　教師がカウンセリングを行う際のメリット

《デメリット》
・多忙な教師の負担が増大
・タテ関係とヨコ関係の矛盾
　タテ：教えvs.教えられ
　ヨコ：カウンセラーvs.クライエント
・評価する立場との矛盾
・個と集団の矛盾
　生徒：教師個人とクラス
　教師：教師個人と教師集団
・枠(時間的・空間約守り)が弱い
・秘密が守りにくい

《メリット》
・早期発見と予防
・浅いレベルでの経験の累積
・情報が豊富
・健康な子どもの姿を知っている
・積極的・指示的関わり
・相互協力と有機的連携
・導入，現実場面適応が容易
・集団と個人の両方を見る目
・他教師との連携プレー
・友人や家庭との連携

教育と心理臨床の統合を目指して

　以上のように，教育現場にカウンセリングを根付かせるにはまだまだ問題が山積しており，これまでとは異なる視点から教育と心理臨床の統合を進めるという取り組みが求められている。たしかに，指導と教育相談という2つの場面において，教師は相反する言動を取らざるをえない場合がある。しかし，外面的に違いはあっても，いかにすれば真に生徒のためになるのかを追求するという点では両者の目標は底通しているのであり，この点を見直すことを通じて，異質なものを統合し新たな教育臨床のあり方を構築する可能性が見出されると考えられる。そのためにも，教えることと育てることという教育の両側面を調

聴くということ

　カウンセラーの仕事のうち最も重要であるとされるのは"聴く"ということである。ロジャーズが創始者とされる来談者中心療法では，この"積極的傾聴"ということがカウンセラーの基本態度とされ，そのための技法として「受容」「くり返し」「明確化」などが提起されている。相手(カウンセラー)に批判・評価されることなく，肯定的に受け入れてもらえているという暖かい雰囲気の中で，来談者は自分自身の内面を見つめ，それまで気づかなかった自己の一面を発見し，変化成長していくことになる。

　しかし，日常の人間関係の中では「ひたすら聴くこと」は意外に難しく，とくに教師から生徒に対しては，一般的な価値基準に従った助言や指導が先行しがちである。心の問題は「頭ではわかっているのにどうにもやめられない」というのがほとんどであり，表面的な励ましは，悩んでいる本人には「何の意味も持たない正論」であることが多い(たとえば，容姿の醜さを悩んでいる人に対して「人間のねうちは心の美しさ。外見の問題ではない」と説き，激励する場合など[11])。

　教師が学校現場でカウンセリングを行う場合も，一般常識による助言に終始するのでなく，悩んでいる本人自身が自分の力で「悩み尽くす」「悩み抜く」のを支えるような対応が求められると言える。相手の悩みをじっくり「聴くということ」は，表面的に助言したり指導するよりずっと多くの心のエネルギーがいる仕事なのである。

和共存的にそなえるのは難しいということを認識したうえで，その相反する役割の狭間で迷いや揺らぎを経験しながらバランス感覚を身につけていくことが必要となる。そして，心理臨床家が守られた時間と空間の中で行うカウンセリングを絶対視せず，また心理療法の理論や技法をそのまま鵜呑みにするものでなく，日々の実践の中で"教師にしかできない"新しい教育のあり方を模索していくことが，今後ますます求められていると言える。

以上のことをふまえたうえで，一人の子どもをめぐって，教育と心理臨床という2つの立場が前向きな議論を展開できるような場の確保，これこそがこれからの教育臨床に与えられた課題であると考える。

まとめ

1　じゅうぶん言語化することができない子どもは，さまざまな形で心の問題を表現する。子どもが示す問題行動は，①メッセージとして，②発達のプロセスの中で，③関係の中でとらえることが大切である。また教師は，子どもの問題をとらえる際，学級担任としての役割上の問題点や，ラベリング効果・ハロー効果に留意することが必要となる。

2　教師とカウンセラーは，子どもの問題行動に対するとらえ方や立場・役割に違いがある。一対一のかかわりを原則とするカウンセリングに対し，学校現場では集団としての子どもとかかわることになる。そこに，教育現場にカウンセリングが根付きにくい一因がある。

3　平成7年度よりスクールカウンセラー制度が導入された。学校という世界に異質分子が入り込むためには，現場の現状や要望に応じて柔軟に対応することが求められる。「学校教師は，スクールカウンセラーの条件として学校経験をより重視している」ということからうかがえるように，学校という土俵の上で信頼関係を築くことが第一課題である。

4　教師が相談活動をするにはメリット・デメリット両面ある。教師とカウンセラー，双方の役割や専門性の違いを十分認識した上で両者の統合をは

かる取り組みが重要になる。

【演習問題】
1　子どもの問題を考える際に、親や教師が陥りやすい問題点と心がけるべき点についてまとめてみよう。
2　あなたの身近に起こっている子どもの問題について、①メッセージとして、②発達のプロセスの中で、③関係の中で、という3つの観点から考察してみよう。
3　学校現場で教師がカウンセリングをする場合の長所・短所を明らかにしたうえで、問題を持つ子どもに対するクラス内での教師の対応のあり方について考察しよう。

【参考文献】
・河合隼雄　1992　子どもと学校　岩波書店
　　子どもの心の問題が深刻化・複雑化する今日、「教育」のあり方への問い直しが迫られている。教育の中の"父性原理と母性原理"「教えると育つ」「教師と生徒」という観点から、子どもと学校の新しい関係を考える書である。
・近藤邦夫　1992　教師と子どもの関係づくり　東京大学出版会
　　学校や教師の働きかけの質が子どもの心の問題にあたえる影響について明らかにしようとしている。学校現場にたずさわる教師や実践的研究者に「学校臨床心理学」の課題と方向を示唆する書である。
・村山正治・山本和郎(編)　1995　スクールカウンセラー――その理論と展望　ミネルヴァ書房
　　スクールカウンセラー制度発足にあたり、その仕事の理解と、子どもたちの援助に役立てることを目的として編集された。理論編では多角的な諸理論から幅広い視座と発想を提供し、それに続く技術編では、具体的な活動実践と経験が展望されている。また実践編は、現職のスクールカウンセラーの経験談で構成されている。
・清水將之　1996　思春期の心　NHKブックス
　　子どもから大人に向かう不安定な時期である思春期に生じやすい「心の危機」――不登校、拒食、非行、対人恐怖、うつ、分裂病、いじめ等。家庭や学校、さらには社会の問題とそれに対する対応の仕方についてわかりやすく解説されている。

これからの学校は何を目指すか

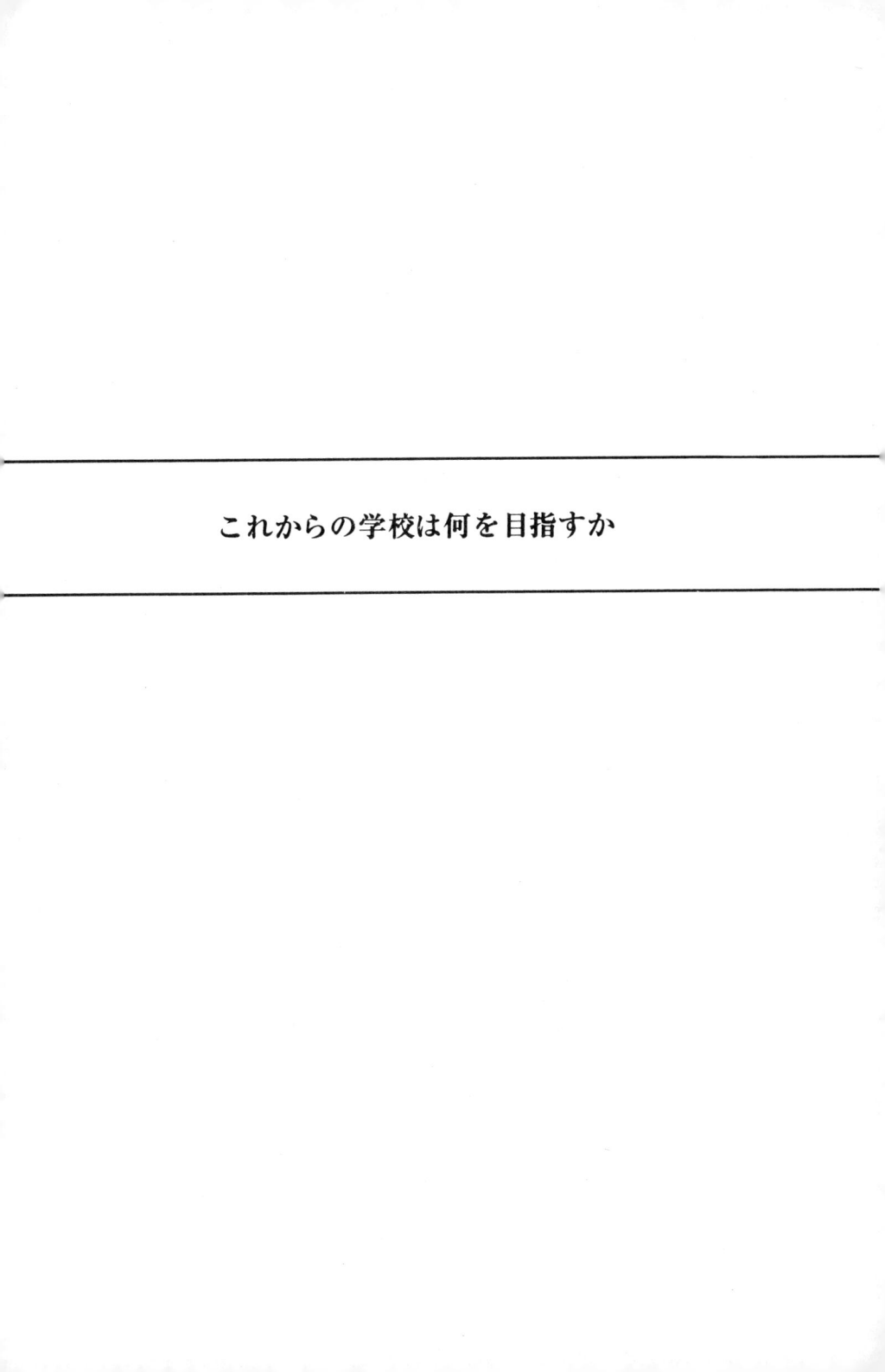

第11章 個性を伸ばす教育

　人間は一人ひとり顔形が違うように，元来個性的な存在である。子どもたちの学習指導においても，一人ひとりの子どもに注目し，その子の求めに応じた教育，いわゆる個に応じた教育を工夫していく必要があろう。本章では，個に応じた教育の原理と実際について，指導の個別化と学習の個性化という概念を核に考える。

第1節　個に応じた教育の原理

みんな違ってみんないい

　子どもは，というより人間は一人ひとり違っている。まずは，このあたりまえの事実を事実として認識するところから出発したい。
　たとえば教室には，何事もすばやくやれる「はやい子」と，万事スローモーな「おそい子」がいる。はやいのがよく，おそいのが劣るのではない。大器晩成という言葉があるように，おそい子はじっくりと深く物事を考え，丁寧な仕事をするかもしれないし，はやい子はその分仕事が粗く，またはやとちりをして失敗するかもしれない。はやいかおそいか自体には優劣はつけられないし，つけるべきでもないのである。
　ところが，現状でははやい子の方が圧倒的に有利である。これは，通常の学習指導が子どもたちの間に存在する個人差を無視し，一定のペースで行われることに起因する。「まんなかよりちょっと下」のペースで授業を実施することは現場の経験則である。「ちょっと下」という表現が暗示しているように，それは知能を典型とした「能力」を想定しているが，現実には「能力」があって

も学習速度のおそい子は、その指導ペースについていけない。教師は「5分でやってみましょう」といい、5分後にはきまって「まだ終わっていない人も鉛筆をおいて」と活動を途中で打ち切らせてきた。7分あればやれる「能力」をもっている子は、中途半端なまま次の活動へと強制的に向かわせられる。かくして、おそい子はその時間「できなかった子」になる。問題は、そんな日々の累積が、いつしかその子を「できない子」「能力のない子」にすりかえていくことであろう。

一方、はやい子は十分に学習を成立させていける。現状の学校教育の下では、はやい子は「できた子」になり、さらに「できる子」になりやすい。しかし、はやい子にも悩みはある。はやい子は、教師が5分と設定したところを3分でやってしまう。はやい子はいつも待たされており、その何割かは物足りなさやイライラを感じている。

学習速度一つとってもこれほどの問題があるのである。子どもたちはさらに、さまざまな面において異なっている。学習成立や学習の質に影響を及ぼす個人

キャロルモデル

学習速度の個人差に応じることの重要さは、次に示すキャロルモデルの2つの仮定に端的に表されている[4]。

① どのような学習者でも、十分な時間さえかければ、どのような学習課題でも達成することができる（能力の優れた者のみが、より高度な学習課題を達成する可能性を有するわけではない）。

② 現実に生じている学習到達度の差異は、その人が必要としていた学習時間量に対し、実際にどの程度の学習時間を消費したかによって決定される。

このモデルは、現実に存在するのははやい子とおそい子であって、できる子とできない子ではないということを示している。もし、この仮定が正しいならば、一人ひとりの学習速度に適合した学習機会を保障することで、ほとんどの子ども（後述する完全習得学習では95％を目指す）がうまく学べるはずである。

差を**学習適性**と呼ぶが，それには例示した学習速度のほか，習熟度，学習スタイル，興味・関心，生活経験などがある。なお，このうち習熟度と学習速度を**量的個人差**，他を**質的個人差**と分類することもある。ところが従来の教育は，常にたった一つのペース，たった一つの道筋，たった一つの教材，たった一つの目標で行われてきた。

子どもたちは一人ひとりさまざまに違っている。違っていていいし，違っていることが，その子の学習や発達にとって有利にはたらくようにすべきである。その子らしく学び，その子らしく育っていくことの基盤となり資源となるようにすべきである。少なくとも，違っていることが，その子にとって不利にはたらかないよう策を講じなければならない。

学習集団の再編成

多様な個人差に応じていくためには，結果的に同じ学年，同じ学級の子どもたちに，異なった教育を提供せざるをえない。これを差別的と批判する人がいるが，現実に存在する個人差を無視して画一的に扱う方が，結果的にうまく学べない子ども，その子らしく学べない場面を生み出す分，問題が大きい。形式的に同じように「教えた」ことをもって教育的平等が保障されたとする考え方を**形式的平等論**，個人差を考慮してその子の状態や求めに適合した指導を行い，同じように充実して「学べた」ことをもって教育的平等が保障されるとする考え方を**実質的平等論**と呼ぶ。**教育の機会均等**をうたった教育基本法第4条（旧法第3条）についても，実質的平等論を指すと解釈するのが一般的である。

したがって個に応じた教育では，時に従来の学級を解体し，新たな学習集団を再編成する。学習速度別，学習スタイル別，興味・関心別などの学習集団をつくり，それぞれに異なったペース，教材，課題を準備するのである。個に応じた教育の学習集団編成の原理は**等質編成**，すなわち学習適性において相対的に似通った者同士による**集団編成**である。

よりどころとすべき学習適性の選択は，教科や題材，目標などに照らして，学習成立にもっとも影響しそうなものとすればいい。計算技能の指導なら習熟度や学習速度，社会科の発展学習なら興味・関心や生活経験といった具合になるであろう。

学習適性ごとの集団を編成するからには，指導法が同じでは意味がない。各集団ごとに成員の学習適性に適合した指導を計画・実施することが必要である。単なる**能力別学級編成**がしばしば十分な効果を上げない最大の原因は，この指導法の適合化が行われない点にある。

編成される集団の数は，原則的には多いほどいい。集団内の等質性が高まるほど，指導法との適合性の高まることが予想されるからである。集団内の等質性が完全となるのは，集団の構成員が1名，すなわち**個別学習**の場合である。もっとも，準備できる指導法の木目細かさ，たとえば教材やコースの開発に限界がある場合には，いたずらに集団の数を増やすのは現実的ではない。一方，学習速度のように，限られた数の集団を編成するよりも個別学習にする方が自然な場合もある。

学習適性別に複数の集団を編成する場合，指導者の数が問題となるが，たとえば同じ学年の3学級を解体し3グループに再編成すれば，3人の学級担任だけで指導できる。個に応じた教育では，従来の学級担任制や教科担任制にかわって，このような**ティーム・ティーチング**（協力指導）が指導組織の基本となるであろう。

このことは，通常の学級が，同じ年齢であるという一点を除けば**異質編成**の原理，すなわち成員間の異質性を最大化するよう編成されていることに気づかせてくれる。その意味では，学級は学習集団として決して有利な条件を備えているとは言えない。

もちろん，異質集団であることが有利にはたらく場合も多い。級友のさまざまな読み取りや感じ方を相互に聞き合うことで学習は深まっていくだろうし，

みんなで知恵を出し合うことで難しい問題も解決していける。教え合いや助け合いを通して，社会性や協調性も育つに違いない。このような授業は**学級集団学習**と呼ぶべきものであり，現場では「ねりあげ」「もみあい」の授業などと呼んできた。学級集団学習では，学習集団を構成するメンバーの異質性をこそ学習成立のよりどころとし，一人ひとりの異質性が生きる方向で授業づくりを進めていく。等質集団が有利か異質集団が有利かは，学習内容や授業の展開に大きく依存するのである。

学級集団学習と**一斉指導**の混同には注意が必要である。一斉指導とは，現実にはかなりの異質性が存在する学級集団を，同年齢であるという一点だけで強引に等質集団とみなし，同一内容を同時に同一の方法で指導することである。両者は学級を相手とする点では同じだが，一斉指導においては子ども相互の関係は考慮されず，教師から子どもたちへの一方的な情報伝達，あるいは一対一の問答法のように，教師と子どもとの関係しかない(7)。

指導の個別化と学習の個性化

個に応じた教育には，目標において異なる2つのアプローチがある(図11-1参照)(8)。

一つは，**指導の個別化**と呼ばれるもので，子どもたちはさまざまに異なっているとの現状認識から出発して，1つの指導目標に向かい，指導終了時には個人間の違いをできるだけ少なくしていこうとする収斂的アプローチである。全員に三桁の掛け算ができるようにしたいと思っても，単元開始時には九九はおろか足し

図11-1 指導の個別化と学習の個性化

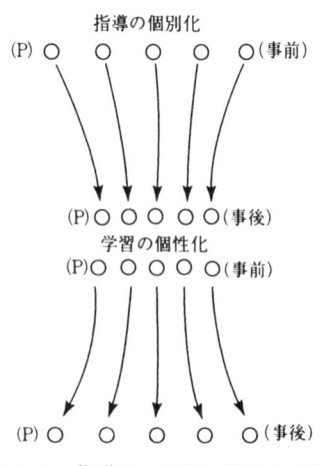

算のあやしい子どももいるかもしれない。また，教科書の説明で十分な子どももいれば，操作教材を必要とする子どももいるだろう。一人ひとりの状態を把握し，それぞれに適合した教材や指導法を準備することで，最終的には三桁の掛け算ができるという同じ地点に到達させようというのがこのアプローチである。

　もう一つは，**学習の個性化**と呼ばれるもので，同じく子どもたちはさまざまに異なっているとの現状認識から出発して，学習活動を通じてさらにその違いを拡大しようとする拡散的アプローチである。これは，教育とは共通な知識を教え込むことだと考える人には理解し難いであろう。しかし，子どもの個性や持ち味をさらに伸ばしたいと願う人には自然なものである。従来から社会科や理科の発展学習として，自分の追究したい課題をそれぞれなりに設定し，個別的に調べ学習や観察，実験などを行う場面はあった。それをもっと大々的に，あるいは明確に意識して進めようということである。学習には，その子らしい生き方の模索，なりたい自分を探し，なれる自分を拡大していく「**自分探しの旅**」という側面がある。高度情報化社会を迎え，また価値観が多様化した今日，学校教育においてもこのことは重要な課題であろう。

　もちろん，ただ拡散すればいいというものではない。個性という言葉自体，しばしば標準や平均からの逸脱と誤解されているが，そのような，いわば奇をてらった子どもになっていくことが個性化ではない。他者との比較や集団内での位置においてどうだというのではなく，その子が自分自身，より納得のいく自分になろうとし，そうなれていっているかが問題である。したがって，特に目立つところがなくとも個性的な成長を遂げている子どもはいるし，学習の個性化が目指すのは，学習を通じてその子がその子らしくなっていくことである。

第2節　指導の個別化の実際

プログラム学習

プログラム学習は，1950年代にスキナーが開発したティーチング・マシンに端を発する。図11-2のような機械の前に学習者が座り，Qに現れる質問に対し解答をR_1に記入する。ここで左側のノブを動かすと，R_2に解答が移動する。R_2には透明なおおいがしてあって，解答の訂正ができない。同時にAに正答が現れるので，学習者は自分の解答の正誤を判断し，誤りであった場合には正答を知ることができる。このような手続きを繰り返すことで，次第に早く正確に各問いに答えられるようになるのである。

今日ではこの種の機械ではなくコンピュータが用いられることも多い(**CAI**: Computer-Assited Instruction)が，肝心なのは機械そのものではなくソフトウェアの方である。プログラム学習は，スキナーの**オペラント条件づけ**の原理，すなわち**スモールステップ**，学習者の外的反応，**即時フィードバック**に基づいている。スモールステップとは，目標へ向かっての学習過程をできるだけ小さいステップに分け，一つひとつ確実に段階的に進んでいくという原理である。学習者の外的反応とは，学習者が問題に対し能動的(オペラント)になんらかの外から見てわかる反応(解答)をするという原理である。即時フィードバックとは，学習者の反応(解答)に対してその正誤をすぐに教えることにより，正反応は起こりやすく，誤反応は起こりにくくするという原理を指す。

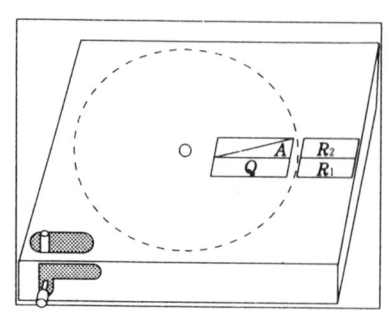

図 11-2 スキナーのティーチング・マシンの一例

プログラム学習の立場から見ると，通常の授業は，①しばしば大きすぎるステップで構成されており，②その段階を十分習得しないまま次のステップへと移行することが多く，③個々人ではなく指名されて答えた「代表者」の反応をもとに進められ，④フィードバックが遅延しがちである。

スモールステップで構成されたプログラム学習は，学習者に高い情報処理能力を要求しない。また，プログラムの進行は各自の学習速度に完全に適合させられる。このことから，個人差は完全に吸収され，誰でも確実に学習を成立することができると期待される[11]。仮にそうであれば，学習者の学習適性とプログラム学習で学んだ成績との相関が0になるはずだが，実際には相関は低くはなるものの0にはならない[6]。また，一問一答式の細かいステップの積み上げで構成するので，細かい要素に分割し系列化するのが困難な，あるいはふさわしくない学習内容には必ずしも適さないといった問題もある。

完全習得学習

プログラム学習では，学習形態そのものがすべて個別学習の形をとる。これに対し，ブルームの提唱する**完全習得学習**(マスタリー・ラーニング)では，まずひとまとまりの学習内容(単元または小単元)を学級単位の一斉指導で教える。次に，学習成立状況を把握するために小テストを実施し(これを**形成的評価**という)，これをもとに理解や習熟の不十分な子どもに対し治療的な補充指導を行う。この時，すでに十分に学習が成立している子どもについては，その時間を発展学習やいっそうの定着を目指した学習指導に充てる。

完全習得学習は，形式的には通常の一斉指導に，治療のためのサブコース(個別指導)を付加したアプローチととらえられる。しかし，この方法を用いて授業を進めるには，特に評価にかかわって十分な準備が必要となる。当然のことながら，形成的評価テストの項目は，一斉指導の内容を十分に反映している必要があり，また後続の各個別指導内容とも対応していなければならない。そ

のためには目標の詳細な分析が必要であり、さらにそこからテスト項目を作成するためには、「○○することができる」といった具体的な行動の形で目標を記述することが望まれる(これを**行動目標**と呼ぶ)。このように、完全習得学習では評価と指導が表裏一体となっており、評価が即指導に生かされる。これを**指導と評価の一体化**というが、評価とは本来的にこのような教育的機能を持ちうるものである。

ATI

プログラム学習も完全習得学習も、基本的な学習指導の道筋は1本であった。それを各自のペースで着実に歩ませる、つまずきが発生すれば単元内で確実に治療するという考え方に立っている。しかし、たとえばある概念を獲得させる場合、実験や観察を通して具体的な事例を検討し、そこから帰納的に法則を導く道筋と、最初に法則を教え、それが個々の事例にもあてはまることを確認し納得していく演繹的な道筋が考えられよう。理科などでは前者が望ましいと考えられ、現に実践されてもきた。しかし、前者の道筋ではどうも理解しづらいが、後者の道筋でならうまく学べるという子もいる。もちろん、各教科のねらいや特質は大切にしなければならないが、うまく学べないのではどうしようもなかろう。仮に両方の道筋を準備し、子どもたちの学習スタイルに合せて選択できるようにしてやれば、もっと多くの子どもたちが理科をうまく学べ、結果的に好きになっていくかもしれない。

クロンバックは、このような個人の持つ学習適性によって与えられる処遇(指導法や教材など)の効果が異なる現象を、**ATI**(Aptitude Treatment Interaction:**適性処遇交互作用**)と呼んだ[5]。たとえば、入門期の英語指導に関して文法中心の指導と会話中心の指導を比較した安藤らの研究によれば、個人差を考慮せず2つを比較した場合にはほとんど効果に差がなかった。しかし、言語性知能に関する個人差を学習適性として考慮したところ、言語性知能の高い子ど

もたちは文法中心の指導の下でよりうまく学べ，逆に言語性知能の低い子どもたちは会話中心の指導の下でよりうまく学べていた（図11-3）[3]。

ATIは，現状ではうまく学べていない子どもたちも，別な種類の指導法や教材ならばうまく学べるかもしれないという視点を提供するととも

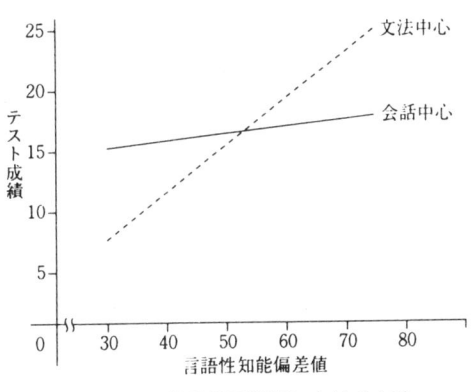

図11-3 英語学習指導におけるATI

に，授業づくりに際しては，一人ひとりの学習適性に応じて多様な指導法や教材が準備されることが望ましいという原理を示している。子どもたちがうまく学べないのは「能力がない」からではなく，その子の学習適性に適合した指導法や教材を与えられていないからである。

このようにATIに基づく学習では複数の学習コースを準備することが求められるが，これは実践的に考えると，いわば教科書を2種類，3種類独自に開発するようなものである。かなりの労力が求められることは確実であり，また教師一人ではさまざまな限界がある。したがって，全体構想から教材づくり，子どもの適性の把握，授業実施，評価に至るまでの全過程を，学年会や教科会のメンバーの緊密な協力体制の下で進めることが望ましく，また有効である。

第3節　学習の個性化の実際

課題選択学習

課題選択学習とは，文字通り学習課題を子どもが選択する学習である。1つの単元ないしは小単元の目標を達成するための学習課題が複数考案できる，い

わば**平行課題**が存在する場合に実行可能となる。子どもたちは自らの興味・関心に応じてその内の１つを選択し，その課題のみを追究する。

　たとえば，５年生社会科の伝統工業の学習で，教科書にある輪島塗りを課題として追究しなければ，どうしても単元の目標に到達できないということはなかろう。この点に関し従来よくやられていたのは，地域教材による代替え，神奈川県であれば鎌倉彫りを課題として学ぶといったやりかたであった。しかし，輪島塗り同様，全員が鎌倉彫りである必要もないはずである。であるならば，輪島塗りや鎌倉彫りも含め，さらにいくつかの伝統工業の事例を選択課題として提示することで，子どもたちの興味・関心に応じた学習の展開を図ることが可能となる。

　このような課題選択学習で重要なことは，平行課題の質の保障である。どの平行課題にも，子どもたちの知的興味や熱心な追究に応えられるだけの内容的魅力とふところの深さ，さらなる学習への発展可能性が求められる。先の例でいえば，伝統工業ならなんでもいいということにはならない。もちろん，それぞれの事例に固有な内容を含んでいていいし，それこそが個性化という原理の基盤でもある。しかしそれと同時に，単元のねらいに照らした場合，その事例から伝統工業一般について学ばせたいことが学べるか，いわば事例としての典型性を備えているかを吟味する必要がある。もっとも，現実には課題相互にはある程度のばらつきが出てくるだろう。その際，子どもたちが自身が選択した事例にまつわる特殊性にとらわれすぎないよう，単元の終盤で異なる課題を追究した者相互の発表，交流の場を設定するなどして学習の一般化を図ることも一策である。

　また，課題選択の機会は子どもに**自己決定**の感覚を生じさせ，学習意欲を高めることが知られているが，誰がみても内容がありおもしろそうな課題と，いかにも退屈そうな課題を並べられて選択せよと言われた場合，人はそこに自らに自己決定の機会が与えられたとは感じず，意欲も高まらない[9]。

第11章 個性を伸ばす教育　203

したがって，もし満足できる質の平行課題を準備できなかった場合には，課題選択学習は断念されるべきである。課題選択学習では，子どもは複数の平行課題の中の１つのみを追究する。たまたま選択した課題によって単元の目標に到達できなかったり，追究の質が制限されたり，発展的学習の可能性が閉ざされたりしてはならない。個性化すべきは学習の質であり，レベルに著しい差が生じてはならないのである。

課題設定学習
　課題設定学習とは，あることがらに関してそれぞれの子どもが興味を持ったり問題だと思ったことを追究に値する学習課題へと高め，その解決を目指して取り組んでいく学習である。
　課題選択学習では，子どもは教師が準備した選択肢の中からいずれかを選択するしかなかったが，課題設定学習では，自分の興味・関心にどこまでも忠実に学習課題をつくりだすことができる。ただし，ある特定のねらいを持つ単元の学習である以上，なんでもいいということにはならない。まずは，全員が共有するテーマ，ねらいなどが存在する。それとのかかわりで各自が知りたいこと，調べたいこと，やってみたいこと，できるようになりたいことなどを手がかりに，課題を設定していくことになる。
　そこまで決まっていても，課題づくりは子どもたちには難しい。子どもたちは，自分の問題意識に気づき，やりたいことを言葉にするのに一苦労するだろう。しかし，この課題づくりにこそ時間をかけたい。本当にやりたいことを見出すのは，実は大人でさえもたやすいことではないのである。自己の潜在的求めに子ども自身が気づき，それを追究に値する学習課題にまで高めていく過程は，「自分探しの旅」としての学習そのものである。そこで培われる力は，必ずやその子の個性的成長の基盤となるであろう。また，本当に自分らしい課題が設定できれば，その後の追究はきわめて集中度の高いものとなるので，課題

づくりに費やした時間を挽回することも不可能ではない。

　もちろん、課題づくりにあたって教師はさまざまな支援を行う必要がある。一人ひとりの子どもの相談にのり、アドバイスを与えることは当然だが、さらにヒントカード(図11-4)を作成したり、関連図書や資料を準備したり、時には学習課題の例を示すことも必要となるであろう。

　課題設定学習という言葉こそ使われなかったが、理念的に共通する実践は過去にもしばしば行われてきた。たとえば生活科の町調べの学習で、まずは共通課題としてお店や駅、病院などを調べ、みんなで地図や模型をつくったりしながら、町のようすを知り、さらに自分たちの暮らしが大勢の人びとのはたらきによって支えられていることなどを学ぶ。これで終結としてもいいが、さらに各自がもっと調べてみたいと思ったことを個別に追究する活動を組むことができよう。このような発展学習としての実践事例は多い。なお、課題設定学習には、この発展学習タイプと、単元全体を個別の課題設定とするタイプとが考えられる。特に設定する課題が単元全体に及ぶ場合に

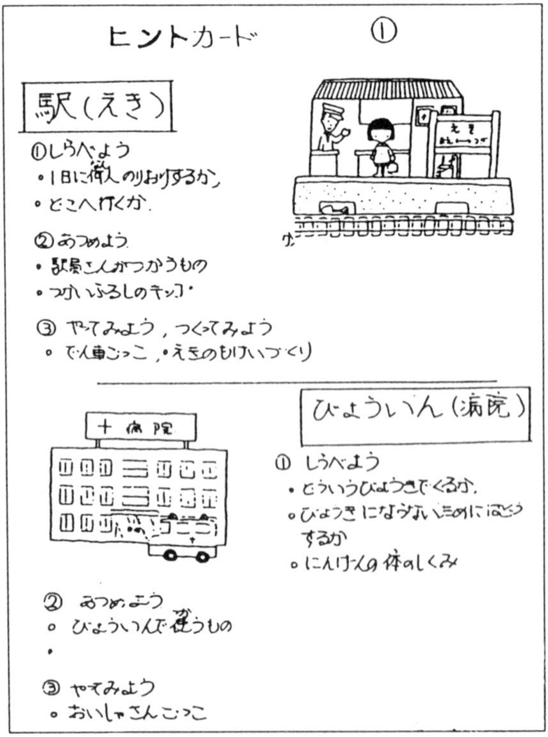

図11-4　ヒントカード

は，子どもが設定した課題を教師が丁寧に吟味し，必要に応じて修正を促すなどの支援が重要になってくる。この課題の吟味を行う際の視点として，奈須は次の3つを挙げている[10]。

総合学習

　個に応じた教育の究極的姿は，あらかじめの内容や目標をもつことなく，子どもの内側からわき起こってくる求め，子どもの対象との自然発生的で能動的なかかわりをほとんど唯一の基盤として学習を組織していくものとなろう。子どもの求めに根差した主体的な追究を見守っていくと，当然のことながら学習内容は広範囲に及び，ついには教科の枠組みを突破する。このような学習を総合学習と呼ぶ。総合とは縦割り分科としての教科と対峙する言葉であり，そのよりどころは子どもの本来的な学びの姿がもつ総合性にある。

　総合学習と類似の概念に**合科的指導**，**学際的教授**がある。合科的指導とは，「おつかい」という単元を設定してお店調べとおつりの計算を教えるといった具合に，複数の教科目標の効率的達成の手段として，それらを含む活動を構成しようというものである。

　学際的教授とは，環境，情報，国際など現代社会の問題を学ばせるにあたり，その学際性に注目し，関連する複数の教科の視点から多面的な学習を組織するというものである。たとえば，環境をテーマに近くの川の水質を調べ(理科)，汚染の原因としての家庭廃水に注目し，身近な改善策を考え実行する(家庭科)。また，汚染と工業生産との関係を調べ，行政も企業も公害を減らす努力をしてきたこと，一方でそのためのコストが生産物に上乗せになり，市場競争力に影響の出ることなども学ぶ(社会科)。**教科横断的指導**，**クロス・カリキュラム**といった言葉が指す実践の姿も，おおむねこのようなものと理解してよかろう。

　なお，総合学習でも同様の追究のなされることがあるが，学際的教授では教科を前提とし，子どもの意識が向かうかどうかとは無関係に，学ばれるべきものとして教師からこれらの内容が計画的に提示される。これに対し総合学習では，子どもの求めと追究の道筋の必然として，結果的にそこにたどりついたのである。この違いは大きい。また，このことは，子どもの求めを基盤とする学習が，社会的で科学的な追究を生み出し，結果的に教科に相当する学習にも展開しうることを示している。

① 目標の達成可能性…その学習課題を追究することによって，単元ないしは小単元の目標を十分達成することができそうかどうか。
② 追究の実行可能性…その学習課題が，追究へ向けての具体性・現実性を備えているかどうか。
③ 追究の深化・発展可能性…その学習課題は，予定された学習時間において，その子どもがなしうるであろう追究に足るだけの深さと広がりの可能性を持っているかどうか。

以上，学習の個性化を目指す2つの方法について検討してきた。ここでは伝統的な教科学習を想定して，その枠中でも個性化を図れることを示してきたが，特別活動の領域や，**総合学習**のような統合的ないしは超教科的な学習活動領域では，さらに大胆な試みが可能となるであろう。もっとも，これも決して目新しいものではない。たとえば正課のクラブ活動などは，学年，学級を解体しての興味・関心別課題選択学習であり，全校あげてのティーム・ティーチングなのである。

第4節　学習パッケージ

最後に，個に応じた教育を実践に移す際の具体的道具立てとして，**学習パッケージ**による学習について述べておきたい。

学習パッケージによる学習とは，個に応じた教育のために現場の実践研究[1][2]から生まれ普及してきたもので，一見，従来のプリント自習に似ている。しかし，①それが補助的な位置づけではなく単元全体に及ぶこと，②プリント以外のさまざまなメディアや操作教材なども駆使すること，③単元開始時に子どもが全体の学習計画を把握し，能動的に学習を進めることなどの点において，単なるプリント自習とは大きく異なる。

学習パッケージとは，ある単元について，**学習の手引き**(図11-5参照)と呼ばれるカードを核に有機的に構造化されたさまざまな教材の集合体を指す。学習の手引きには，単元のめあて，学習にかけられる標準時数，単元の導入に相当する短い文章，単元の構成と学習の手順，教科書の該当ページや用いることのできる教材の情報がコンパクトにまとめられている。子どもたちはこの手引きを参考に，与えられた時数の範囲内で，自身の学習速度や学習スタイル，興味・関心などを考慮した学習計画を立て，自力で実行に移すことになる。

　何かとても斬新な感じがするかもしれないが，この手引きがもつ情報は，通常の指導案とほぼ同じである。子どもたちに指導案を渡してしまおうというのが手引きの発想なのである。よく「授業の主役は子どもだ」と言われるが，単元のめあてや単元全体の構成をちゃんと子どもたちに話し，子どもたちが納得した上で授業をやっていることは少ない。主役であるはずの子どもたちが，いわばシナリオである指導案を受け取っていないというのは，考えてみればおかしなことである。

　手引きに示された学習カードや資料，VTR，模型などさまざまな教材は，教室や隣接した他の学習空間(**オープンスペース**，特別教室，余裕教室，廊下など)内に，いつでも自由に使える形で配置されており，子どもたちのはたらきかけを待っている。子どもたちの姿は，プログラム学習とは対照的に，認知的にも行動的にもきわめて能動的，活動的なものとなる。

　学習パッケージをスモールステップでつくり，自己採点の仕組みを工夫すればプログラム学習的な活動も展開できるし，習熟度や学習スタイル，興味・関心別に複数開発し複線型にすれば，完全習得学習的な指導や，ATIに基づく学習，課題選択学習も実施できる。

学習のてびき
2年理科 「養分を吸収し運ぶ仕組み」
「有機養分を利用する仕組み」
もの知りコース

── この「てびき」の目標 ──
1. 動物が有機養分を消化・吸収する仕組みについて調べ、モデル化できる。
2. 吸収された有機養分が、血液によって細胞へ運ばれることが説明できる。
3. 呼吸や不要物の排出の仕組みが説明でき、それぞれの器官や器官系が、生命維持のために互いに関係 あっていることが説明できる。
<標準時間12時間>

0. ブタ肉を食べたらブタになる？

私たち人間は、約60兆もの細胞の集まりでできています。そして、この細胞は、主にタンパク質と核酸（かくさん）という生命の活動をささえる化学物質から作られています。この細胞がしっかり活動するためには、栄養のある食事をきちんと食べることが必要です。人が食べ物をとると、その中にあるデンプンやあぶらは、細胞にエネルギーを与え、その活動の源（みなもと）になっています。

そこで、こんなことを疑問に思った人はいませんか？君たちは、肉をよく食べるよね。そして、その食べている肉は、ほとんどがブタ、牛やニワトリのものだよね。そうすると、君の体の中に入ったブタ肉は、君の体の中でブタ肉として活躍しているのだろうか。もし体じゅうがブタ肉になったらどうなるのだろう。このコースでは、こんなちょっとした体についての疑問をビデオを利用していろいろと調べてもの知りになろう。

学 習 内 容	カード	教科書	便覧	その他
1. ブタ肉は、体内でどうなるの？ （消化）	学11	P146〜	P38〜	模型
2. うんこはこうして作られる！ （消化・吸収）	学12	P154	P39	VTR
3. 大きな化学工場 （肝臓）	学13			
4. おしっこは汗と同じ？ （排出）	学14	P167	P41	VTR 模型
5. 強力なポンプ （循環：心臓）	学15	P155〜	P36, P37	模型
6. 地球を2回りする血管 （循環：血液）	学16	P161	P41 夏	VTR
7. あくびは伝染病？ （呼吸）	学17	P162〜P166	P40	VTR
8. 体の中をモデルでまとめてみよう。	学26	P168〜		
9. チェックテストをやろう。		P169		

── ここまでは全員できるようにがんばろう。──

| 10. 体の中で君の知らないことをいろいろと探って見よう。 | 学28 | | 本、資料 VTR |

図11-5 学習の手引き

学習のてびき

2年理科 「養分を吸収し運ぶ仕組み」
「有機養分を利用する仕組み」 体内探険コース

―― この「てびき」の目標 ――
1. 動物が有機養分を消化・吸収する仕組みについて調べ、モデル化できる。
2. 吸収された有機養分が、血液によって細胞へ運ばれることを説明できる。
3. 呼吸や不要物の排出の仕組みが説明でき、それぞれの器官や器官系が、生命維持のために互いに関係しあっていることが説明できる。

＜標準時間12時間＞

0. 体内の旅に出かけよう！

自分の体のことはけっこうわかっているつもりでも、あまりくわしく知らない人が多いのではないかな。例えば、自分の体の中を見たことがある人っているかな。レントゲンくらいならあるかな？このコースでは、そんなみんなを体内の旅に招待しようというのです。それでは、これから君といっしょに旅をする仲間（栄養分）を紹介しよう。左から順に、デンちゃん（炭水化物＜デンプン＞）タンちゃん（タンパク質）、脂肪君（脂肪）です。さあ、君が隊長となり、3人と一緒に体内のつくりとはたらきを調べてこよう。あっそうそう、隊長の君には特別にマップをあげよう。これに大切なことを記入していけば、どこで何が起こったかがよくわかるよ。

デンちゃん　タンちゃん　脂肪君

学　習　内　容	カード	教科書	便覧,その他
1. マップの準備をして出発だ。　　　　（消化）	学1	P146〜	P38〜
2. デンちゃんがバラバラに……　　（消化：だ液）	学2		VTR
3. みんなもバラバラだー　　　　　　（消化液）	学3		VTR 模型
4. 大変だあ。吸い込まれるー！　　　（吸収：腸）	学4	〜P154	〜P39 VTR
5. 一体ここはどこなんだ？？　　　　　（血液）	学5	P155〜	P36 VTR
6. 静かな川と大きな化学工場。　　（血管，肝臓）	学6		P41⑨ VTR
7. 迫力あるポンプ！　　　　　　　（循環：心臓）	学7	〜P161	P36〜P37 模型
8. すごい数の袋の集まり。　　　　　（呼吸：肺）	学8	P162〜	P40 VTR
9. 生活エネルギーをつくる工場。　（呼吸：細胞）	学9	〜P166	VTR
10. やっと出てこれたね。（排出：腎臓，ぼうこう）	学10	P167	P41 VTR 模型
11. 器官のつながりをまとめてみよう。	学26		
12. チェックテストをやろう。			
―― ここまでは全員通過できるようにがんばろう。 ――			
13. 君はどこを旅してきたのだろう。 君の興味のある器官を調べてみよう。	学27	P168〜 P169	本　VTR

（学習スタイル別の複線型プラン）

【演習問題】
1 小・中・高の教科書を参考に，ある単元について，特定の学習適性をもつ子どもを想定しながら，教科書とは別な流れや道筋をもつコースを開発し，学習の手引きを作成してみよう。
2 一人ひとりの興味・関心に応じていくと，ものごとの本質に迫る学習，対象への科学的な認識を深めていく学習になりにくいという意見がある。学習の個性化と知識の科学性，さらに教科の系統性とのかかわりについて考えてみよう。

【参考文献】
・並木博　個性と教育環境の相互作用　1997　培風館
　　日本におけるATI研究の第一人者が，豊富な知見に基づき，人格と適応，遺伝と環境など，教育実践を巡る難問に立ち向かった労作。個人差の理解とその教育に関する心理学研究の到達点と課題を知ることができる。
・加藤幸次（監修）・愛知県東浦町立石浜西小学校（編著）2009　子ども・保護者・地域を変える多文化共生の学校を創る　黎明書房
　　多くの外国人児童を抱える公立学校が，個別化・個性化教育を基盤とした授業改造，学校改革により，多文化共生と学力向上を実現したドキュメント。これからの日本の学校が進むべき道とその具体的な姿を示した，貴重な実践記録である。
・奈須正裕　1996　学ぶ意欲を育てる――子どもが生きる学校づくり　金子書房
　　学習意欲の心理を中心に，子ども一人ひとりの個性的成長を促す授業づくり，学習環境づくりの原理と実際について，豊富な実践例を交えてわかりやすく書かれている。

第12章　授業と学校における子どもの成長

本章では，本書のまとめとして，教育心理学における代表的な理論的立場を整理して，それを元に実際の授業を解釈してみたい。一種の紙上演習である。その上で，授業における子どもの学びの様子を検討してみたい。

第1節　ある実践例

小学校の理科の授業の記録を引用したい。富山大学教育学部附属小学校の4年生の事例である(長原教諭)[10]。

「水たまりの水の旅」という単元であり，水の蒸発や循環をとらえることを目指す。自然界の水が地球規模で循環していることをとらえたいのであるが，子どもの身近にある現象から次第に大きな空間でとらえるようにしたい。水たまりの水がなくなるという現象から入りたい。常温でも水が蒸発していることとそれに温度が関係していることがとらえられるだろう。「水の旅」ということから，水の変化を連続的にとらえられるようにしたい。水たまりから教室の中，空の上と，同じ水がどのように動き，どのような要因で姿を変えるかを考えられるようにしたい。特に，水たまりからすぐに雲になるというのではなく，中間の教室の空気中の水蒸気を意図的に取り上げる。以下，全8時間の内，2人の子ども(恵理と聡子)の事例が記録されているので，それにならって，紹介する。

第1次1時　導入として，教師はまず，校庭の遊び場の雨の日と晴れの日の写真を対比して提示する。ある子どもが「水たまりの水は地面にしみこんでい

くんだ」とつぶやく。前単元の水の3態変化を思い出した子どもは，「水は蒸発して，空に行くんだ」と違う見方を出す。話し合いが続く。こんな意見が出た。

〇蒸発していく。
- 晴れている日は，アルコールランプで温めたフラスコの中の水と同じように蒸発する。
- 曇の日は太陽の温かさがないので，上にはほとんど上がっていかない。水もあまりなくならない。
- 洗濯物も同じように乾いていく。
- 蒸発していくときには，水が温かくなっている，地面も温かくなっている。

〇地中に入っていた水は，地面の下にしみ込んで川に行く。
- 砂場は表面だけ乾いて，地中は湿っている。

恵理はこう考えている。

「わたしは，砂にしみこんでしまうと蒸発してしまうの両方だと思うのだけれど，下の方にあった水は蒸発する前に大分しみこんでしまうと思います。そして，地面の上の方にあった水は太陽の光の温かさでフラスコみたいに温められるから，蒸発してしまうのだと思います。けれど，蒸発した水がどこに行ったか気になります。」

　第1次2時　実験に入る。子どもによりさまざまな工夫がある。恵理と聡子は次のような実験をする。まず，砂場に行き，穴を浅く掘り水たまりを作る。2つ目に，水と砂を混ぜた水たまり。3つ目は，赤土を下に入れて水たまりとして，水がしみ込みにくくする。その上にビニールシートを敷いてどこが曇るか，また，どこまで水が砂にしみ込むかを確かめようとした。その最中にビニールシートを乾いた砂に置いたらすぐに曇ってしまった。驚いた2人は，シートを持ち上げて話し始めた。

第12章　授業と学校における子どもの成長　213

聡子：シートを置いたところに水滴が付いているね。ここは水をまいてないよね。
恵理：すごい。人工の水たまりのところは何分も掛かったのに。
聡子：早いね。あっという間だったよ。
恵理：ここは水たまりじゃないのに，シートが曇ってくるということは，このシートの下からも水蒸気が出ているのかな。地面が乾いているから下に水はないように見えるけど。
聡子：表面から水が見えないのに，水蒸気が出てくるのは不思議だね。

　しばらくすると，2人はさっきのシートを敷いたところに穴を掘り始めた。そこでの教師のやり取りや2人のやり取りには次のような発話が出た。

教師：何をしているの？
聡子：ここは，表面には水がなかったけれど曇ってきたということは，この下に水があると思ったの。先生，この砂触ってみて，すごく湿っているんだよ。
恵理：これは，前の時間に話していたように，水が土の中に避難しているからじゃないかな。
恵理：今掘った砂には，隠れていた水がたくさんいるでしょう。この上に，ビニールシートをかぶせると，表面に置くより早く曇ってくるんじゃないの。
聡子：そうだと思うよ。やってみよう。

　2人で，ビニールシートをかぶせる。しばらくすると，白く曇ってくる。曇り方が激しい。

聡子：やっぱり土の中の水が太陽に当たると，出ていくんだ。
恵理：もっと下の方に水が隠れているかもしれない。
聡子：（下をさらに掘る）下の方はやっぱりもっと湿っている。
恵理：水たまりの水は下に逃げ込んでいるんだ。

聡子：土の中に逃げていった水も，最後には，太陽の温かさで蒸発させられてしまうんだね。

恵理：だから，太陽の熱が余り伝わらない砂場の下へ行くほど湿ってしまうのかな。

聡子は実験後に次のように書いた。

「水は上にも下にも行くけれど（地面の砂をほったものにビニールシートをかぶせると白くなることで分かる）上に行く方が多いことが分かった。水蒸気が土の中からにげようとして，ビニールシートにひっかかり，いつもは見えないけど（空気中にいっぱいいる）水滴になった。」

以上のように，この実験後，2人ともが地面にしみ込むものを含めて，蒸発すると考えるようになった。

第2次1時 教師が「教室には水蒸気があるかな」と投げかけた。教室の中で水蒸気があると思う場所にネームプレートを置くことにした。子どもの考えは3つに分かれた。「水蒸気があるときとないときがある」「水槽や雑巾掛けのところにある」「教室全体にある」。

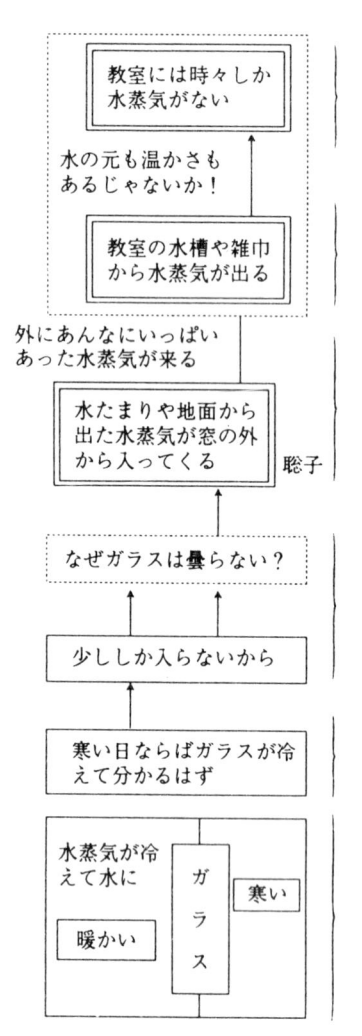

出典：富山大学教育学部附属小学校 1997 一人一人が追究を楽しむ授業の創造 研究紀要 74

図12-1 教室に水蒸気があるかについての討論

話し合いで図にあるような意見の展開があった。聡子は，外での実験に基づいて外の水蒸気が入ってくると意見を述べる。さらに討論が続く中で，聡子は，皆の意見をつなげようとして，「ガラスの片面が冷たくて，反対が暖かいと，冷たさがガラスを通って暖かいところに伝わる。すると，暖かいところにあった水蒸気が冷やされて水になるのだと思う」と述べる。

第2次2時 各々の子どもが実験を行う。聡子は，最初に，教室側から窓に氷を当てて外のガラスに水滴がつくかどうか調べたところ，水滴が沢山ついた。「外の水蒸気がガラスのところまで来ている」とつぶやいた。次に，窓の外から氷で冷やしたら，内側のガラスが曇ってくる。「教室の中も外も同じくらいの水蒸気があるんだ。やっぱり外から水蒸気が入ってくるんだ」と言う。

以上の授業の記録はこの単元の前半についての記録である。ここから授業のあり方について，またそこでの子どもの学びの過程について豊かな示唆が得られよう。では，どのようにこれを分析できるだろうか。各自各様の分析が可能であるし，それだけの複雑で多様なことが授業の中で生じている。教育心理学の立場からは，いくつかの理論的なアプローチがこれまでの章でも紹介されているので，それを踏まえれば，分析の代表的な見方をいくつかに整理できよう。次に理論的な整理を行っておきたい。

第2節　教育心理学の理論的アプローチの種類

授業の教え方に示唆を与えてくれる教育心理学の理論は種々の分類があるが，最も基本的には，**行動主義**，**認知論**，**社会文化論**等に分けられる。以下，多くはこれまでの章でも説明されているので，特徴を簡単に述べよう[8]。

行動主義

刺激と反応行動を**強化**(報酬や罰の除去)により結びつけることを学習とする。教育場面では,刺激を小さな単位に分け,各々を順に習得させていく。学習者は目に見える反応をしなければならない。

認知論あるいはスキーマ理論

情報処理のメカニズム(特に作業記憶システム)に基づきながら,さらに長期記憶における表象つまり**既有知識**が刺激情報を枠づける働きを強調する。(本書の多くの章はこの考え方に基づいている。)

教育場面では,背景となる知識を重視し,また,**認知的方略**,メタ認知,選択的注意などの学習者中心の考え方を取る。たとえば,表12-1にあるような**知識**の獲得を強調する[12]。

社会文化論

社会文化的な働きを重視し,学習者が大人とまた同輩と共同しながら学習することを強調する。**社会的構成主義**(ヴィゴツキーの理論を重視,特に[11])では,他者との共同作業により学習することと,習熟した大人との学習の中での**最近接領域**の働きを重んじる。**状況論**的学習論では[12],現実の社会での実践,たとえばものを作る仕事での見習いの働きを学習の原型としてとらえ,**認知的徒弟制**の考えを採る。**正統的周辺参加**というレイヴの考えは,徒弟は初めから本物の社会での実践活動に参加しておりただ初めは周辺にいて重要な仕事は任せられず,徐々に重要で中核的な仕事に就いていくことを許されるというものである(P.148参照)。

教育場面では,学校や教室が社会的な場所であると見なされる。それ自体が大勢が集まった場であるし,それを規定する社会的制度と文化とが背後にあって成り立っている。共同学習や学校内外の実際場面での学習を強調する。

表12-1 記憶要素の7つのタイプ

要素	簡単な定義	例
ストリング	一つひとつが分離されず、全体としてまとまりをもった形で記憶されているひとつのつながりのことば、あるいは記号	すべての作用には、これと等しく向きが反対の作用が働く
命題	概念（ことば）の性質あるいは概念間の関連性についての記述	イースト菌は単細胞である
イメージ	感覚についての心的表象	アザミのじょうご形、塩素の臭い
エピソード	経験あるいは目撃した事象についての記憶	実験室での事故、顕微鏡の組み立て
知的技能	心的な課題遂行能力	科学反応式の両辺の収支を計る
運動技能	肉体的な課題遂行能力	ある印まで液体を注ぐ
認知的方略	思考をコントロールする際の概括的一般的技能	別の解釈を受け入れる。学習目標を決める、学習が成功しそうかどうかを判断する

出典: White, R. T. 1988 *Learning science*, Basil Blackwell 堀哲夫・森本信也（訳）1990 子ども達は理科をいかに学習し、教師はいかに教えるか——認知的アプローチにおける授業論 東洋館出版社

状況的認知

（状況的認知にはいろいろな考えがある。ここでの説明の他に、社会文化論でとりあげたレイヴなどの考えを指す場合がある。）

学習者が周りの環境とやり取りして、そこでの対象に依存しながら思考を進めることを重視する。学習は常に現実の対象との関係で生ずる。確かに内的な表象が形成されるのだが、同時に問題解決を必要とする自体をモデル化（**メンタルモデル**）してそこでの操作を行うことにより、解答を引き出すのである。

教育場面において、状況的認知は、心の中で生じる過程と環境がメンタルモデルの形成にたいして寄与することの双方を重視する。教育は、学習者の問題解決に有効なメンタルモデルの形成に役立つべきであるとする。そのために、個々の学習とともに**協同的問題解決**が重視される。また、豊かな環境でこそ学

習は進行する。「概念的学習」として働くことが期待される。

　以上の理論的アプローチのどれが正しいかを今決めることは重要ではない。現実の学習は極めて複雑であり，どれも不十分に違いないからである。むしろ，現実の授業での学習のどの側面がどのアプローチから見るとうまく理解され，改善点が見出されるのかを考えることが実際的である。

第3節　授業をとらえる理論的なアプローチの整理

　前節でも挙げたアプローチの内，特に授業場面において適用するという立場で，3つの最も基本となる枠組みを取り出したい。第1は，構成主義の考えであり，前節のスキーマ理論の根本にある見方である。第2は，状況論であり，社会文化論や状況的認知の考え方である。第3は，状況的認知にも近いが，必ずしも正面切って取り上げられていない対象のあり方の問題である。

構成性の原理
　学習とは，子どもの内面から発する理解したいという意欲と理解を自らのすでに持っている枠組みに取り入れようとする働きの結果として成立する。わからないと思うこと自体が自分がすでに持っている理解を元に了解しようとしてうまくできないところから生まれるのであるが，その上で理解する行為は自分の内にある考え方を多く動員してさまざまな方向から了解しようと試みることである。その結果，自分の持っている考え方がなにがしか変わる。それが学習である。要するに与えられたものを単に覚えこむといったことは学習の中心にはなりえない。覚えるとは理解の機構の全面的な発動を一時的に押さえ込み，限定的な理解の元で記憶の方略を実行することである。最小限の理解を要するが，それ以上踏み込まないでいる。そのような記憶や反復による習熟は事柄に

より必要であるが，それだけに頼ることは理解の力を十分に発揮する習慣を根付かせない。

　理解することは，別な言い方をすれば，断片的な情報を組織化することである。自らが持っている知識の組織の元に新たな情報を位置付けることができるとわかるということが成り立つ。さらに，新たな組織化を行えれば，大きな飛躍を行えたことになる。その組織化の働きを指して，**構成**と呼ぶ。考え理解する力を育てるとはそのような構成する力と習慣を育てることなのである。

状況性の原理

　構成の原理の範囲では，一人の子どもが一つの対象（正確には情報）を取り入れ，組織化する事態を念頭に置いていた。ただ，現実の学習事態はもっと複雑である。複数の子どもがおり，教師がいる。多くの場合に担当の教師と多くの学級を構成する子どもたちのいる教室の中での授業という活動を実行している。あるいは，畑で栽培活動をする。ウサギを飼育する。授業や栽培や飼育は，社会的意味と社会文化的に規定された構造をもっている。

　学習はその活動が生起する身近な環境や人間関係のあり方に密接に関連している。学習が成り立つか否か，どの方向に学習が進むかがそれにより変わる。そればかりではない。その場面が社会的にどのような制度の下でどのような規範と構造化を受けているかが学習を変える。**教師は教室において学習の正否を決め，何が正統的な知識かを決定する権威を制度的に与えられている。子どもはその権威をすぐに察知して従おうとする（少なくとも小さい内は）。子どもにもまた学習者としての特定の役割が与えられている。子どもは学習自体を行うのではなく，学習者という役割を遂行するのである。**

　教える・学ぶ役割とは，事実学習が成り立つことを助けることを妨げることも無関係であることもある。学習される内容が教師の期待することであることもそうでないこともある。それはとりわけ，役割を越えての信頼関係がいかに

成立するかに掛かっているが,同時に,身近な環境に用意されている教材や学習材,他の子どもとの関係,そこで生じていく活動全体の特徴等によって変化する。こういった事実を指して,学習の状況性と呼ぶことができる。

　もし学習が教室の中で特定の人間関係の中でなされるとしても,他の生活上の場面や子どもが将来出会う活動で有効に働くことが期待されるのであれば(そうでなければならないはずだ),その間に結びつきが成り立たねばならない。能力や知識といった内的で安定した力を状況的な立場は安易に認めないから,教室の学習でその種の内的力が獲得され,現実の場面との間に成り立たねばならない。現実の場面に近い活動での総合的体験的な学習が重要になるゆえんである。また,そこで学習者にとって切実な問題となるものを取り上げ,解決を図る経験が不可欠である。

実在性の原理

　学習は内的な能力や状況の中で活動する力の成立であるばかりでなく,世界の存在する諸々の対象にたいして主体である子どもが開かれ,かかわりとしてつながりが成り立つことである。人が生き,動物や植物が生存し,砂や土や水や風が実在することを子どもはその対象の諸相を経験する中で感じとる。その感じとり方は,子どもがその対象にかかわる際の身体的振る舞いの変容である。世界の多様性の実在を感じ取ることと言ってもよい。これを実在性の原理と呼ぶことができる。それがあってこそ,子どもの勝手な思い込みでも社会文化的決定論でもない,確かに実在する世界へのかかわりが成り立つことが保証される。学習とは子どもが世界と出会う過程で生じる主体と対象の関係の変容であると見なすことができる。

　心理学的には,**アフォーダンス理論**に基づきこの立場を概念化できる[6][7][9]。アフォーダンスとは,環境に対する行為の可能性である。椅子は長年の経験を通して行為者にたいして坐ると言う情報つまりアフォーダンスをもつ。行為者

は絶えず環境を探索して情報を取り出している。佐々木が言うように[9]、「床はそこに立つことを、あるいは歩くことをアフォードしている。壁はあなたの姿や声を、外の世界から隠すことをアフォードしている。椅子は座ることをアフォードするようにつくられている。椅子の本質は『座る』アフォーダンスである。すべての道具は、何か特定のことをアフォーダンスするようにつくられている。アフォーダンスをピックアップすることは、ほとんど自覚なしに行われる。したがって、環境の中にあるものが無限のアフォーダンスを内包していることに普通は気づかない。しかし、環境は潜在的な可能性の『海』であり、私たちはそこに価値を発見しつづけている (pp.62-63)。」この見方からすれば、教育は、広い環境からの情報のピックアップの一部として社会の先達者が、育っていく上で大切な情報に子どもが気づくように環境を整える行為である。情報を取り出すのはあくまでも主体である子どもであるから、その取り出しを直接には指示できない。また、どのような情報が重要かは、人間の生活の最も基本となる情報が何かによっている。最も基本となる情報は、リード (Read, 1996) が強調するように、いつの時代でも大切である体験的身体的かかわりの基でとらえられるものであり、なまの自然であり、生の身体であり、それらを用いた運動や制作などの活動であろう。

第4節　原理から授業を分析する

　これらの3つの原理から授業を分析してとらえるとどのようになるだろうか。初めに事例としてあげた理科の授業をどのように分析できるだろうか。作業自体は読者に委ねるとして、簡単なポイントだけを示しておこう。
1) 構成性の立場から。この授業では、まさに子どもたちがすでに持っている知識や発見した事柄を用いて考えている。その活発さや知識の適用の柔軟性は子どもが知識を「構成している」と言えるだろう。

2) 状況性の立場から。この授業では，子どもが教師の的確な問題提起に刺激され，また他の子どもとのやり取りにより思考を発展させている。また，実験状況や教室や砂場という環境との相互作用から問題へのヒントを引き出している。

3) 実在性の立場から。砂，水，太陽の光の温かさの存在があり，また掘る，湿り気を感じるなどの行為がなされる。砂場遊びや雨の日の体験が新たに実験という形で組織的に検討し直される。水蒸気という目に見えないものの実在へと水滴という手がかりを通して気づきが広げられている。

第5節　授業における子どもの成長の姿

　授業における子どもの姿を検討しよう。上記の理論的なアプローチが具体的な授業の実施に生きるには，そのアプローチから授業そしてそこで教える教師，また学ぶ子どもの姿と成長の行く末が浮かび上がってこなければならない。まず，授業での様子の分析の一端を紹介し，長い時間をかけての成長の様子を見てみたい。

　授業で教師と子どもはいかに互いにまた教材や対象に対して振る舞い，学びという活動を実現しているのだろうか。

小学校1年生の生活科の授業の分析

　1年生の「なつとなかよし」という授業の分析である[1]。身のまわりの夏を感じさせる事物・現象を探索していく活動である。学校内の敷地にある夏らしいものを探し，それをノートに記録・収集する活動のエピソードを例に挙げよう（図12-2）。

　教師と子どもTは，教室のすぐ前にある花壇の近くを一緒に歩いていた。Tは，教師が見つけた夏らしいもの自体やそれが書かれたノートを参照しながら，自分のノートに記録していた。「ズボンの色」と教師はノートに記すが，Tはすぐには書き取らない。Tは「衣替え」と言って，「ズボンの色」が先の教室での話し合いにおいて衣替えとして言われていたことを教師に説明する。教師は「あー，そうかそうか」と感嘆を示す。教師とTの双方がノートに「ころもがえ」と記す。別な子どもNが近寄ってきて，Tのノートをのぞき込む。教師は，衣替えをTが発見したとしてNに提示した。Nはその場にしゃがみ込みノートに「ころもがえ」と書いた。

　ここから次のことが読みとれよう。

1) 発見が協同的になされていた。教師とTが協同して，ズボンの色の変化を含めての衣替えが夏らしさを表すものとして見出した。その発見の文脈のもとで，Nもまた衣替えを取り出すことができた。
2) 教師は，Tから教えられた内容を自分のノートに書き込み，自分の発見とした。それを復唱することでNに伝えた。子どもの考えを教師は取り込

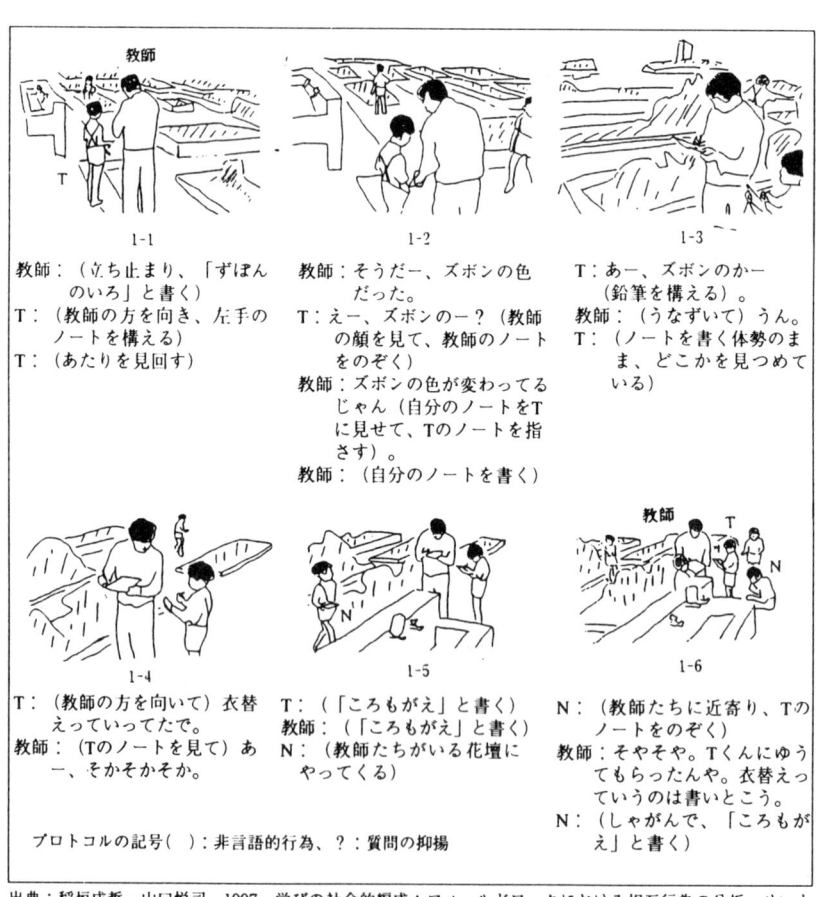

1-1
教師：（立ち止まり、「ずぼんのいろ」と書く）
T：（教師の方を向き、左手のノートを構える）
T：（あたりを見回す）

1-2
教師：そうだー、ズボンの色だった。
T：えー、ズボンのー？（教師の顔を見て、教師のノートをのぞく）
教師：ズボンの色が変わってるじゃん（自分のノートをTに見せて、Tのノートを指さす）。
教師：（自分のノートを書く）

1-3
T：あー、ズボンのかー（鉛筆を構える）。
教師：（うなずいて）うん。
T：（ノートを書く体勢のまま、どこかを見つめている）

1-4
T：（教師の方を向いて）衣替えっていってたで。
教師：（Tのノートを見て）あー、そかそかそか。

1-5
T：（「ころもがえ」と書く）
教師：（「ころもがえ」と書く）
N：（教師たちがいる花壇にやってくる）

1-6
N：（教師たちに近寄り、Tのノートをのぞく）
教師：そやそや。Tくんにゆうてもらったんや。衣替えっていうのは書いとこう。
N：（しゃがんで、「ころもがえ」と書く）

プロトコルの記号（ ）：非言語的行為、？：質問の抑揚

出典：稲垣成哲・山口悦司　1997　学びの社会的編成：フィールドワークにおける相互行為の分析　せいかつか（日本生活科教育学会機関誌）　4, 55-60.

図12-2　「なつとなかよし」のエピソード

み，また別の子どもに伝えている。
3) 教師のNへの発話では，Tから教えられたということ自体も伝えられた。発見された内容が教師や何人かの子どもに共有される過程で，衣替えという言葉に含まれるさまざまな考えがその考えを持ち出した著者の存在も含めて伝えられているのである。

授業における声と学級文化の成り立ち
　子どもの活動が授業でいかに展開されているかについては，もとより授業の形態や教師のかかわり，また単元内容等により大きく異なるに違いない。むしろ，その多様性の広がりに馴染み，授業の可能性に目を開くことが必要である。と同時に，その底にあるいかなる授業であろうとおそらく共通にあるであろう特性にも注意を払う必要がある。
　次に示す小学校3年生の授業では，主に詩の暗唱を取り上げている。詩や作文を自分たちで作ったり，好きなものを暗唱し，皆の前で読み上げたり，本にしたりする。国語の授業でもあるが，もっと広く子どもの学びへの力を引き出そうとしている。また，その繰り返しを通して，この学級の中でたとえば子どもたちの愛好する詩が定着したり，どんな詩が面白いかの評価が共通に成り立ったりなど，一種の学級の学びの文化が成立することも興味深い。分析の一端を紹介しよう[4][5]。
　表12-2に示すようなやり取りが授業の終わりにあった。学級通信に発表した作品を掲載してある。このときの学級通信には，「えい語」と称する英語のアルファベットについて調べた文章と説明図，「右でんでん」というカタツムリを見つけた話と挿し絵，「まじょの天気予ほう」というまど・みちおの詩と挿し絵，同じく相田みつをの「ただいるだけで」という詩と挿し絵が掲載されている。すべて子どもが発表し，支持の高かった作品である。特に「まじょの天気予ほう」は，この数日前に一人の女子により声色を変えて発表がなされ，

表12-2 詩などの発表の授業

T:(教卓に戻りながら)発表はいいですか。(発表希望者は前に出て順番を待つので,もう誰もいないことは分かっている。)
T:(学級通信を手にして黒板の前に戻ってくる)昨日のです。昨日のを配ります。
(T:学級通信を配り始める)
C:(Tに)学級通信。
T:(一番右の列で)今日,二人?
　今日,あのねえ,国府田さんの,国府田さんの,国府田さんの「えい語」ねえ,ずっと前のだったんだけどもねえ,まだのっていなかったから。ちょっと今頃ですけど。
C:まじょの……。
C:まじょの……。
金谷:芳村(その詩を記した子どもの名前)。
豊島:(「まじょの天気予報」を読み上げる)天気予ほうの時間です(略)。
C:イヒヒのウヒヒ(これも詩の一節)。
大西:(豊島の朗読を聞いて)恐いよー。
豊島:イヒヒのウヒヒのイヒヒ。芳村読んでー。
豊島:芳村読んで。ウヒヒのイヒヒ,イヒヒのウヒヒ。
T:配り終わるまでちょっと待っててね。
　みんな配られたかな?
(島田:挙手)
T:(島田に)あっ,読みたい。
　じゃ,島田君に。「えい語」のところ読んでみて。
島田:「えい語」なのー?
(以下朗読する)
T:じゃあ,次「右でんでん」。
島田:オレ,あててみたいな。
T:どうぞ。
島田:豊島君。
豊島:(朗読する)
(Cn:鶴岡,河瀬,金谷らが挙手)
T:(笑いながら)「まじょの天気予ほう」が読みたい?
Cn:芳村だよ,芳村だよ,芳村だよ,……。
稲葉:芳村ー。
T:(芳村に)芳村さん,みんなが言っているから読んでくれる?
藤吉:よっしゃー。
(阪内:笑って芳村を振り返る)
(チャイムが鳴り始める)
豊島:チャイムが鳴り終わってから。うるさい。
T:そうだね。
彦坂:(椅子に立ち上がり,両手を広げながら)キーン,コーン,カーン,コーン。
T:しーっ。
豊島:(終わった瞬間)こいよ。これが,あの,「まじょの天気予ほう」の始まりのチャイム。
　プッ,プッ,プッ,プッ,プーン。
芳村:(暗唱を始める)
(Cn:静まりかえって,笑いをかみ殺して聞いている)
(片桐:芳村を振り返って聞いている)
(Cn:終わりになって笑いがもれる)
Cn:(一斉に)やったー(拍手)。
T:あー,よかったね。
金谷:すばらしい。
稲葉:すばらしい。アンコール。
C:ウヒヒのイヒヒ。
T:まあ,今日はね。後はまた,お昼食べてからやって下さい。

出典:無藤　隆・本山方子　1997　子どもはいかに授業に参加するか　人間文化研究年報　20, 1-9, 無藤　隆・本山方子　1997　子どもにとっての授業:学級文化のマイクロ分析　無藤　隆(編)　幼稚園と小学校における身近な環境への関わりと総合的な学習の研究　平成7・8年度科学研究費補助金研究成果報告書　148-168.

学級全体で絶賛されたものである。その愛着ぶりが表れている。すぐにその詩を読み始める子どもがいる。読みたい子どもが多かったが，今回掲載された子どもが読むことになる。皆集中して聞き，終わった後の賛辞も大勢が本気で手を叩き，また述べていた。これらの作品が学級の共有財産になっていることが分かる。

生活科から見た子どもの変容

生活科の2年間の授業を追い，そこでの子どもの成長の様子を，五感の使用という観点で検討した[3]。特に五感を用いたエピソードを拾い出し，1年生と2年生とで対比すると次のような特徴が見られた。

1年の場合；
1) 教師の指導によって五感を用いている。
2) 五感の利用と絡んではっきりとした気づきを表すことが乏しい。
3) 対象にふさわしい五感の利用に必ずしもなっていない。

2年の場合；
1) 子どもが自発的に用いている。
2) 五感自体に焦点が当たることがある。
3) 探索や発見や気づきと結びついている。
4) 五感の利用とともにはっきりした実感を表現することがある。

たとえば，次のような事例が2年生で見られている。

サツマイモの栽培をする中で，サツマイモがどのくらい土の中で大きくなったかを子どもたちは知りたくて，サツマイモ畑に行く。雑草取りをする。ちょうど雨上がりであったために，触ると草が冷たかった。さらに，試しに一つサツマイモを掘り出してみて，その大きさや形や感触を見たり触ったりして確かめていた。

この事例で，子どもたちはサツマイモの蔓の伸びている様子や雑草の茂って

いる様子に驚いている。また，雨上がりの草の臭いや感触にも驚きを感じる。草の繁殖の勢いを感じ取っている。また，土の中でサツマイモが順調に大きくなっている様子に安心もし，喜びも示している。単に見るだけでなくて，もって重みを感じたり，間近で眺めたりして，サツマイモの様子をとらえているように思えた。触るとか臭いを嗅ぐといったことが対象をよく眺めることと一体になりながら生じている。対象を土から取り出し，自分の手の中で見つめ直し，臭いや感触を味わい直しているようである。

以上，授業におけるいくつかの子どもの学びの姿をスケッチし，授業のあり方の多面性を示した。子どもがその多面的な授業をいかに生き，成長していくかの様子が垣間見られよう。

【演習問題】
1 本章の初めに挙げた授業実践を自分自身の観点から考察しなさい。
2 その考察を本章で挙げたいくつかの理論的アプローチのどれに近いかを考えて位置づけてみよう。
3 もし授業を実際に見る機会があれば，その授業を同様に分析してみよう。

【参考文献】
・ワーチ 1995 田島信元・佐藤公治・茂呂雄二・上村佳世子訳 心の声 —— 媒介された行為への社会文化的アプローチ 福村出版
    社会文化的アプローチについて高度な点までわかりやすく論じている。
・佐々木正人 1994 アフォーダンス —— 新しい認知の理論 岩波書店
    実在論の考えの基本となる。授業とは直接に結びつけていないが，体験の意味を考える出発点になろう。
・無藤 隆 1994 体験が生きる教室 金子書房
    体験学習特に生活科の授業について幅広く論じている。

引用文献

第1章
(1) 市川伸一　1995　学習と教育の心理学(現代心理学入門3)　岩波書店
(2) 市川伸一・伊東裕司(編)　1996　認知心理学を知る〈第3版〉　ブレーン出版
(3) Illich, I.　1971　*Deschooling Society*　東　洋・小澤周三(訳)　脱学校の社会　東京創元社
(4) Lave, J. & Wenger, E.　1991　*Situated Learning: Legitimate Peripheral Participation*. 佐伯胖(訳)　状況に埋め込まれた学習——正統的周辺参加　産業図書
(5) 佐藤公治　1996　認知心理学から見た読みの世界——対話と協同的学習をめざして　北大路書房
(6) 鈴木宏昭・鈴木高士・村山功・杉本卓　1989　教科理解の認知心理学　新曜社
(7) 吉田甫　1992　数の理解　吉田甫・栗山和広(編)　教室でどう教えるか，どう学ぶか　北大路書房

第2章
(1) 秋田喜代美　1988　質問作りが説明文の理解に及ぼす効果　教育心理学研究　*36*, 17-25
(2) 秋田喜代美　1998　読書の発達心理学：子どもの発達と読書環境　国土社
(3) Anderson, R., Wilson, P., & Fielding, L.　1988　Growth in reading and how children spend their time outside of school. *Reading Research Quarterly. 23*, 285-303.
(4) Baker, L.　1985　How do we know when we don't understand? : Standards for evaluating text comprehension. In L. Forrest-Pressley, E. Markman, & G. Waller(Eds.) *Metacognition, Cognition and Human Performance*. Academic Press.
(5) Beck, I. & McKeown, M.　1996　Conditions of vocabulary acquisition. In Barr, R. *et al.* (Eds.) *Handbook of Reading Research*. Vol. II　LEA.　pp.789-814.
(6) Benton, S. L., Corkill, A. J., Sharp, J. M. Downey, R. G., & Khramstova, I.　1995　Knowledge, interest, and narrative writing. *Journal of Educational Psychology. 87* (1), 66-79.
(7) Bransford, J.D. & Johnson, M.K.　1972　Contextual prerequisities for understanding : Some investigations of comprehension and recall. *Journal of Verbal Learning and Verbal Behavior. 11*, 717-726.
(8) Bruer, J.　1994　*Writing: Transforming Knowledge.*　橋本優花里・秋田喜代美(訳) 1997　作文教育：知識の陳述から知識の変換へ　In "Schools for Thought". 松田文子・森敏昭(監訳)授業が変わる：教育実践と心理学が手を結ぶとき　北大路書房
(9) Flower, L.　1996　Collaborative planning and community literacy: A window on the logic of learners. In Schauble, L., & Glaser, R.(Eds.) *Innovations in Learning New Environments for Education*.　LEA.　pp.25-48.
(10) Graesser, A. C., Singer, M., & Trabasso, T.　1994　Constructing inferences during

narrative text comprehension. *Psychological Review. 101*, 371-395.
(11) 波多野誼余夫・小嶋恵子・斎藤洋典　1990　多義語句とそれを含むテキスト処理における理解の監視と修復　日本認知科学会テクニカルレポート　No.17
(12) 波多野誼余夫・小嶋恵子　1992　未知複合語の意味推定と心内辞書登録　情報通信学会第二種研究会　言語と知識の獲得・運用　LK92-10
(13) 堀田朱美　1993　文章の産出過程における書き手の意識に及ぼす批判的意見の影響　教育心理学研究　*41*, 378-387.
(14) 伊藤昌子　1994　文章の推敲における認知過程とその支援システム　認知科学　*1*(1), 121-133.
(15) 石井順治　1995　子どもが自ら読み味わう文学の授業　明治図書
(16) Kintsch, W.　1994　Text comprehension, memory, and learning. *American Psychologist. 49*, 243-303.
(17) Kuhara-Kojima, K., Hatano, G., Saito, H., & Haebara, T.　1996　Vocalization latencies of skilled and less skilled comprehenders for words written in hiragana and kanji. *Reading Research Quarterly. 31* (2), 158-171.
(18) クラッシェン, S. 長倉美恵子・黒澤浩・塚原博(訳)　1996　読書はパワー　金の星社
(19) Long, D. L., Seely, M. R., Oppy, B. J., & Golding, J. M.　1996　The role of inferential processing in reading ability. In B. K. Britton & A. C. Graesser(Eds.) *Models of Text Understading*. LEA. pp.189-214.
(20) 宮下久夫・篠崎五六・伊東信夫・浅川満　1994　漢字が楽しくなる本　第6巻漢字の単語あそび　太郎次郎社
(21) 守屋慶子　1982　心・からだ・ことば　ミネルヴァ書房
(22) 西林克彦　1997　「わかる」のしくみ：「わかったつもり」からの脱出　新曜社
(23) 大村はま　1996　(新版)教えるということ　ちくま学芸文庫
(24) Paris, S. G., Wasik, B. A. & Turner, J. C.　1996　The development of strategic readers. In Barr, R. et al.(Eds.) *Handbook of Reading Research*. Vol. II LEA. pp.609-639.
(25) 田中敏　1989　読解における音読と黙読の比較研究の概観　読書科学　*33*(1), 32-38.
(26) 内田伸子　1990　子どもの文章：書くこと・考えること　東京大学出版会
(27) Woloshyn, V., Wiloughby, T., Wood, E., Pressley, M.　1990　Elaborative interrogation facilitates adult learning of factual paragraphs. *Journal of Educational Psychology. 82*(3), 513-524.
(28) 安井総子　1996　授業づくりの構造　大修館書店

第3章

(1) 東辰也　1996　5年「単位あたり量」の電車乗りゲーム　数学教室　No.538
(2) Case, R., Okamoto, Y., Griffin, S., McKeough, A., Bleiker, C., Henderson, B., & Stephenson, K. M.　1996　The role of central conceptual structures in the development of children's thought. *Monographs of the Society for Research in Child Development. 61* (Serial No.246).
(3) 藤村宣之　1990　児童期における内包量概念の形成過程について　教育心理学研究

38, 277-286.
(4) 藤村宣之　1992　児童の比例的推理に関する発達的研究　教育心理学研究　*40*, 276-286.
(5) Hart, K.　1984　*Ratio: Children's Strategies and Errors*. Windosor: NFER-Nelson.
(6) Hark, K.　1988　Ratio and proportion. In J. Hiebert & M. Behr(Eds.)　*Number Concepts and Operations in the Middle Grades*. Hillsdale, NJ: Lawrence Erlbaum Associates.
(7) 飯倉多佳子・堀部佑子　1995　21世紀への新しい算数の授業〈第2回〉単位あたり量（内包量）：とれぐあい(収穫度)　教育科学算数教育　No.470
(8) 仲本正夫　1979　学力への挑戦——"数学だいきらい"からの旅立ち　労働旬報社
(9) Noelting, G.　1980　The development of proportional reasoning and the ratio concept: Part I differentiation of stages. *Educational Studies in Mathematics*. *11*, 217-253.
(10) Siegler, R. S.　1987　The perils of averaging data over strategies : An example from chidren's addition. *Journal of Experimental Psychology: General*. *116*, 250-264.
(11) Siegler, R. S.　1996　*Emerging minds: The Process of Change in Children's Thinking*. New York: Oxford University Press.
(12) Siegler, R. S. & Jenkins, E.　1989　*How Children Discover New Strategies*. Hillsdale, NJ: Lawrence Erlbaum Associates.
(13) 田中かほる・岩村繁夫　1995　21世紀への新しい算数の授業〈第1回〉単位当たり量（内包量）：こみぐあい　教育科学算数教育　No.469
(14) Tourniaire, F.　1986　Proportions in elementary school. *Educational Studies in Mathematics*. *17*, 401-412.
(15) 米谷ケイ　1995　単位量当たりの量　数学教室　No.524

第4章

(1) Cary, S.　1985　*Conceptual Change in Childhoo.* The MIT Press　小嶋康次・小林和 (訳)　子どもは小さな科学者か——J. ピアジェ理論の再考　1994　ミネルヴァ書房
(2) Chi, M. T. H., Feltovich, P. J., & Glaser, R.　1981　Categorization and representation of physics problems by experts and novices. *Cognitive Science*. *5*, 121-152.
(3) Clement, J.　1982　Students' preconceptions in introductory mechanics. *American Journal of Physics*. *50*, 66-71.
(4) 道家達将　1983　人体と医学の発明発見物語——おまじないから病気の世界へ（発明発見物語全集8）　国土社
(5) Inagaki & Hatano　1993　Young Children's Understanding of the Mind-Body Distinction. *Child Development*. *64*, 1534-1549.
(6) 板倉聖宣　1979　科学と教育のために　季節社
(7) 上越教育大学付属中学校(編)　1991　金星の見え方と動きの謎を探ろう－惑星の運動（1学年）－「コンピュータで授業が変わる－全教科でのコンピュータ活用－ゼロからの出発」　図書文化　pp.88-95.
(8) Kaiser, M. K., Proffitt, D. R., & McCloskey, M.　1986　Development of intuitive theo-

ries of motion: Curvilinear motion in the absence of external forces. *Developmental Psychology. 22*, 67-71.
(9) Kuhn, D., Amesel, E., & O'Loughlin, M. 1988 *The Development of Scientific Thinking Skills.* New York Academic Press.
(10) Larkin, J. H., McDermott, J., Simon, D. P., & Simon, H. A. 1980 Expert and novice performance in solving physics problems. *Science. 208*, 1335-1342.
(11) 三宅なほみ 1992 かかわり合いの統一を目指して 安西他(編) 認知科学ハンドブック 共立出版
(12) 森本信也 1993 子どもの理論と科学の理論を結ぶ理科教育の条件 東洋館出版社
(13) 永野和男 1995 ネットワーク時代の新しい授業の創造 ── いま，始まった「遠隔地共同学習」 高陵社書店
(14) Okada, T. & Simon H. A. Collaborative discovery in a Scientific domain. *Cognitive Science. 21*, 109-146.
(15) Reif F. & Larkin, J. H. 1991 Cognition in scientific and everyday domains: Comparison and learning implications. *Journal of Research in Science Teaching. 28*, 9, 733-760.
(16) 戸塚滝登 1995 コンピュータ教育の銀河 晩成書房
(17) Vosniadou, S. & Brewer, W. F. 1992 Mental models of the earth: a study of conceptual change in childrhood. *Cognitive Psychology. 24*, 535-585.
(18) 山岡寛人 1995 自然誌教育の実践と構想 佐伯・藤田・佐藤(編) 科学する文化 東京大学出版会 pp.119-149.
(19) Wellman, H. M. 1990 *Children's Theory of Mind.* The MIT Press.

第5章

(1) Ames, C., & Archer, J. 1988 Achievement goals in the classroom: Students' learning strategies and motivation processes. *Journal of Educational Psychology. 80*, 260-267.
(2) Bandura, A. 1977 Self-efficacy: Toward a unifying of behavior change. *Psychological Review. 84*, 191-215.
(3) チクセントミハイ，M. 今村浩明(訳) 1996 フロー体験 喜びの現象学 世界思想社
(4) Deci, E. L. & Ryan, R. M. 1985 *Intrinsic Motivation and Self-determination.* NY: Plenum Press.
(5) ド・シャーム，R. 佐伯胖(訳) 1980 やる気を育てる教室 金子書房
(6) Dweck, C. S. 1986 Motivational processes affecting learning. *American Psychologist. 41*, 1040-1048.
(7) Epstein, J. L. 1988 Effective schools or effective students: Dealing with diversity. In R. Haskins & D. MacRae(Eds.) *Policies for America's Public Schools.* Norwood NJ: Ablex. pp.89-126
(8) 速水敏彦 1995 豊かな社会での大人の動機づけ 速水敏彦・橘良治・西田保・宇田光・丹羽洋子 動機づけの発達心理学 有斐閣

(9) 鹿毛雅治　1995　内発的動機づけと学習意欲の発達　心理学評論　*38*, 146-170.
(10) 鹿毛雅治　1995　内発的動機づけ研究の展望　教育心理学研究　*42*, 345-359.
(11) 鹿毛雅治　1995　学習意欲再考　現代のエスプリ　*333*, 105-113.
(12) 鹿毛雅治　1995　アンダーマイニング現象　宮本美沙子・奈須正裕(編)　達成動機の理論と展開　金子書房
(13) Lepper, M. R., Greene, D., & Nisbett, R. E.　1973　Undermining childeren's intrinsic interest with extrinsic rewards: A test of the overjustification hypothesis. *Journal of Personality and Social Psychology. 28*, 129-137.
(14) Lepper, M. R.　1988　Motivational considerations in the study of instruction. *Cognition and Instruction. 5*, 289-309.
(15) マズロー, A. H.　小口忠彦(訳)　1987　人間性の心理学　モチベーションとパーソナリティ　産業能率大学出版部
(16) Raffini, J. P.　1993　*Winners without Losers Needham Heights MA.* Allyn and Bacon.
(17) 桜井茂男　1997　学習意欲の心理学　誠信書房
(18) セリグマン, M. 山村宜子(訳)　1991　オプティミストはなぜ成功するか　講談社
(19) Seligman, M. E. P. & Maier, S. F.　1967　Failure to escape traumatic shock. *Journal of Experimental Psychology. 74*, 1-9.
(20) White, R. W.　1959　Motivation reconsidered: The concept of competence. *Psychological Review. 66*, 297-333.

第6章

(1) 足立明久　1990　進路相談においてメタ認知的観点から自己実現を促進する発言様式と介入方略　教育心理学研究　*38*, 349-359.
(2) 秋田喜代美　1991　メタ認知　児童心理学の進歩〈1991年版〉　金子書房
(3) Amingues, R.　1988　Peer interaction in solving physics problems: Sociocognitive confrontation and metacognitive aspects. *Journal of Experimental Child Psychology. 45*, 141-158.
(4) 馬場久志　1993　学習の指導　心理科学研究会(編)　中学・高校教師になるための教育心理学　有斐閣　87-106.
(5) Baroody, A. J. & Ginsburg, H. P.　1986　The relationship between initial meaningful and mechanical knowledge of arithmetic. In J. Hiebert(Ed.) *Conceptual and Procedural knowledge: The Case of Mathematics.* NJ: LEA.
(6) Browm, A. L.　1978　Knowing when, where, and how to remember : A problem of metacognition. In R. Glaser(Ed.)　*Advances in Instructional Psychology.* Vol.1　LEA.　湯川良三・石田裕久(訳)　1984　メタ認知 —— 認知についての知識　サイエンス社
(7) Brown, A. L.　1987　Metacognition, executive control, self-regulation, and other more mysterious mechanisms. In F. E. Weinert, & R. H. Kluwe (Eds.)　*Metacognition Motivation, and Understanding.* NJ: LEA.
(8) Flavell, J. H.　1976　Metacongnitive aspects of problem solving.　In L. B. Resnick(Ed.) *The Nature of Intelligence.* Hillsdale, NJ: LEA.

(9) Flavell, J. H. 1979 Metacognition and cognitive monitoring: A new area of cognitive-developmental inquiry. *American Psychologist. 34* (10), 906-911. 木下芳子(訳) メタ認知と認知的モニタリング 子どもの知的発達(現代児童心理学3) 金子書房
(10) 銀林浩 1985 算数・数学における理解 佐伯胖(編) 理解とは何か(認知科学選書4) 東京大学出版会
(11) Ginsburg, H. P. & Allardice, S. 1984 Children's difficulties with school mathematics. In B. Rogoff & J. Lave(Eds.) *Everyday Cognititon.* Harvard College.
(12) Gitomer, D. H. & Glaser, R. 1987 If you don't know it work on it: knowledge, self-regulation, and instruction. In R. E. Snow & M. J. Fanl(Eds.) *Aptitude, Learning, and Instluction.* Vol.3 301-325.
(13) 波多野誼余夫・稲垣佳世子 1983 文化と認知 —— 知識の伝達と構成をめぐって 坂元昂(編) 思考・知能・言語(現代基礎心理学7) 東京大学出版会
(14) 林厚子・高山佳子 1996 知的遅れを併せもつ運動障害児のセルフモニタリングを育てる指導 —— 数量(保存)概念の獲得をめざして 横浜国立大学教育紀要 *36*, 249-260.
(15) Holt, J. 1964 *How Children Fail.* 吉田章宏(監訳) 子ども達はどうつまずくか 評論社
(16) 市川伸一 1991 実践的認知研究としての「認知カウンセリング」 箱田裕司(編) 認知科学のフロンティアⅠ サイエンス社
(17) Jacobs, J. E. & Paris, S. G. 1987 Children's metacognition about reading: Issues in definition, measurement, and instruction. *Educational Psychologist. 22* (3 & 4), 255-278.
(18) Markman, E. M. 1979 Realizing that you don't understand: Elementary school children's awareness of inconsistencies. *Child Development.* 50, 643-655.
(19) 丸野俊一 1987 子供の意味世界と言語理解の発達 心理学評論 *30*(3), 349-369.
(20) 松井幹夫 1983 わかってできればいいのだろうか 数学教室 *369*, 20-24.
(21) 宮嶋邦明 1990 発達と教育の心理学 —— 未来の主権者を育てる 法政出版
(22) Palincsar, A. S. & Brown, A. L. 1984 Reciprocal teaching of comprehension fostering and comprehension-monitoring activities. *Cognition and Instruction. 1*, 117-175.
(23) 佐藤容子 1987 精神遅滞児におけるメタ認知スキルの転移 特殊教育学研究 *25*(1), 1-8.
(24) Schoenfeld, A. H. 1985 *Mathematical Problem Solving.* Academic Press.
(25) 重松敬一・勝美芳雄・上田喜彦 1990 数学教育におけるメタ認知の発達的研究 ——「内なる教師」の発達的変容調査 奈良教育大学紀要 *39*(1), (人文・社会), 41-55.
(26) 田中真理 1992 精神遅滞児の物語理解におけるメタ認知能力の役割 教育心理学研究 *40*, 185-193.
(27) Wellman, H. M. 1985 The origins of metacognition. In D. L. Forrest-Pressley, G. E. Mackinnon, & T. G. Waller(Eds.) *Metacognition, Cognition, and Human Performance.* Academic Press.

第7章
(1) 愛知県東浦町立緒川小学校　1985　自己学習力の育成と評価　明治図書
(2) Bandura, A. & Schunk, D. H.　1981　Cultivating competence, self-efficacy, and intrinsic interest through proximal self-motivation. *Journal of Personality and Social Psychology. 41*, 586-598.
(3) Bargh, J.A. & Gollwitzer, P.M.　1994　Environmental control of goal-directed action : Automatic and strategic contingencies between situation and behavior. In W. D. Spaulding(Ed.) *Integrative Views of Motivation, Cognition, and Emotion: Volume41 of Nebraska symposium on motivation.* Lincoln, Nebraska: Nebraska University Press. pp.71-124.
(4) Block, J. H.　1971　*Mastery Learning.* New York: Holt, Rinehart, & Winston.
(5) Borkowski, J. G. & Thorpe, P. K.　1994　Self-regulation and motivation: A life-span perspective on underachievement. In B. J. Zimmerman & D. H. Schunk (Eds.) *Self-regulated Learning and Academic Achievement: Theory, Research, and Practice.* New York: Spranger. pp.45-73.
(6) Borkowski, J. G., Whitman, T. L., Wurtz-Passino, A., Rellinger, E., Sommer, K., Keogh, D., & Weed, K.　1992　Unraveling the "New Morbidity": Adolescent parenting and developmental delays. In N. Bray(Ed.) *International Review of Research in Mental Retardation. Vol. 18.* San Diego: Academic Press. pp.159-196.
(7) Carver, C. S. & Scheier, M. F.　1981　*Attention and Self-regulation: A Control Theory Approach to Human Behavior.* New York: Springer-Verlag.
(8) Carver, C. S., Ganellen, R. J., Froming, W. J., & Chambers, W.　1983　Modeling: An analysis in terms of category accessiblity. *Journal of Experimental Social Psychology. 19*, 403-421.
(9) Corno, L.　1989　Self-regulated learning: A volitional analysis. In B. J. Zimmerman & D. H. Schunk (Eds.) *Self-regulated Learning and Academic Achievement: Theory, Research, and Practice.* New York: Spranger. pp.111-141.
(10) Dweck, C. S. & Leggett, E. L.　1988　A social-cognitive approach to motivation and personality. *Psychological Review. 95*, 265-273.
(11) Flavell, J.　1979　Metacognition and cognitive monitoring: A new era in cognitive developmental inquiry. *American Psychologist. 34*, 906-911.
(12) Gollwtizer, P. M., Hechhausen, H., & Ratajczak, K.　1990　From weighting to willing: Approaching a change decision through prior or postdecisional mentation. *Organizational Behavior and Human Decision Processes. 45*, 41-65.
(13) Heckhausen, H.　1991　*Motivation and Action.* New York: Springer-Verlag.
(14) 広島大学附属小学校　1991　自己学習力を育てる教育課程
(15) Hunter-Blanks, P., Gchatala, E. S., Pressely, M., & Levin, J. R.　1988　Comparison of monitoring during study and during testing on a sentence-learning task. *Journal of Educational Psychology. 80*, 279-283.
(16) 梶田叡一　1986　教育評価　有斐閣

(17) 岸本一之・中井良興・松島貞雄・坂本直義・谷口育史(編著) 1996 オープンスクールをつくる — 合橋小学校の改革とその歩み 川島書店
(18) Locke, E. A., Chah, D. O., Harrison, D. S., & Lustgarten, N. 1989 Separating the effects of goal specificity from goal level. *Organizational Behavior and Human Decision Processes. 43*, 270-287.
(19) Locke, E. A. & Latham, G. P. 1990 *A Theory of Goal Setting and Task Performance*. Englewood Cliffs, New Jersey: Prentice-Hall.
(20) Locke, E. A. & Latham, G. P. 1994 Goal setting theory. In H. F. O'Neil, jr. & M. Drillings (Eds.) *Motivation: Theory and Research*. Hillsdale, New Jersey: Lawrence Erlbaum Associates. pp.13-29.
(21) Maehr, M. L. & Midgley, C. 1991 Enhancing student motivation: A schoolwide approach. *Educational Psychologist. 26*, 399-427.
(22) McCombs, B. L. 1989 Self-regulated learning and academic achievement: A phenomenological view. In B. J. Zimmerman & D. H. Schunk (Eds.) *Self-regulated Learning and Academic Achievement: Theory, Research, and Practice*. New York: Springer-Verlag. pp.51-82.
(23) Meece, J., Blumenfeld, P., & Hoyle, R. 1988 Students' goal orientations and cognitive engagement in classroom activities. *Journal of Educational Psychology. 80*, 514-523.
(24) Meihenbaum, D. 1977 *Cognitive Behavior Modification*. New York: Plenum.
(25) Mento, A. J., Locke, E. A., & Klein, H. J. 1992 Relationship of goal level to valence and instrumentality. *Journal of Applied Psychology. 77*, 395-405.
(26) 無藤隆・上淵寿・沓澤糸 1997 小・中学生の学校外学習に関する調査報告書 — 子どもの「自己学習力」を支える人的環境への考察 研究所報(ベネッセ教育研究所) 13.
(27) Newman, R. S. 1994 Adaptive help seeking: A strategy of self-regulated learning. In D. H. Schunk & B. J. Zimmerman(Eds.) *Self-regulation of Learning and Performance: Issues and Educational Applications*. Hillsdale,New Jersey: Lawrence Erlbaum Associates. pp.283-301.
(28) Newman, R. S. & Goldin, L. 1990 Children's reluctance to seek help with schoolwork. *Journal of Educational Psychology. 82*, 92-100.
(29) Nicholls, J. G. 1989 *The Competitive Ethos and Democratic Education*. Harvard University Press.
(30) Nolen, S. B. 1988 Reasons for studying : Motivational orientations and study strategies. *Cognition and Instruction. 5*, 269-287.
(31) Paris, S. G. & Byrnes, J. P. 1989 The contructivist approach to self-regulation and learning in the classroom. In B. J. Zimmerman & D. H. Schunk (Eds.) *Self-regulated Learning and Academic Achievement: Theory, Research, and Practice*. New York: Springer-Verlag. pp.169-200.
(32) Reid, M. K. & Borkowski, J. P. 1987 Causal attributions of hyperactive children:

Implications for training strategies and self-control. *Journal of Educational Psychology. 79,* 296-307.
(33) Risemberg, R. 1996 Reading to write: Self-regulated learning strategies when writing essays from sources. *Reading Research and Instruction. 35,* 365-383.
(34) Rohrkemper, M. M. 1989 Self-regulated learning and academic achievement: A Vygotkian view. In B. J. Zimmerman & D. H. Schunk(Eds.) *Self-regulated Learning and Academic Achievement: Theory,Research, and Practice.* New York: Springer-Verlag. pp.143-167.
(35) Ryan, R. M. 1991 The nature of the self in autonomy and relatedness. In J. Strauss & G. R. Goethals(Eds.) *The Self: Interdisciplinary Approaches.* New York: Springer-Verlag. pp.208-238.
(36) 佐伯胖 1995 「学ぶ」ということの意味 岩波書店
(37) Schunk, D. H. & Swartz, C. W. 1993 Goals and progress feedback: Effects on self-efficacy and writing achievement. *Contemporary Educational Psychology. 18,* 337-354.
(38) Schunk, D. H. & Zimmerman, B. J. 1994 Self-regualtion in education: Retrospect and prospect. In D. H. Schunk & B. J. Zimmerman (Eds.) *Self-regulation of Learning and Performance: Issues and Educational Applications.* Hillsdale, New Jersey: Lawrence Erlbaum Associates. pp.305-314.
(39) Stipek, D. J. & MacIver, D. 1989 Developmental change in childrens' assessment of intellectual competence. *Child Development. 60,* 521-538.
(40) Stock, J. & Cervone, D. 1990 Proximal goal setting and self-regulatory processes. *Cognitive Therapy and Reserach. 14,* 483-498.
(41) Wentzel, K. R. 1989 Adolescent classroom goals, standards for performance, and academic achievement: An interactionist perspective. *Journal of Educational Psychology. 81,* 131-142.
(42) Zimmerman, B. J. 1986 Development of self-regualted academic learning. *Journal of Educational Psychology. 81,* 329-339.
(43) Zimmerman, B. J. 1989 A social cognitive view of self-regulated academic learning. *Journal of Educational Psychology. 81,* 329-339.
(44) Zimmerman, B. J. 1994 Dimensions of academic self-regulation: A conceptual framework for education. In D. H. Schunk & B. J. Zimmerman(Eds.) *Self-regulation of Learning and Performance: Issues and Educational Applications.* Hillsdale, New Jersey: Lawrence Erlbaum Associates. pp.3-21.
(45) Zimmerman, B. J., Greenberg, D., & Weinstein, C. E. 1994 Self-regulating academic study time: A strategy approach. In D. H. Schunk & B. J. Zimmerman(Eds.) *Self-regulation of Learning and Performance: Issues and Educational Applications.* Hillsdale, New Jersey: Lawrence Erlbaum Associates. pp.155-179.
(46) Zimmerman, B. J. & Matinez-Pons, M. 1986 Development of a structured interview for assessing student use of self regulated learning strategies. *American Educational*

Research Journal. 23, 614-628.
(47) Zimmerman, B. J. & Matinez-Pons, M.   1988   Construct validation of a strategy model of student self-regulated learning. *Journal of Educational Psychology. 80,* 284-290.
(48) Zimmerman, B. J. & Matinez-Pons, M.   1990   Student differences in self-regulated learning: Relating grade, sex, and giftedness to self-efficacy and strategy use. *Journal of Educational Psychology. 82,* 51-59.
(49) Zimmerman, B. J. & Ringle, J.   1981   Effects of model persistence and statements of confidence on children's efficacy and problem solving. *Journal of Educational Psychology. 73,* 485-493.

第8章
(1) Бахтин, М.М. (バフチン, M. M.)   新谷敬三郎・伊東一郎・佐々木寛(訳)   1988   ことば 対話 テキスト 新時代社
(2) Бахтин, М.М. (バフチン, M. M.)   伊東一郎(訳)   1996   小説の言葉   平凡社
(3) 藤江康彦   1996   一斉授業における個性的参加としての発話の生成 —— 学業的認知とおかしみが混在した発話を行う小5男児を事例として   日本教育心理学会第38回総会発表論文集 *38,* 310.
(4) Heap, J. L.   1989   Collaborative practices during word processing in a first grade classroom. In Emihovich, C.(Ed.)   *Locating Learning: Ethnographic Perspectives on Classroom Research.* Ablex.
(5) Lampert, M.   1990   When the problem is not the question and the solution is not the answer: Mathematical knowing and teaching. *American Educational Research Journal., 27-*1, 29-63.   秋田喜代美(抄訳)   1995   真正の学びを創造する —— 数学がわかることと数学を教えること   佐伯胖・藤田英典・佐藤学(編)   学びへの誘い(シリーズ学びと文化1)   東京大学出版会   pp.189-234.
(6) Lave, J.   1988   *Cognition in practice: Mind, mathematics and culture in everyday life.* Cambridge University Press.   無藤隆・山下清美・中野茂・中村美代子(訳)   1995   日常生活の認知行動 —— ひとは日常生活でどう計算し, 実践するか   新曜社
(7) Lave, J. & Wenger, E.   1991   *Situated Learning: Legitimate Peripheral Participation.* Cambridge University Press.   佐伯胖(訳)   1993   状況に埋め込まれた学習 —— 正統的周辺参加   産業図書
(8) Mehan, H.   1979   *Learning lessons: Social Organization in the Classroom.* Harvard University Press.
(9) 宮崎清孝   1996   Prosodyに注目した授業内生徒発話の分析   早稲田大学人間科学研究 *9-*1, 131-142.
(10) 茂呂雄二   1991   教室談話の構造   日本語学 *10-*10, 明治書院   pp.63-72.
(11) 無藤隆   1997   協同するからだとことば —— 幼児の相互交渉の質的分析   金子書房
(12) 無藤隆・本山方子   1996   子どもはいかに授業に参加するか   お茶の水女子大学人間文化研究年報 *20,* 1-9.

引用文献　239

(13) 中田基昭　1993　授業の現象学 —— 子どもたちから豊かに学ぶ　東京大学出版会
(14) 佐藤公治　1996　認知心理学からみた読みの世界 —— 対話と協同的学習をめざして　北大路書房
(15) 上野直樹　1990　数学のメタファーと学校の言語ゲーム　芳賀純・子安増生 (編)　メタファーの心理学　誠信書房　127-158.

第9章

(1) Blos, P. 1941 *The Adolescent Personality: a Study of Individual Behavior for the Commission on Secondary School Curriculum.* New York: D. Appleton-century company.
(2) Byrne, B. M. 1994 Burnout: Testing for the validity, replication, and invariance of causal structure across elementary, intermediate, and secondary teachers. *American Educational Research Journal. 31*, 645-673.
(3) Eccles, J. S., Midgley, C., Wigfield, A., Buchanan, C. M., Reuman, D., Flanagan, C, & MacIver, D. 1993 Development during adolescence : the impact of stage-environment fit on young adolescents' experiences in schools and in families. *American Psychologist. 48*, 90-101.
(4) Erikson, E. H. 1959 *Identity and the life cycle.* New York: International Universities Press.　小此木啓吾 (訳)　自我同一性　アイデンティティとライフ・サイクル　誠信書房　1987
(5) Fraser, B. J., Malone, J. A., & Neale, J. M. 1989 Assessing and improving the psychosocial environment of mathematics classrooms. *Journal for Research in Mathematics Educations. 20*, 191-201.
(6) Fraser, B. J. 1991 Two Decades of Classroom Environment Research. In B. J. Fraser & H. J.Walberg(Ed.) *Educational Environments: Evaluation, Antecedents and Consequences.* Oxford: Pergamon Press.
(7) Gordon, T. 1985 *T. E. T.: Teacher Effectiveness Training.*　奥沢良雄・市川千秋・近藤千恵 (訳)　1995　教師学　効果的な教師＝生徒関係の確立　小学館
(8) Halpin, A. W. & Croft, D. B. 1963 *The Organizational Climate of Schools.* Chicago, Ill: Midwest Administration Center, The University of Chicago.
(9) 浜名外喜男・蘭千壽・古城和敬　1991　教師が変われば子どもも変わる　望ましいピグマリオン教育のポイント　北大路書房
(10) Hart, P. M., Wearing, A. J., & Conn, M. 1995. Conventional wisdom is poor predictor of the relationship between discipline policy, student misbehaviour and teacher stress. *British Journal of Educational Psychology. 65*, 27-48.
(11) Haertel, G. D., Walberg, H. J., & Haertel, E. H. 1981 Socio-psychological environments and learning: A quantitative synthesis. *British Educational Research Journal. 7*, 27-36.
(12) Humphrey, L. L. 1984 Children's self-control in relation to perceived social environment. *Journal of Personality and Social Psychology. 46*, 178-188.

(13) Kelly, G. A. 1955 *The Psychology of Personal Constructs*. New York: Norton.
(14) 近藤邦夫 1995 子どもと教師のもつれ —— 教育相談から 岩波書店
(15) 近藤邦夫 1994 教師と子どもの関係づくり 学校の臨床心理学 東京大学出版会
(16) 近藤邦夫・沢崎俊之・斎藤憲司・高田治 1988 教師−児童関係と児童の適応 —— 教師の儀式化の観点から 東京大学教育学部紀要 28, 103-142.
(17) 近藤千恵 1994 「教師学」心の絆をつくる教育 —— 教師のための人間関係講座 親業訓練会
(18) Manor, H. 1987 The effects of environment on high school success. *Journal of Educational Research. 80*, 184-188.
(19) Moos, R. H. & Moos, B. S. 1978 Classroom social climate and student absence and grades. *Journal of Educational Research. 70*, 263-269.
(20) Moos, R. H. & Trickett, E. J. 1994 *Classroom Environment Scale Manual*. Palo Alto, Ca: Consulting Psychologists Press.
(21) 村田孝次 1990 児童心理学入門 培風館
(22) Reid, M., Landesman, S., Treder, R., & Jaccard, J. 1989 "My family and friends": six-to twelve-year-old children's perceptions of social support. *Child Development. 60*, 896-910.
(23) Rogers, C. R. 1969 *Freedom to learn*. Ohio, Charles E. Merrill Publishing Companay. 友田不二男(編) 伊藤博・古谷健治・吉田笄子(訳) 1972 創造への教育 上 学習心理への挑戦(ロージャズ全集22) 岩崎学術出版
(24) Rosenthal, R. & Jacobson, L. 1968 *Pygmalion in the Classroom*. New York: Holt, Rinehart & Winston.
(25) Rosenthal, R. & Rubin, D. B. 1978 Interpersonal expectancy effects: the first 345 studies. *The Behavioral and Brain Sciences. 3*, 377-386.
(26) 佐方哲彦 1994 アイデンティティ 氏原寛・小川捷久・東山紘久・村瀬孝雄・山中康裕(編) 心理臨床大事典 培風館 pp.964-966.
(27) Selman, R. L. & Jaquette, D. 1978 Stability and oscillation in interpersonal awareness. A clinical-developmental analysis. In C. B. Keasey(Ed.) *Nebraska Symposium on Motivation*. University of Nebraska Press. pp.261-304.
(28) Shechtman, Z. 1993 Education for democracy: Assessment of an intervention that integrates political and psychosocial aims. *Youth & Society. 25*, 126-139.
(29) Smith, M. L. 1980 Teacher expectations. *Evaluation in Education. 4*, 53-55.
(30) Sullivan, H. S. 1953 *The Interpersonal Theory of Psychiatry*. New York: W. W. Norton. 中井久夫・宮崎隆吉・高木敬三・鑪幹八郎(訳) 1990 精神医学は対人関係論である みすず書房
(31) 高橋蔵人 1989 青年期における分離固体化に関する研究 —— 質問紙検査による考察 心理臨床学研究 7, 4-14.
(32) Trickett, E. J. & Moos, R. H. 1974 Personal correlates of contrasting environments: student satisfactions in high school classrooms. *American journal of community psychology. 2*, 1-12.

(33) 牛島定信　1992　同性関係から異性関係へ向かって ── 思春期における交友の意味　こころの科学　44, 44-48.
(34) 渡邉亜矢子　1992　東京都公立中学校における「学校ぎらい」出現率の学校差および地域差　生活指導研究　9, 143-162.
(35) 渡邉亜矢子　1994　学級風土の事例的検討の試み ── 学級風土が教師に及ぼす影響を中心に　東京大学教育学部心理教育相談室紀要　16, 113-128.

第10章
(1) 荒井淳雄　1993　学校カウンセラーの配置・資格・研修　月刊学校教育相談　学事出版　7, 34-39.
(2) 伊藤美奈子　1994　学校カウンセリングに関する探索的研究 ── 教師とカウンセラーの役割兼務と連携をめぐって　教育心理学研究　42, 298-305.
(3) 伊藤美奈子　1996　スクールカウンセラー制度に対する学校現場の認識と要望について　カウンセリング研究　29, 120-129.
(4) 伊藤美奈子・中村健　1998　学校現場へのスクールカウンセラー導入についての意識調査 ── 中学校教師とカウンセラーを対象に　教育心理学研究
(5) 近藤邦夫　1994　教師と子どもの関係づくり ── 学校の臨床心理学　東京大学出版会
(6) 桑原和子　1996　スクールカウンセラーは誰のもの　大塚義孝(編)　こころの科学増刊　スクールカウンセラーの実際　日本評論社　pp.92-95.
(7) 森田洋司・清水賢二　1994　新訂版いじめ ── 教室の病い　金子書房
(8) 小川一夫　1955　児童生徒の問題行動に対する教師の態度に関する研究(第一報告)　島根大学論集　5, 1-19.
(9) 田中教育研究所　1968　行動問題の教育相談　日本文化科学社
(10) 鵜養美昭　1992　学校教育と心理臨床　氏原寛・小川捷之・東山紘久・村瀬孝雄・山中康裕(編)　心理臨床大事典　培風館　pp.1114-1121.
(11) 木村晴子　1992　援助的なコミュニケーション ── カウンセラーの仕事から　津村俊充・山口真人(編)　人間関係トレーニング　ナカニシヤ出版　pp.84-87.

第11章
(1) 愛知県東浦町立緒川小学校　1987　個性化教育へのアプローチ　明治図書
(2) 愛知県東海市立上野中学校　1992　体験が子どもを磨く　黎明書房
(3) 安藤寿康・福永信義・倉八順子・須藤毅・中野隆司・鹿毛雅治　1992　英語教授法の比較研究 ── コミュニカティヴ・アプローチと文法的アプローチ　教育心理学研究　40, 247-256.
(4) Carroll, J. B.　1963　A model of school learning. *Teacher College Record.* 64, 723-733.
(5) Cronbach, L. J. 1957 The two disciplines of scientific psychology. *American Psychologist.* 12, 671-684.
(6) Cronbach, L. J. & Snow, R. E.　1977　*Aptitudes and Instructional Methods: A Handbook for Research on Interactions.* New York: Irvington.

(7) 平野朝久　1994　はじめに子どもありき —— 教育実践の基本　学芸図書
(8) 加藤幸次　1982　個別化教育入門　教育開発研究所
(9) Monty, R. A., Geller, E. S., Savage, R. E., & Perlmuter, L. C.　1979　The freedom to choose is not always so choice. *Journal of Experimental Psychology: Human Learning and Memory.* 5, 170-178.
(10) 奈須正裕　1996　学ぶ意欲を育てる —— 子どもが生きる学校づくり　金子書房
(11) Skinner, B. F. 1968 *The Technology of Teaching.* New York: Appleton-Century-Crofts.

第12章

(1) 稲垣成哲・山口悦司　1997　学びの社会的編成：フィールドワークにおける相互行為の分析　せいかつか（日本生活科教育学会機関誌）4, 55-60.
(2) Lave, J. & Wenger, E.　1991　*The Situated Learning: Legimate Peripheral Participation.* Cambridge University Press. 佐伯　胖(訳)　1993　状況に埋め込まれた学習 —— 正統的周辺参加　産業図書
(3) 無藤　隆・百目木律子　1997　認識の道具としての五感の成立　せいかつか（日本生活科教育学会機関誌）4, 94-102.
(4) 無藤　隆・本山方子　1997　子どもはいかに授業に参加するか　人間文化研究年報 20, 1-9.
(5) 無藤　隆・本山方子　1997　子どもにとっての授業：学級文化のマイクロ分析　無藤　隆(編)　幼稚園と小学校における身近な環境への関わりと総合的な学習の研究　平成7・8年度科学研究費補助金研究成果報告書　pp.148-168.
(6) Reed, E. S.　1996　*Encountering with the World: Toward an Ecological Psychology.* Oxford University Press.
(7) Reed, E. S.　1996　*The Necessity of Experience.* Yale University Press.
(8) Reynolds, R. E., Sinatra, G. M., & Jetton, T. L.　1997　Views of knowledge acquisition and representation: A continuum from experience centered to mind centered. *Educational Psychologist.* 31, 93-104.
(9) 佐々木正人　1994　アフォーダンス —— 新しい認知の理論　岩波書店
(10) 富山大学教育学部附属小学校　1997　一人一人が追究を楽しむ授業の創造　研究紀要 74.
(11) Wertsch, J. V.　1991　*Voices of the Mind: A Sociocultural Approach to Mediated Action.* 田島信元・佐藤公治・茂呂雄二・上村佳世子(訳)　1995　心の声 —— 媒介された行為への社会文化的アプローチ　福村出版
(12) White, R. T.　1988　*Learning Science.* Basil Blackwell. 堀　哲夫・森本信也(訳)　1990　子どもたちは理科をいかに学習し、教師はいかに教えるか —— 認知論的アプローチによる授業論　東洋館出版社

用語解説

1次元的思考 [⇒ p.43]

　計数とは，同種のものを一つずつ数えて，全体の数がいくつかという数の大きさがわかることである。そこでの数の大きさの比較は，数えていくなかで数の大小をとらえることで可能になる。量は知覚的な大きさの印象が元になり，その比較は大小が離れているほうがわかりやすい。その二つの認識の枠組み（スキーマ）が統合され，頭の中に数直線に相当するもの（1次元）が構成できるようになる。そこでは，数が小さい順に直線の上に並び，それが数の大小をも表すように表象されている。そのような「1次元的思考」を使って，数の比較や加算・減算などが可能になる。

2次元的思考 [⇒ p.43]

　頭の中の二つの数直線を関連づけて思考するときに，2次元的思考が始まる。たとえば，一の位の直線は0から9までとなる。同様に，十の位の直線は0，10，20などとなっていく。2桁の数はその二つの直線を組み合わせることで理解できる。また，二つの数を一つの数直線に位置づけたうえで，その差を別な数直線におくと，引き算の計算となる。このように二つの次元を組み合わせることで，複雑な計算が理解可能となる。

統合された2次元的思考 [⇒ p.44]

　2次元的思考を一般化して数の構造を理解するようになる。そこでは，10進法の数は，一の位が0から9，十の位が見かけの数は0から9だが，実際にはその10倍の10から90となり，さらに百の位は同様に見かけの数に対して100倍の数を示す。また，新たにつくる数直線（たとえば，差を表す二つの数直線）を比べるといったことも可能になる。

シェマ [⇒ p.62]

　ピアジェは子どもの認知がどのように発達してゆくかをシェマ（schemes）という概念で説明した。たとえば，乳児が何でも手にとったものを口に入れる，乳幼児は何でも触ってみる，などは子どもが自分のもつシェマを使って，世界を知る活動といえる。子どもだけでなく，大人も自分のもっているシェマで新しい世界を理解しようとする。たとえば，バスには前乗り，後乗りの2種類のタイプがあるが，旅先でバスに乗るときは，自分の街と同じ方法で乗ろうとするだろう。このように考えると，シェマとは，世界と取り組む自分の枠組み，仕組み，行動様式のような知識構造をさすことになる。ピアジェは，認知の発達とは，外界との相互作用で，自分のシェマを単純な構造から複雑な構造に変化してゆく過程となる。

素人とエキスパート [⇒ p.66]

　発達には生物として成長する側面がある一方，特定の領域で長期の学習や練習を積み上げて習熟し，多くの知識や優れたスキルを習得する側面もある。このとき，とくに優れた人をエキスパート（熟達者），学習や練習を始めたばかりで，知識や技能が未熟な人を素人と呼ぶ。この発達観に立つなら，「発達の過程」とは，素人（初心者）から熟達者へと熟達化の過程ともいえる。このことから，この熟達化のプロセスを明らかにすれば素人にとって効果的な発達と教育を考えることが可能になる。ところで，職人などの職務上の熟達化には，仕事上での師匠や先輩関係，多くの道具や仕事上の役割など，発達を促す社会・文化的な支援を多大に受けており，これが価値体系やアイディンティティの形成を促している側面もある。

生気論的生物学 [⇒ p.67]

　幼児の素朴生物学が擬人的，生気論的であることから稲垣・波多野（2002）が提唱したもの。たとえば，「どうして私たちは毎日ご飯を食べるの？」との問いに対して，「おいしいものを食べたいから」と答えるのは意図的（心理的）理由，「胃は食べ物から力を取っているから」と，人間を中心に擬人化し，類推する説明が生気論的理由となる。そして幼児は，日本だけでなく，オーストラリアでもこの生気論的な理由が好まれる。これは幼児が大人に比べて生物の知識も限られているにしても，人間についてはある程度の経験と知識をもっているために生じると考えられる。小学校に上がると，この説明様式は減少し，かわって「胃や腸で食べ物の形を変えて体に取り入れるためです」という機械論的説明が好まれるようになる。

曖昧ゾーン [⇒ p.106]

　丸野（1987）によれば，「既有知識や経験からの推論のもとに，新しい未知な状況や問題に対処したり，他者の意図を理解していく際」に意識するものとして「すっきりしない，曖昧である」という曖昧ゾーンがあるという。このゾーンへの意識のゆえに，さらに情報収集をしたり，あるいはある考えに固執したりするなどのさまざまな「自己修正活動」を行うという。そして，幼児の場合はこの曖昧ゾーンが十分意識されないため，たとえば相手から与えられた情報に対する曖昧さへの疑いをもたないなど，認知のとらえ直しが生じない。与えられた情報の矛盾に気づき，かつ解消を図ろうとする調整行為は，学齢期になると見られ始めるが，この発達には曖昧ゾーンへの拡大と維持が条件となっていることが考えられる。

洞　察 [⇒ p.107]

　学習心理学においては，試行錯誤を経て徐々に成立する達成行動とは異なり，わずかの試行で一気に成立する問題解決行動の存在が知られており，これをもたらす心的行為として洞察（insight）があげられる。ケーラー（Kohler, W.）が類人猿で行った問題解決実験の説明に用いられた概念である。ゲシュタルト心理学では，洞察により問題状況の構成要素が組み替えられる再体制化が生じ，解決容易なものとして見えてくるという。

　ホルト（Holt, J.）の表現した洞察という語は，学習心理学の概念よりも意図的，仮説検証的な行為として用いられている。解決までの段取りを思考してみるという，見通し行動を意味している。ホルトによれば，学業の遅れた子どもは，洞察を適切に用いないという。

領域固有の知識 [⇒ p.110]

　知識が，特定の状況と結びついて獲得され用いられるという性質のことをいう。ある種の問題解決に長けたいわゆる熟達者が，同型の構造をもつ別の問題場面でその問題解決力を生かせない現象などから，問題解決の領域固有性が指摘されるようになり，問題解決を遂行する知識自体に領域固有性があるとされるようになった。すなわち，知識は適用対象から独立した一般原理として存在するのではなく，個別領域と結びついて構造化されている。そうすると，転移可能な知識として一般化されるためには，対象領域間での状況の写像つまり類推的な重ね合わせが，何らかの条件で生じる必要があるということになる。

メンタルモデル [⇒ p.110]

　本書におけるメンタルモデルは，日常の問題解決にかかわって生成される心的モデルであり，外界に存在する対象事象がある構造と過程をもったものとして心的に表現されたものである。問題構造に対応してこのモデルが適切につくられることで，実効性のある認知活動が可能になる。

　ただし認知心理学においては，ジョンソン＝レアードの提唱したメンタルモデルの概

念が知られる。これは命題に対するさしあたりの適合例として生成されるものである。これを狭義のメンタルモデルとして，広義にとらえたものが上記のメンタルモデルであるといえる。

再生レディネス [⇒ p.110]

一般にレディネスとは，学習にかかわるあらゆる面での学習者の準備状況のことである。たとえば，当該学習の前提となる知識や学習方略の知識，関連する経験，学習動機づけ，学習対象への興味・関心，学習を可能にする身体的あるいは精神的成熟など，多岐にわたるものがある。

再生レディネスとは，記憶にかかわる学習結果の一つの表現である記憶再生，すなわち学習時の経験をどのくらい再現できるかということに対しての準備状況形成のことである。言い換えれば，再生可能と判断できるまで十分に学習経験を積んだ状態をさす。再生レディネス形成の客観的評価は再生の遂行成績から推測されるが，レディネス形成過程自体は学習に要した時間や学習量をもって表現されることが多い。

相互モニタリング [⇒ p.115]

相互モニタリングとは，問題解決や課題の遂行にあたり，一緒に取り組む者どうしが相手の遂行状況を監視し，表現しあう行為である。二者間での相互モニタリングが基本構成であるが，三者以上の集団における相互モニタリングも考えられる。これはたとえば，不十分な他者モニタリングを第三者がさらにモニターし評価するような場合である。

相互モニタリングの機能は社会関係の一機能であるが，子どもの認知発達においては，これが一人の認知機能として取り込まれ自己モニタリング（セルフモニタリング）へと内化していくと考えられる。

自己制御学習 [⇒ p.119]

自己制御学習（self-regulated learning）とは，自らの学習に進んでかかわり，それを修正したりコントロールすることで，より学習の効率化を図っていく活動をさす。なお近年，自己調整学習という訳も増えているが，もともとは自己制御学習という訳語のほうが先に存在したものであり，オリジナルを尊重するということと，たとえば社会心理学などでは，self-regulationを必ず自己制御と訳すという伝統があるため，訳語の混乱を招かないためにも，自己「制御」学習という訳のほうがはるかに適切だと筆者は考える。

ライフ・ストーリー [⇒ p.153]

人が自らの成長過程を振り返り，それを筋道だった形で言葉や図に表して，一つの「物語（ストーリー）」に表したものをライフ・ストーリーと呼ぶ。小学生ではまだ十分自覚化された伝記に類したものを言葉で表現することはむずかしいが，いろいろな形で自らの成長を自覚し，振り返ることは多少は可能であり，その子どもの自己形成を支えることになる。

エスノグラフィー [⇒ p.153]

もともとは文化人類学の用語であり，特定の部族のなかに入り込んで，生活をともにし，その生活のあり方や文化様式を詳しく記述したものをいう。「民族誌」とも呼ぶ。学校教育の分野でその研究手法が応用され，学校や教室で生徒や教師がどのように行動し，言葉を交わし，相互作用をするかを，研究者がその場に入り込みつつ，その場の状況とともに詳しく記述することが盛んに行われるようになった。質的な研究法の一つである。

共生欲求 [⇒ p.167]

高橋（1989）は，日本版分離個体化尺度を小学6年～大学4年に実施した。その結果，「親が私にやれということには反感をおぼえる」

などの項目からなる＜両親からの分離欲求＞は中学3年～高校1年をピークに中学1年～高校3年頃に高かった。その一方で，両親が死んでしまうことへの不安や仲間となるべく一緒にいたいなど分離への不安を示す＜共生欲求＞の尺度得点は中学3年まで高く，中学時代は分離欲求が高まる反面，まだ分離したくない共生の欲求も高く葛藤状態にあることが示唆された。高校生になると，＜共生欲求＞は漸減し，安心できる友だちの獲得など＜友人関係の確立＞や，親や友人と違う価値観や一人の時間も大事にする＜分離個体化の達成＞得点が漸増した。

認知的スキル　［⇒ p.168］

子どもが，より適切に自分の考えや気持ちを人に伝えられるかどうかは，その子のもつコミュニケーション・スキルによる。同様に，自分自身の認知的活動をモニターし制御するメタ認知も，そのスキルに長けていれば，自分の学習活動をモニターし，より主体的・効率的に学習を進めることができる。たとえば，自分の視点の偏りや，誤答のパタンなどに気づくのも，認知的活動をメタレベルから把握する認知的スキルによって容易になる。ほかにも，多様な視点をあらかじめ設定して，その視点にもとづいて意見を言う練習や，自分の発言を，どの視点からのものか分類して発言の癖を知るなど，学習者のメタ認知のスキルを高める支援も有効とされている。

行動問題の教育相談　［⇒ p.180］

教師・精神衛生家（心理臨床家）それぞれを対象に，さまざまな問題行動に対する評価を「もっとも重篤・重篤・軽微・もっとも軽微」という4件法で求めた結果を概観したもの。

索　引

あ

IRA　109
愛着関係　133
愛着スタイル　133
アイデンティティ（同一性）　149, 162
曖昧さ耐性　112
曖昧ゾーン　106, 112, 244
秋田喜代美　110
新しい学力観　79
足立明久　113
あなたメッセージ　173
アミゲス　114
アフォーダンス　221
荒井淳雄　182
アンダーマイニング現象　96
生きる力　17
異質編成　195
いじめ　175
板倉聖宣　74
1次元的思考　43, 243
一斉指導　196
伊藤美奈子　183
意欲　82
イリッチ　9
岩村繁夫　53
因果関係　26
ヴィゴツキー　106, 216
上野直樹　140
上淵寿　124
ウェルマン　67, 103
ウェンガー　16, 148
ヴォスニアード　63
ATI　200
エスノグラフィー　153, 245
エプシュタイン　98
エリクソン　164
演繹（トップダウン）　78
遠隔共同作業　77
遠隔目標　127
援助要請　128
オープンスペース　131, 207
教え合い訓練　115
オペラント条件づけ　198
オリジン（指し手）　95

音読　32
音読潜時　23

か

カーヴァー　133
カウンセリングマインド　179
科学　68
科学観　70
科学理論　67
仮説実験授業　74
語り口　134, 144
課題選択学習　201
課題設定学習　203
価値　83
加法方略　50
環境探索行動　133
環境づくり　33
関係の中でとらえる　177
感情表現　38
完全習得学習（マスタリー・ラーニング）
　　199
管理職　170
概念的葛藤　96
外発的随伴性　88
外発的動機づけ　88
学際的教授　205
学習環境　120, 124, 171
学習性無力感　85
学習適性　194
学習内容型学習動機　88
学習の個性化　197, 201
学習の選択権　119
学習の手引き　207
学習の転移　73
学習パッケージ　206
学級集団学習　196
学級風土・学校風土　169
学級雰囲気　32
学級文化　225
学校　8, 138, 150
学校作文　36
学校知　17, 18
学校臨床心理学　182
期待　83
期待×価値理論　84

帰納（ボトムアップ）　78
キャロルモデル　193
既有知識　14, 25, 216
教育基本法第3条　194
教育の機会均等　194
教育の個性化　12
強化　14, 216
教科横断的指導　205
教訓帰納　114
教師学　173
教師の働きかけ　147
教師の評価　147
教師用RCRT　156
共生欲求　167, 245
共同体　148
協同的問題解決　217
共同による問題解決　71
協力的プラニング法　37
均衡化　62
近傍目標　127
ギトマー　110
ギャラティア効果　160
ギンズバーグ　107
銀林浩　113
クーン　63
沓澤糸　124
クラス替え　161
クロス・カリキュラム　205
クロンバック　200
具体物の操作　49
群読　32
ケアリー　65
形式的平等論　194
ケイス　43
計数　42
形成的評価　199
結果期待　86
ケリー　157
検索　41
言語ゲーム　140
現状維持効果　161
構成　219
構成主義　218
構成性の原理　218
構造化　124
校則　170
口頭作文　34
行動主義　215

行動目標　200
行動理論　13
効力感　94
効力期待　86
声　32
心の赤信号　175
個性化教育　131
個人　181
子どもの応答　147
個に応じた教育　192
個別学習　195
混み具合　52
コミュニティ　141
困難度　125
コンストラクト（視点）　157
近藤邦夫　157, 182
コンピテンス　94
語彙　22
コンピュータ　76
合科的指導　205
ゴードン　173
ゴールディン　129
誤概念　63
語スキーマ　24
ゴルヴィッツァー　133
ゴレム効果　160

さ

最近接領域　216
再生レディネス　110, 111, 245
サイモン　71
佐々木正人　221
挿し絵　28
指し手感覚　94
さまざまな声（voices）　145
佐藤公治　150
サリヴァン　166
参加　149
3条件　172
CAI　15, 198
シェマ　62, 243
シーグラー　41, 42
質的研究法　153
質的個人差　194
質問　31
視点（コンストラクト）　157
指導と評価の一体化　200
指導の個別化　196, 198

索引　249

シミュレーション　76
社会的構成主義　17, 216
社会的支援（ソーシャルサポート）　124, 167
社会的実践　149
社会文化論　215
シャンク　132, 133
集団　181
集団編成　194
生涯学習　12
調べ学習　30
素人とエキスパート　66, 243
心的数直線　43
信念体系　105
親友　165
ジェンキンス　42
自己覚知　123
自己概念型学習動機　90
自己学習　118
自己学習力　12
自己学習(能)力　118
自己教育　118
自己教育力　12
自己教育(能)力　118
自己決定　94, 202
自己決定権　121
自己効力　86, 127
自己効力感　123
自己実現　93
自己制御　119
自己制御過程　120
自己制御学習　118, 119, 245
自己統制　119
自己統制力　12
自己との対話　38
自己評価　118
実在性の原理　220
実質的平等論　194
自動化　22, 123
自分形成　93
自分探しの旅　197
十全的参加　17
熟達志向　89
自由な風土　172
自由読書プログラム　33
授業実践　150
状況　136, 148, 150
状況型学習動機　87
状況性の原理　219
状況的認知　217
状況に埋め込まれている(situated)　150
状況モデル　26
状況論　216, 218
状況論的アプローチ　16
条件型学習動機　88
自律性　89
ジマーマン　120, 122, 132, 133
推敲　37
スキーマ　15, 216
スクールカウンセラー活用調査委託事業　181
スクールカウンセラーの役割　182
ストレス　171
スモール・ステップ　198
図　28
随伴性認知　85
生活科　71
制御的な学習方法　123
成績不振児　116
正統的周辺参加　17, 148, 216
生物学概念　65
説明スタイル　85
セリグマン　84, 85
セルフモニタリング　111, 122
選択権　119
早期教育　11
総合学習　30, 205, 206
相互モニタリング　115, 245
即時フィードバック　198
素朴理論　67, 74

た

TARGET構造　98, 99
体験　30, 71
対話　145
脱学校論　9
達成動機　87
達成目標　125
田中かほる　53
田中真理　108
探究活動　30
地位　160
逐語的表象　26
知識　216
知識陳述方略　36
知識変換方略　36
調節　62, 63

調整→調節
中心的概念構造　43
ティーチングマシン　15
ティーム・ティーチング　195
テキストベース　26
適性処遇交互作用　200
ディスコース・コミュニティ（論じ合う共同体）　141
統合された2次元的思考　44, 243
動機づけ　119
等質編成　194
特殊性　125
トップダウン（演繹）　78
従弟制　148
同一性（アイデンティティ）　149, 162
同一性の感覚　163
同化　62
動機づけ　83
動機理論　87
ド・シャーム　94
読書指導　33
読解技能　33
読解目的　29

な

内発的動機づけ　73, 88, 122
内包量　44, 48, 52
内容同質性　89
仲間関係　165
永野和男　77
奈須正裕　205
2次元的思考　43, 243
日常　68
ニューマン　128, 129
人間関係型学習動機　87
認知カウンセリング　114
認知心理学　14
認知的柔軟性　133
認知的徒弟制　216
認知的方略　216
認知理論　14
認知論　215
能力別学級編成　195
ノエルディング　44

は

ハート　50
波多野誼余夫　115

発達段階　169
発達というプロセスの中でとらえる　177
発達理論　62
発話　143
ハロー効果　178
ハンター・フランクス　123
反復　14
バグ　105
バージ　133
バーンアウト（燃えつき）　171
バンデューラ　86
パソコン通信　77
パフォーマンス目標　90
比　44
ヒープ　147
悲観主義　85
非指示的カウンセリング　179
必要性の動機づけ　92
表象　27
比例的推理　48
微視的発生方法　42
ピアジェ　62
ピグマリオン効果　160
藤村宣之　46, 48
不登校　175
フレイヴェル　102, 114
フロー　89
ブラウン　106, 110
ブルーム　199
分解　41
文章からの学習　30
文章産出　34
文章理解　22, 25
文体　144
プログラム学習　15, 198
平行課題　202
方略選択　42
方略の多様性　42
方略発見　42
保健室　164
ホルト　101, 112
ボトムアップ（帰納）　78
ボルコウスキー　130
ボーン　95

ま

マークマン　103
マイヤー　84

マスタリー・ラーニング（完全習得学習）
　　　199
丸野俊一　106
マズロー　93
ミーハン　147
三宅なほみ　72
宮崎清孝　146
宮嶋邦明　113
命題　27
メタ認知　102, 216
メタ認知的モニタリング　115
メタ分析　161
メッセージとしてとらえる　176
メディア　73
メンタルモデル　110, 218, 244
無藤隆　124
燃えつき（バーンアウト）　171
黙読　32
目標の強度　127
目標設定　123, 125
目標理論　87
文字作文　34
モデリング　130
モニタリング　29, 102, 111
問題解決　138

や

役割葛藤　186

ヤコブス　109
有能感　128
読みの熟達　22
要約　31
読み聞かせ　32

ら

ラーンキ　68
ラーニング目標　90
ライフ　68
楽観主義　85
ラベリング効果　178
ランパート　141
領域固有の知識　110, 244
量的個人差　194
理論　63, 65
臨床心理士　181
ルーティン　146
レイヴ　16, 135, 148, 216
レイド　130
連携　182
ロジャース　172, 179
論じ合う共同体（ディスコース・コミュニティ）
　　　141

わ

わたしメッセージ　173

教育演習双書 2
学校教育の心理学［補訂版］　　　　　　　　　　　　◎検印省略

1998年4月10日	第1版第1刷発行
2009年9月1日	第1版第7刷発行
2012年3月30日	補訂版第1刷発行
2013年3月25日	補訂版第2刷発行

編著者　無藤　　隆
　　　　市川　伸一

発行者　田中　千津子

発行所　株式会社 学文社

〒153-0064 東京都目黒区下目黒 3-6-1
電　話　03 (3715) 1501 (代)
FAX　03 (3715) 2012
http://www.gakubunsha.com

©.T. Mutoh/S. Ichikawa 1998
乱丁・落丁の場合は本社でお取り替えします
定価はカバー, 売上げカードに表示

印刷所　メディカ・ピーシー

ISBN978-4-7620-2280-7